中国铁建大桥工程局集团有限公司技术管理标准化丛书

U0649150

桥梁工程专项施工方案
标准范本

（第四分册）

罗生宏　周冠南　主编

人民交通出版社股份有限公司
北京

内 容 提 要

本书为"中国铁建大桥工程局集团有限公司技术管理标准化丛书"之一，其中，《桥梁工程专项施工方案标准范本》共分四册，本书为第四分册，主要介绍了动力头反循环钻孔灌注桩、人工挖孔桩、斜拉桥主塔、涵洞无拉杆台车现浇专项施工方案，可供从事桥梁工程勘察设计、施工、监理、建设管理的工程技术人员学习使用，亦可供桥梁工程及相关领域的高等院校师生参考。

图书在版编目（CIP）数据

桥梁工程专项施工方案标准范本. 第四分册 / 罗生宏，周冠南主编.—北京：人民交通出版社股份有限公司，2023.12
ISBN 978-7-114-19194-7

Ⅰ.①桥… Ⅱ.①罗…②周… Ⅲ.①桥涵工程—工程施工—建筑方案—标准—范文 Ⅳ.①U445.4-65

中国国家版本馆 CIP 数据核字（2023）第 253806 号

Qiaoliang Gongcheng Zhuanxiang Shigong Fang'an Biaozhun Fanben (Di-si Fence)
书　　名：**桥梁工程专项施工方案标准范本（第四分册）**
著 作 者：罗生宏　周冠南
责任编辑：李学会
责任校对：赵媛媛　魏佳宁
责任印制：刘高彤
出版发行：人民交通出版社股份有限公司
地　　址：（100011）北京市朝阳区安定门外外馆斜街 3 号
网　　址：http://www.ccpcl.com.cn
销售电话：（010）59757973
总 经 销：人民交通出版社股份有限公司发行部
经　　销：各地新华书店
印　　刷：北京印匠彩色印刷有限公司
开　　本：880×1230　1/16
印　　张：20.25
字　　数：384 千
版　　次：2023 年 12 月　第 1 版
印　　次：2023 年 12 月　第 1 次印刷
书　　号：ISBN 978-7-114-19194-7
定　　价：150.00 元
（有印刷、装订质量问题的图书，由本公司负责调换）

丛书编委会

主 任 委 员： 罗生宏　周冠南

副主任委员： 樊立龙　宋云财　付军恩　汪本刚　彭志川　张广涛
　　　　　　　赵　健　岳旭光　宓　皓

编　　　委： 沙权贤　孙长志　曲江峰　林凤国　孙宏伟　张海顺
　　　　　　　邓旭辉　吴小雨　刘长辉　林再志　李志辉　龙文兵
　　　　　　　黄　超　张　庆　晏　威　李文博　解登科　王文强
　　　　　　　赵振丰　李　冬　仲海民　遆永佳　安路明　程　为
　　　　　　　王　雷　张鹏志　郭建强　汤振亚　朱　娜　孙树茂
　　　　　　　石洪超　于林超

参 编 单 位： 中铁建大桥工程局集团第一工程有限公司
　　　　　　　中铁建大桥工程局集团第三工程有限公司
　　　　　　　中铁建大桥工程局集团第四工程有限公司
　　　　　　　中铁建大桥工程局集团西北工程有限公司

GENERAL | 总 序

　　近年来，我国基础设施建设发展迅速，尤其在桥梁工程领域，建造技术日趋成熟，取得了令人瞩目的成绩。中国铁建大桥工程局集团有限公司（简称"中铁建大桥局"）作为我国桥梁建设领域的排头兵，自 2014 年由中铁十三局集团有限公司更名以来，专注打造中国铁建桥梁品牌，先后承建了多项技术难度大、科技含量高的桥梁工程项目，开创了 20 多项世界之"最"和 30 多项中国之"最"，实现了"十八跨黄河""十四跨长江""十七跨海湾""五跨乌江""四跨松花江"，树立起一座座桥梁丰碑。

　　目前，中铁建大桥局在建工程主要有世界最大跨度单跨吊钢箱梁悬索跨海桥——双屿门通航孔桥、世界最大跨度三塔钢箱梁斜拉跨海桥——青龙门通航孔桥、世界最大跨度公铁两用混合梁斜拉桥——桃夭门公铁两用跨海大桥、世界上最大跨度高低塔公铁两用同层斜拉桥——富翅门公铁两用跨海大桥、世界最大跨度自锚式悬索桥——万龙大桥等，持续致力于桥梁施工领域的前沿性技术攻关与科研创新。

　　基于上述工程实践，大桥局总结了斜拉桥、悬索桥、钢桁梁桥、钢桁拱桥等特种桥梁施工经验，编制形成了《桥梁工程专项施工方案标准范本》（共四册）。本套范本内容全面，涵盖了栈桥、围堰、现浇梁支架等大临结构设计与施工方案案例；体系完整，梳理了铁路梁、公路梁、钢桁梁、钢-混凝土组合梁等多种桥梁结构施工方案案例，是目前行业内涉及范围较广、实用性较强的桥梁施工方案标准范本，对一线施工技术人员编制施工专项方案具有指导作用和借鉴意义。

中国工程院院士 聂建国

2022 年 10 月

　　逢山开路，遇水搭桥，桥梁工程是跨越河流的有效手段之一。在桥梁工程施工涉及的诸多内容中，桩基、涵洞、主塔广泛应用于桥梁施工中，特别是动力头反循环工艺中，更是深水大直径桩基施工的首选，人工挖孔桩在山区条件受限处解决了大型设备无法上山的难题，而主塔则是斜拉桥的关键结构。

　　中国铁建大桥工程局集团有限公司基于石首长江公路大桥、彭酉路6标、李家沱长江复线桥、包银铁路施工，对其所涉及的动力头反循环钻孔灌注桩、人工挖孔桩、斜拉桥主塔、涵洞无拉杆台车现浇等进行了详细的研究，并结合《危险性较大的分部分项工程安全管理规定》（中华人民共和国住房和城乡建设部令第37号）、《住房城乡建设部办公厅关于实施〈危险性较大的分部分项工程安全管理规定〉有关问题的通知》（建办质〔2018〕31号）、《危险性较大的分部分项工程专项施工方案编制指南》（建办质〔2021〕48号）中关于专项施工方案管理的要求，编制了专项施工方案标准范本，系统性地提升集团公司内部技术标准化管理水平，进一步提高施工人员自身的技术水平，加强施工设备的专业化应用和施工组织保障措施的科学化管理，对桩基、主塔及涵洞施工安全、质量控制起到促进作用。

　　本书选取了4个桥涵工程专项施工方案标准范本进行介绍：第一个以石首长江公路大桥为例，介绍了大直径、超长桩基施工的设备选型，泥浆指标、泥浆循环的控制，钢护筒的制作、打设，钻进过程中各个阶段的控制，大直径、大吨位钢筋笼制安，大方量水下混凝土浇筑，桩端压浆等主要施工工艺及保证措施等内容；第二个以彭酉路6标为例，介绍了人工挖孔桩的定位测量，孔口处理、护壁以及通过各种不同溶洞的处理措施，开挖出土的设备选型、出土方式，钢筋笼制作与安装，混凝土浇筑主要施工工艺和保证措施等内容；第三个以李家沱长江复线桥为例，介绍了下、中、上塔柱液压爬模施工，下、上横梁预埋牛腿支架＋贝雷梁支架现浇施工，劲性骨架、钢筋施工，混凝土施工，索导管施工，高塔测量的主要施工工艺及保证措施等内容；第四个以包银铁路为例，介绍了基础处理、基础施工，箱涵底板及倒角施工，无拉杆台车涵身、顶板施工主要施工工艺和保证措施等内容。

本书由中铁建大桥工程局集团第一、第三、西北工程有限公司一线施工技术骨干，依托已完工项目的成熟施工经验编写。限于编者水平，书中错谬之处在所难免，敬请批评指正。

编　　者

2023 年 10 月

CONTENTS | **总目录**

动力头反循环钻孔灌注桩

专项施工方案标准范本

（以石首长江公路大桥为例）

目 录
CONTENTS

①工 程 概 况

1.1 基本情况

石首长江公路大桥主桥为双塔单侧混合梁斜拉桥，主桥桥跨布置为（75 + 75 + 75）m + 820m +（300 + 100）m，如图 1-1 所示；混凝土主梁和钢主梁均采用分离式双边箱的 PK 梁断面；索塔采用收腿的倒 Y 形造型。北岸 103 号主墩采用 58 根φ2.5m 钻孔灌注桩基础，设计桩长 119m（顶高程 23.025m，桩底高程−95.975m），圆端矩形承台，平面外轮廓尺寸 67.5m × 35.75m，一级承台厚 7m，二级承台厚 2.5m，如图 1-2 所示。

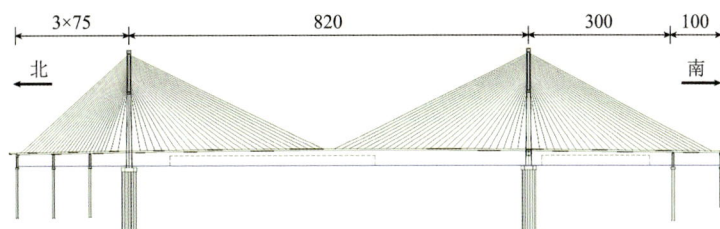

图 1-1 主桥立面布置示意图（尺寸单位：m）

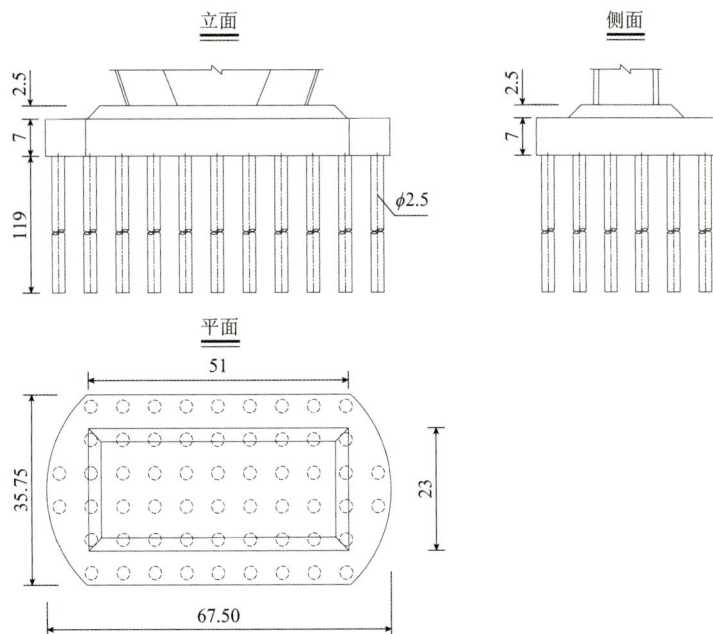

图 1-2 103 号主墩基础布置示意图（尺寸单位：m）

101 号、102 号辅助墩为分离式桥墩，桥墩基础均为 4 根φ2.2m 的钻孔桩，桩长 75m，承台为 9.2m × 9.2m 矩形承台，承台高 3m。

前期以 101 号、102 号墩的桩基础作为试验基桩，试验基桩共 4 根，101 号和 102 号墩各 2 根，试验基桩直径为 2.2m，桩长分别为 90m、95m、115m、120m。

1.1.1 工程地质

据区域地质资料、工程地质调绘及勘探成果，桥址区地层结构较为简单，主要为第四系全新统冲积层（Q_4^{al}）黏土、粉质黏土、粉土、粉细砂及第四系上更新统冲洪积层（Q_3^{al+pl}）粉细砂、黏土、粉质黏土、卵砾石。北塔纵断面地质柱状图如图 1-3 所示。

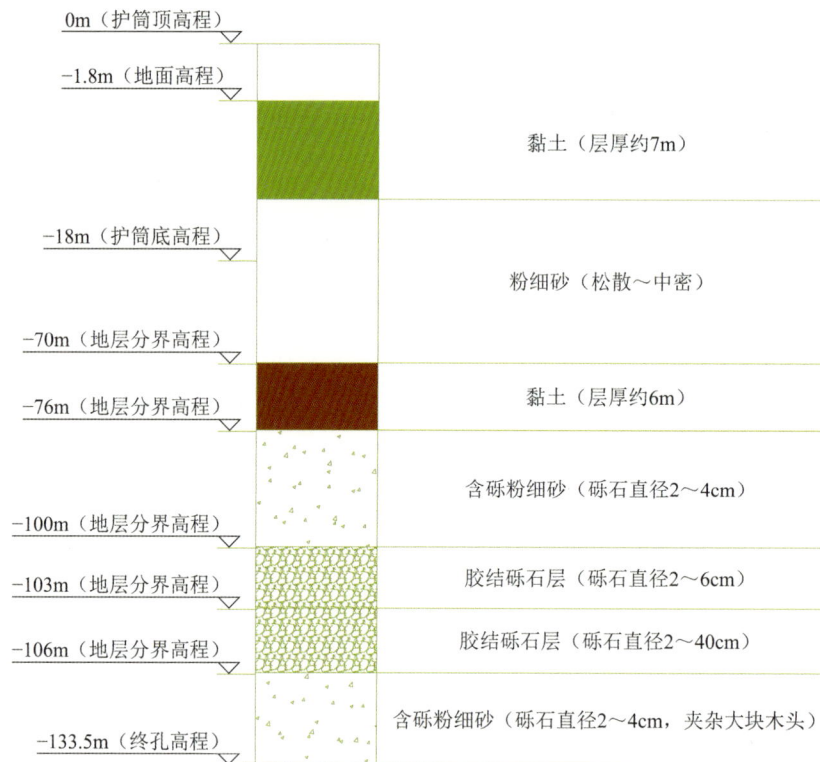

图 1-3　北塔纵断面地质柱状图

103 号主墩位于长江北岸岸坡边，坡边地面较平坦，地面高程为 35.3m，该位置上部 7.5m 左右地层为黏土、粉土，其下以灰黄、青灰色粉细砂为主，粉细砂中间夹有黏土层，厚度均小于 4.0m，另在高程 −43.7～−38.6m（地面下 74～79m）及高程 −71.8～−68.2m（地面下 103.5～107.1m）段有厚度小于 4.0m 的密实状卵砾石层。

1.1.2 水文地质

（1）地表水

桥位区地表水主要为长江水体，水流流向自西向东，历年汛期最大水沙流量 46300m³/s，非汛期最小水沙流量 2650m³/s。1988 年、1999 年两次大的洪水，水位超过 36m，枯水期水位低于 25m，水位变化达到 11m。历年汛期江面最宽达 2.2km，最窄约 1km。汛期两岸漫滩被淹，对施工有较大影响。

（2）地下水

桥位区第四系松散层厚度大，以粉细砂为主，间夹有黏性土及卵砾石层，其中粉细砂及卵砾石层结构松散，孔隙较发育，成为孔隙水运动和储存的场所，未见有明显的隔水层。根据场地地下水赋存条件、水力特征，地下水主要为松散岩类孔隙潜水，赋水性和透水性良好，潜水位埋深变化较大。受季节及气候影响，主要接受大气降水和长江水体的侧向入渗补给，以蒸发和侧向径流为主要排泄方式。北岸地下水位埋深一般为5.20～5.90m，高程27.45～28.74m，地下水水位随长江水位而变化。桥位区附近未见有污染地下、地表水体的污染源。

1.1.3 主要技术标准

主要技术标准见表1-1。

主要技术标准　　　　　　　　　　　　　　　　　　表 1-1

项目	指标
公路等级	高速公路
设计速度	100km/h
行车道数	双向六车道
设计使用寿命	100 年
标准横断面	梁体宽度：38.5m
最大纵坡	2.45%
桥面横坡	2.0%
汽车荷载等级	公路-I 级
设计洪水频率	长江大桥 1/300
通航水位	设计最高通航水位为 37.64m，设计最低通航水位为 24.14m
设计通航净空	通航净空高度不小于 18m
抗风设计标准	运营阶段设计重现期 100 年；施工阶段设计重现期 10 年
地震设防标准	抗震设防措施等级为 8 级
船舶撞击力	顺水流方向设计防撞力为 16MN

1.1.4 主要工程量

103 号主墩钻孔灌注桩主要工程量清单见表1-2。

103 号主墩钻孔灌注桩主要工程量清单　　　　　　　　　表 1-2

材料	材质	规格	单根小计	合计	备注
钢筋（kg）	HRB400	ϕ28mm	34194.9	1.98×10^6	共58根ϕ2.5m 钻孔桩，桩长 119m/根
		ϕ16mm	212.2	1.23×10^4	
	HPB300	ϕ10mm	3701.6	2.15×10^4	
声测管（kg）	Q235	ϕ57mm $\times$ 3	1912.8	1.11×10^5	
C35 水下混凝土（m³）			585.1	33935.8	

1.2 施工平面及立面布置

103 号主墩钻孔灌注桩钢平台以钢护筒及辅助钢管桩作为承重结构，平台平面外轮廓尺寸为 84m×38m，其平面布置如图 1-4 所示，立面布置如图 1-5 所示，侧面布置如图 1-6 所示。

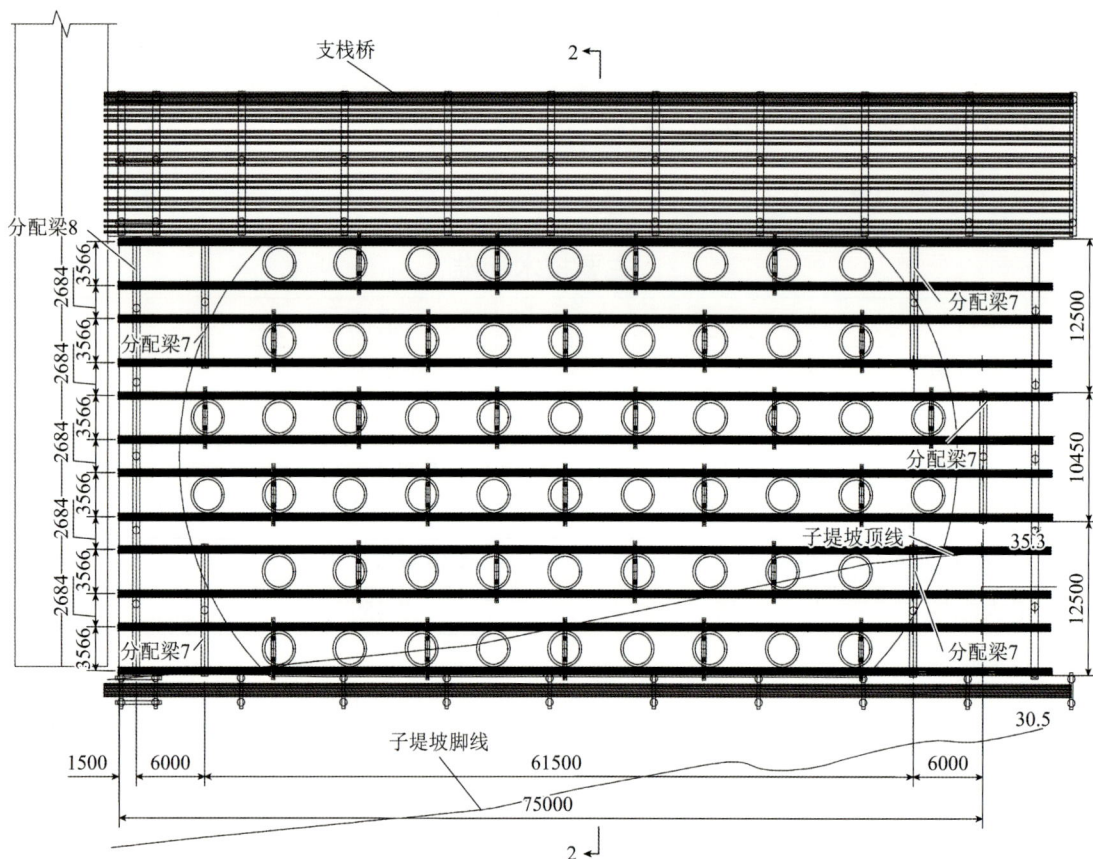

图 1-4　103 号主墩钢平台平面布置图（尺寸单位：mm）

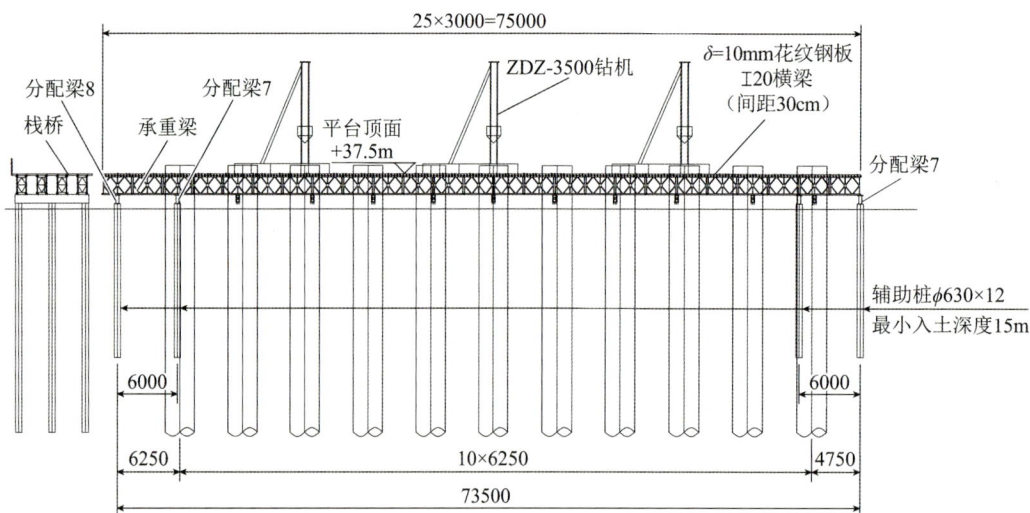

图 1-5　103 号主墩钢平台立面布置图（尺寸单位：mm）

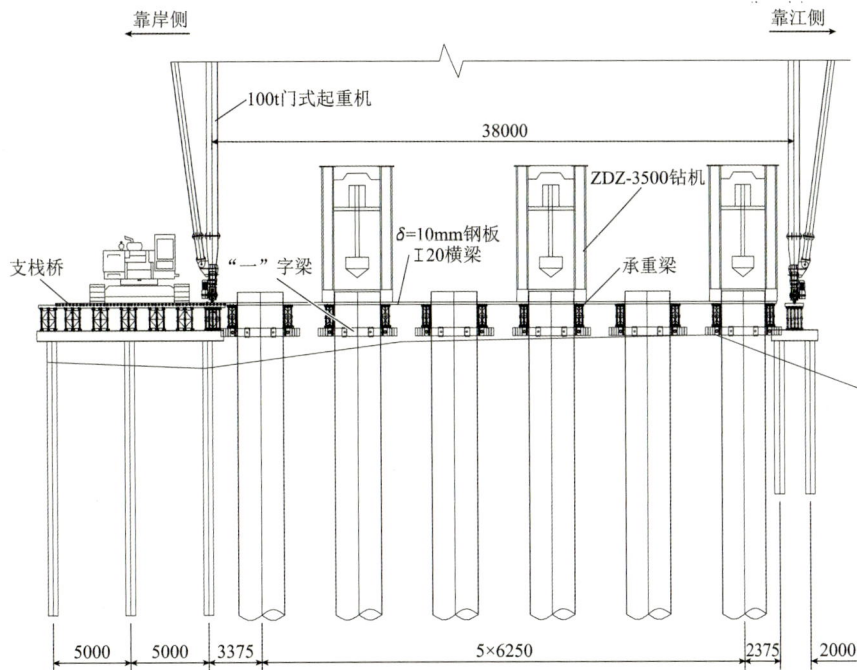

图 1-6　103 号主墩钢平台侧面布置图（尺寸单位：mm）

根据三峡工程建成后的桥位处水文资料，长江汛期最高水位为 36.42m。为保证桩基连续施工需要，平台顶面高程与栈桥相同，均为 37.5m。

1.3 周边环境条件

桥位处长江水情见表 1-3～表 1-6。

石首长江公路大桥桥位设计洪水成果表　　表 1-3

频率（%）	0.33	1	5	10
设计洪水位（m）	38.05	37.78	37.78	37.78

桥位断面各月平均水位表　　表 1-4

月份	1	2	3	4	5	6
平均水位（m）	25.53	25.17	25.6	26.97	29.25	31
月份	7	8	9	10	11	12
平均水位（m）	33.5	32.79	32.37	30.61	28.45	26.54

三峡工程建成后桥位断面（1—11 月）最高/最低水位（单位：m）　表 1-5

年份（年）	水位	1月	2月	3月	4月	5月	6月	7月	8月	9月	10月	11月
2004	最高水位	25.01	24.82	26.36	27.73	30.39	32.64	33.86	32.98	36.16	31.42	28.61
	最低水位	23.97	23.92	24.5	25.31	27.1	30.04	31.6	31.21	30.88	28.61	27.39

续上表

年份（年）	水位	1月	2月	3月	4月	5月	6月	7月	8月	9月	10月	11月
2005	最高水位	25.99	25.91	26.09	28.02	31.8	32.98	34.65	35.29	35.35	32.54	29.63
	最低水位	25.15	24.7	25.34	25.83	27.07	30.93	31.41	32.25	30.77	29.5	26.85
2006	最高水位	25.5	26.08	27.74	28.06	30.78	30.87	32.75	30.39	30.06	28.35	28.24
	最低水位	24.67	24.26	25.7	25.61	26.32	28.14	30.39	27.05	27.09	26.35	25.37
2007	最高水位	24.47	24.79	25.28	27.76	28.65	34.03	36.03	35.99	33.82	30.66	28.34
	最低水位	24.16	24.25	24.77	24.83	26.23	28.19	31.33	31.49	30.66	28.02	25.46
2008	最高水位	24.99	24.83	26.33	29.64	29.59	31.66	33.35	34.41	34.12	31.63	32.34
	最低水位	24.5	24.52	24.55	26.3	27.89	29.05	30.44	31.8	31.55	26.09	27.49
2009	最高水位	25.3	26.52	26.51	29.8	30.7	31.13	33.4	34.4	32.8	28.84	27.3
	最低水位	25.02	24.98	25.41	25.34	29.03	29.34	31.12	32.43	28.82	26.44	25.1
2010	最高水位	24.86	25.04	25.11	27.15	30.55	33.31	36.08	35.15	33.52	30.09	28.47
	最低水位	24.68	24.62	24.61	24.73	26.49	29.97	32.93	31.96	30.09	27.11	25.58
2011	最高水位	26.26	25.91	26.45	26.57	28.03	32.74	32.32	32.02	30.38	28.47	29.65
	最低水位	25.24	24.96	25.02	25.36	25.44	27.93	30.35	28.64	27.65	26.19	25.93
2012	最高水位	25.28	25.24	25.65	26.85	32.35	32.63	36.42	36.33	32.48	30.84	28.48
	最低水位	24.73	24.84	24.89	24.9	26.85	29.97	31.47	31.12	30	27.37	25.47
2013	最高水位	26.1	25.17	25.67	26.95	31.4	32.59	33.56	32.85	30.76	30.3	26.37
	最低水位	24.9	24.89	24.83	25.48	25.94	29.3	30.6	29.66	28.73	25.7	24.66

103 号桥墩冲刷成果汇总表　　　　　　　　表 1-6

项目	冲刷成果（m）
演变冲刷	1.0
一般冲刷	1.16
局部冲刷	1.48
合计	3.64

1.4 施工要求

1.4.1 工期目标

该桥计划于 2015 年 12 月开工，2019 年 9 月竣工，历时 46 个月。

桩基工期 2016 年 9 月—2016 年 12 月。

1.4.2 质量目标

全线整体质量达到世界高速公路一流标准，无质量事故。

具体指标为：

（1）各类原材料符合设计要求，合格率 100%。

（2）各类检测资料齐全，混凝土试件强度合格率 100%。

（3）质检资料真实可靠，规范齐全，实现一次验交合格。

（4）主桥 103 号墩桩基I类桩 100%。

①桩身的直径和偏差：一类桩的直径应符合设计要求，其偏差应小于直径的 1%。

②桩身的强度：一类桩的强度应符合设计要求，其抗压强度应大于或等于设计要求的抗压强度。

③桩身的质量：一类桩的质量应符合设计要求，其表面应平整光滑，无明显的裂缝和缺陷。

④桩身的垂直度：一类桩的垂直度应符合设计要求，其偏差应小于直径的 1%。

1.4.3 安全目标

预防一般性事故，杜绝重特大安全生产事故，杜绝人身重伤死亡事故。

1.4.4 环水保目标

保护环境，坚持可持续发展的环保方针，严格落实环评批复的各项要求，确保国土资源的合理利用，减少工程实施过程中的环境污染，确保不发生环境投诉事件。

1.5 风险辨识与分级

1.5.1 风险因素辨识

风险辨识应坚持做到"横向到边、纵向到底、不留死角"，全面系统地分析各种风险事件存在和可能发生的概率以及损失的严重程度、风险因素及因风险的出现而导致的其他问题。风险发生的概率及其后果的严重程度，直接影响风险控制策略和管理效果。因此，必须全面了解各种风险的存在和发生及其将引起的后果的详细情况，以便及时而清楚地为决策者提供比较完备的决策信息。

风险是一个复杂的系统，其中包括不同类型、不同性质、不同损失程度的各种风险，运用某一种独立的分析方法难以对全部风险进行辨识，建议综合使用多种分析方法，采用动态分析与静态分析相结合的方式，全面持续开展辨识活动，随时调整风险判别方法和评价边界条件。

风险辨识采用 LEC 作业条件风险性分析法，其基本原理是根据风险点辨识确定的危害及影响程度与危害及影响事发生的可能性乘积确定风险的大小，定量计算每一种风险源所带来的风险。计算公式为 $D = LEC$。式中，D 为风险值；L 为发生事故的可能性大小；E 为暴露于风险环境的频繁程度；C 为发生事故产生的后果。

1.5.2 风险分级

根据发生频次或根据经验预测的发生频次：

第 1 级：稀少（发生频次在五年以上）；

第 2 级：可能发生（发生频次为一至五年一次）；

第 3 级：经常发生（发生频次小于一年或每批都有可能发生）。

根据风险可测性：

第 1 级：发生后可及时被发现；

第 2 级：发生后可测，但不能及时出具测定结果；

第 3 级：发生后，很难被检出。

根据危害程度：

第 1 级：可忽略或微小；

第 2 级：中等；

第 3 级：严重。

风险级别评定公式：风险级别 = 发生频次 × 可测性 × 危害性。

（1）级别为 1~4 为低风险。

（2）6~9 为中等风险。

（3）12~27 为高风险。

1.5.3 风险分析

石首长江公路大桥主墩及辅助墩位于长江河床，勘察期间水面宽约 1100m，靠北岸约有 320m 宽的深水区，为长江主航道，水文条件复杂，施工受水流、汛期洪水、强风、大雾等不确定因素影响明显，且涉及多种施工工艺，需要大量的起重设备与钻机配合参与，属于危险性较大分部分项工程，存在风险点比较多，是安全管理的重点、难点。

遵循《公路桥梁和隧道工程施工安全风险评估指南（试行）》相关要求，项目前期对大桥开展了施工安全总体、专项风险评估，对导致事故的风险因子进行辨识、分析，确定潜在的事故类型、时机和危害，筛选出施工中可能存在的重大风险源，以便进一步制定技术措施、管理措施和紧急情况下的应对预案。桩基工程作业风险源分析见表 1-7。

桩基工程作业风险源风险分析表　　　　　表 1-7

单位作业内容	潜在的事故类型	风险源	受伤害人员类型	伤害程度	不安全状态	不安全行为
门式起重机	起重伤害	起重机安装及拆卸	作业人员	轻伤、重伤或死亡	（1）起重设备未进行年检；（2）力矩限位器、起重制动失效	（1）吊装中无专职起重工和司索工；（2）现场吊装监控和协调管理不到位；（3）吊钩无脱绳保护装置
	坍塌	支腿和主横梁安装及拆卸	作业人员	轻伤、重伤	（1）控制支腿缆风绳不牢固；（2）吊装设备制动故障	（1）吊装施工速度过快，不稳重；（2）违章指挥，缺乏吊装知识和经验；（3）吊装作业人员无资质，缺乏吊装知识
	触电	设备安装及拆卸	作业人员	轻伤、重伤或死亡	（1）用电设备缺少漏电、短路、过载安全保护装置；（2）用电设备无接地保护接零措施；（3）现场线路质量缺陷	（1）缺乏电气安全基本知识，违规进行接线、拆线、架线；（2）恶劣天气后，没对线路和设备进行检修；（3）作业人员未佩戴绝缘胶鞋和手套
	高处坠落	主梁及梁部起重设施安装	作业人员	轻伤、重伤或死亡	（1）主梁及设施安装时，周边未设置安全防护装置；（2）支腿、主梁连接失稳	（1）作业人员为非有资质的登高作业人员；（2）作业人员有高血压、心脏病等疾病；（3）作业时，无专人进行安全监控管理
钢栈桥、钢平台	起重伤害	打桩及上部安装	作业人员	轻伤、重伤或死亡	（1）制动设备故障；（2）钢丝绳质量问题；（3）无防脱绳保护装置	（1）人员站在履带起重机回旋半径内；（2）打桩及桥梁、平台安装时无人负责安全监管

单位作业内容	潜在的事故类型	风险源	受伤害人员类型	伤害程度	不安全状态	不安全行为
钢栈桥、钢平台	淹溺	打桩及上部安装	作业人员	轻伤、重伤或死亡	工作处无安全护栏	（1）未穿戴救生衣； （2）未配置救生圈
	物体打击	打桩及上部安装	作业人员	轻伤、重伤	（1）施工材料临边堆放； （2）材料堆放未进行捆绑	（1）顶板施工人员操作工具没装入工具袋中； （2）施工材料堆放不稳定
	触电	桥面板焊接	作业人员	轻伤、重伤或死亡	（1）配电箱破损； （2）缺少漏电保护装置； （3）电源线未按要求敷设	（1）作业时未正确佩戴安全防护用品； （2）非专职人员进行电工作业
	高处坠落	承重梁、桥面板、护栏安装及拆卸	作业人员	轻伤、重伤或死亡	临边作业无防护设置	（1）施工人员作业时未佩戴安全带； （2）现场无安全管理人员进行监控管理； （3）施工人员登高、临边作业未穿防滑胶鞋
钻孔	淹溺	作业活动	作业人员、其他人员	轻伤、重伤或死亡	（1）临边防护缺少或没有； （2）作业人员没有安全稳定的操作平台	（1）施工前，未进行安全教育培训，缺乏必要的安全生产知识； （2）现场安全管理控制缺陷
	高处坠落	维修保养	作业人员	轻伤、重伤或死亡	（1）钻机架体维修时未佩戴安全带； （2）钻机顶端维修时未佩戴安全带	（1）无登高作业操作资格的人员从事登高架设作业； （2）身体状况不适合从事高处作业； （3）安拆人员未正确佩戴个人劳动防护用品
	机械伤害	作业活动	作业人员	轻伤、重伤或死亡	（1）钻机传动装置未封闭； （2）作业人员安全意识薄弱；靠近钻杆	（1）施工前，未进行安全教育培训，缺乏必要的安全生产知识； （2）非专职人员进行作业
	触电	设备安拆	作业人员	轻伤、重伤或死亡	（1）配电箱破损； （2）缺少漏电保护装置； （3）电源线未按要求敷设	（1）作业时未正确佩戴安全防护用品； （2）非专职人员进行电工作业

续上表

单位作业内容	潜在的事故类型	风险源	受伤害人员类型	伤害程度	不安全状态	不安全行为
钢筋工程作业	机械伤害	钢筋加工	作业人员	轻伤、重伤或死亡	（1）机械故障； （2）夜间照明不够； （3）设备无安全防护设施	（1）施工前，未进行安全教育培训，缺乏必要的安全生产知识； （2）非专职人员进行作业； （3）未正确穿戴、使用劳保用品； （4）作业安全距离不够
	触电	钢筋加工	作业人员	轻伤、重伤或死亡	（1）电缆线绝缘强度不够； （2）电缆线破损或断裂； （3）电路保护装置失效； （4）物料随意压盖电缆	（1）随意拖拽电缆； （2）未按要求敷设电缆； （3）违规检修电路； （4）非专职人员进行电工作业； （5）作业时未正确佩戴安全防护用品
	容器爆炸	作业活动	作业人员、其他人员	轻伤、重伤或死亡	（1）氧气乙炔瓶混装或间距不够； （2）未安装防回火装置或其失效； （3）气管破损漏气	（1）施工人员缺乏必要的安全生产知识； （2）违规滚拖氧气、乙炔瓶； （3）用明火解冻气瓶； （4）在乙炔、氧气瓶附近吸烟或动火
混凝土工程施工作业	起重事故	作业活动	作业人员	轻伤、重伤或死亡	（1）违章指挥、违章操作； （2）起重设备未按规定进行检验； （3）安全设施缺陷	（1）现场缺乏严格的吊装管理，或现场管理无力； （2）无资质人员进行吊装作业； （3）作业人员施工经验缺乏，操作失误； （4）缺乏安全教育、安全意识
	物体打击	混凝土灌注	作业人员、其他人员	轻松、重伤或死亡	（1）混凝土输送管间的卡环存在质量缺陷； （2）混凝土输送管固定不牢	（1）在危险区域行走、停留； （2）施工余料及小型工具堆放不安全
	车辆伤害	混凝土运输	作业人员、其他人员	轻伤、重伤或死亡	（1）车辆制动系统存在故障； （2）道路狭窄不平； （3）泵车固定不牢	（1）违章驾驶； （2）违规攀附车辆； （3）缺乏安全教育、安全意识

1.6 参建各方责任主体单位

建设单位：湖北石首长江公路大桥有限公司。

勘察、设计单位：湖北省交通规划设计院、中交公路规划设计院有限公司。

监理单位：武汉桥梁建筑工程监理有限公司。

施工单位：中国铁建大桥工程局集团有限公司。

2 编制依据

2.1 法律、法规及标准、规范

2.1.1 法律、法规

（1）《中华人民共和国安全生产法》；

（2）《中华人民共和国消防法》；

（3）《中华人民共和国建筑法》；

（4）《中华人民共和国特种设备安全法》；

（5）《中华人民共和国突发事件应对法》；

（6）《中华人民共和国职业病防治法》；

（7）《建设工程安全生产管理条例》（国务院令第 393 号）；

（8）《特种设备安全监察条例》（国务院令第 373 号）；

（9）《生产安全事故应急条例》（国务院令第 708 号）；

（10）《建设工程质量管理条例》（国务院令第 279 号）；

（11）《生产安全事故报告和调查处理条例》（国务院令第 493 号）；

（12）《生产经营单位安全培训规定》（国家安全生产监督管理总局令第 80 号）；

（13）《特种作业人员安全技术培训考核管理规定》（国家安全生产监督管理总局令第 30 号）；

（14）《安全生产培训管理办法》（国家安全生产监督管理总局令第 44 号）；

（15）《安全生产事故隐患排查治理暂定规定》（国家安全生产监督管理总局令第 16 号）；

（16）《安全生产事故应急预案管理办法》（国家安全生产监督管理总局令第 88 号）；

（17）《安全生产事故信息报告和处置办法》（国家安全生产监督管理总局令第 21 号）；

（18）《建设工程消防监督管理规定》（公安部令第 119 号）；

（19）《建设项目安全设施"三同时"监督管理暂行办法》（国家安全生产监督管理总局令第 77 号）；

（20）《工贸企业有限空间作业安全规定》（国家应急管理部令第 13 号）；

（21）《建筑起重机械安全监督管理规定》（建设部令第 166 号）；

（22）《建筑施工企业主要负责人、项目负责人和专职安全生产管理人员安全生产管理

规定》(住房和城乡建设部令第 17 号);

（23）《建筑施工特种作业人员管理规定》（建质〔2008〕75 号）;

（24）《危险性较大的分部分项工程安全管理规定》（住房和城乡建设部令第 37 号）;

2.1.2 设计标准、规范

（1）《工程结构可靠性设计统一标准》（GB 50153—2008）;

（2）《建筑结构可靠度设计统一标准》（GB 50068—2001）;

（3）《建筑结构荷载规范》（GB 50009—2012）;

（4）《钢结构工程施工规范》（GB 55006—2012）[现行规范已更新为《钢结构通用规范》（GB 55006—2021），下同];

（5）《钢结构设计规范》（GB 50017—2003）[现行规范已更新为《钢结构设计标准》（GB 50017—2017）];

（6）《公路工程技术标准》（JTG B01—2014）;

（7）《公路钢结构桥梁设计规范》（JTG D64—2015）;

（8）《公路桥涵设计通用规范》（JTG D60—2015）;

（9）《城市桥梁设计规范》（CJJ 11—2011）;

（10）《公路桥涵地基与基础设计规范》（JTG 3363—2019）（现行规范已更新为 2019 年版）;

（11）《道路交通标志和标线》（GB 5768—2009）[现行规范已更新为《道路交通标志和标线 第 2 部分：道路交通标志》（GB 5768.2—2022）];

（12）《内河通航标准》（GB 50139—2014）。

2.1.3 施工及验收标准、规范

（1）《建设工程项目管理规范》（GB/T 50326—2017）（现行规范已更新为 2017 年版）;

（2）《工程测量规范》（GB 50026—2007）[现行规范已更新为《工程测量标准》（GB 50026—2022）];

（3）《建筑与桥梁结构监测技术规范》（GB 50982—2014）;

（4）《履带起重机》（GB/T 14560—2016）;

（5）《钢结构工程施工规范》（GB 50755—2012）;

（6）《钢结构焊接规范》（GB 50661—2011）;

（7）《钢结构工程施工质量验收规范》（GB 50205—2001）[现行规范已更新为《钢结构工程施工质量验收标准》（GB 50205—2020）];

（8）《公路桥涵施工技术规范》（JTG/T 3650—2020）（现行规范已更新为 2020 年版）;

（9）《城市桥梁工程施工与质量验收规范》（CJJ 2—2008）;

（10）《钢筋混凝土用钢　第 1 部分：热轧光圆钢筋》（GB 1499.1—2008）［现行规范已更新为《钢筋混凝土用热轧光圆钢筋》（GB 1499.1—2017）］；

（11）《钢筋混凝土用钢　第 2 部分：热轧带肋钢筋》（GB 1499.2—2007）［现行规范已更新为《钢筋混凝土用热轧带肋钢筋》（GB 1499.2—2018）］；

（12）《建筑物防雷设计规范》（GB 50057—2010）；

（13）《钢筋机械连接技术规程》（JGJ 107—2016）；

（14）《钢焊缝手工超声波探伤方法和探伤结果分级》（GB 11345—1989）［现行规范已更新为《焊缝无损检测　超声检测　技术、检测等级和评定》（GB/T 11345—2023）］；

（15）《钢筋机械连接用套筒》（JG/T 163—2013）；

（16）《公路工程质量检验评定标准　第一分册　土建工程》（JTG F80/1—2017）（现行规范已更新为 2017 年版）。

2.1.4 施工安全规范

（1）《施工企业安全生产管理规范》（GB 50656—2011）；

（2）《建筑施工安全检查标准》（JGJ 59—2011）；

（3）《公路工程施工安全技术规范》（JTG F90—2015）；

（4）《建设工程施工现场供用电安全规范》（GB 50194—2014）；

（5）《建筑施工高处作业安全技术规范》（JGJ 80—2016）；

（6）《高处作业吊篮》（GB/T 19155—2017）（现行规范已更新为 2017 年版）；

（7）《建筑机械使用安全技术规程》（JGJ 33—2012）；

（8）《建筑施工起重吊装工程安全技术规范》（JGJ 276—2012）；

（9）《起重机械安全规程　第 1 部分：总则》（GB/T 6067.1—2010）；

（10）《履带起重机安全操作规程》（DL/T 5248—2010）。

2.2 项目文件

（1）石首长江公路大桥勘察文件；

（2）石首长江公路大桥设计图纸及相关文件。

2.3 施工组织设计等

（1）石首长江公路大桥 SS-2 标总体施工组织设计；

（2）石首长江公路大桥 SS-2 标 101 号、102 号墩试验基桩施工总结。

3 施 工 计 划

3.1 施工进度计划

103 号主墩钻孔灌注桩施工工期为：2016 年 9 月 5 日—2016 年 12 月 31 日。

试验基桩施工每根钻孔灌注桩施工周期在 8d 左右，考虑主墩钻孔灌注桩直径由试验基桩 2.2m 增加到直径 2.5m，桩长增加为 125m，结合钻机布置及周转顺序，液压动力头反循环钻机钻孔灌注桩施工进度指标见表 3-1。

液压动力头反循环钻机钻孔灌注桩施工进度指标表　表 3-1

分项工程	钻机定位	钻进	第一次清孔	吊放钢筋笼	安装导管	第二次清孔	灌注水下混凝土	合计
作业时间（h）	4.0	180	4.0	10.0	3.0	3.0	10	214

注：钻机的综合成桩能力为 8.9d/根。

3.2 材料与设备计划

主要机械设备进场计划见表 3-2，主要材料进场计划见表 3-3，安全防护用品进场计划见表 3-4，周转材料需求计划见表 3-5。

主要机械设备进场计划　表 3-2

序号	设备名称	规格型号	数量	进场时间	备注
1	液压动力头反循环钻机	ZDZ-3500	8	2016 年 8 月	两台备用
2	螺杆空气压缩机	R110IU-A8	9	2016 年 8 月	多出一套用于二次清孔
3	泥浆分离器	ZX250	9	2016 年 8 月	
4	泥浆泵	4PNL	12	2016 年 8 月	
5	门式起重机	100t	2	2016 年 9 月	钻孔平台
6	履带起重机	100t	1	2016 年 9 月	
7	振动锤	永安 400、DZ120	各 1 台	2016 年 9 月	
8	卷板机	W11-2500	1	2016 年 8 月	钢护筒制作

续上表

序号	设备名称	规格型号	数量	进场时间	备注
9	搅拌站	HZS180	2	2016 年 5 月	
10	装载机	厦工 Z50	2	2016 年 5 月	
11	混凝土泵	HBT9028CH-5D	1	2016 年 8 月	
12	汽车泵	SYM 5337THBDW 520C9	2	2016 年 8 月	
13	混凝土罐车	12m³	10	2016 年 6 月	
14	钢筋笼滚焊机	HL2500C-18	2	2016 年 6 月	
15	钢筋弯曲机	G2L32X	1	2016 年 6 月	
16	钢筋弯箍机	YD-1	1	2016 年 6 月	
17	长臂挖掘机	—	1	2016 年 8 月	
18	汽车起重机	25t	2	2016 年 5 月	
19	汽车起重机	130t	1	2016 年 8 月	
20	挖掘机	CAT220	2	2016 年 8 月	
21	变压器	1000kVA	3	2016 年 7 月	
22	发电机	600kW	1	2016 年 6 月	
23	自卸车	EQ3XX2（15t）	2	2016 年 8 月	钻渣运输

主要材料进场计划　　　　表 3-3

名称	型号	材质	单位	8 月	9 月	10 月	11 月	12 月
钢筋	ϕ28mm	HRB400	t	150	500	500	500	300
钢筋	ϕ16mm	HRB400	t	30				
钢筋	ϕ10mm	HPB300	t	30				
声测管	ϕ57mm × 3mm	Q235	t	30	30	30	30	
水泥	P·O 42.5		t	2500	2500	2500	2500	2500
粉煤灰			t	800	800	800	800	800
碎石			t	8000	8000	8000	8000	8000
砂			t	6000	6000	6000	6000	6000
减水剂			t	35	35	35	35	35

安全防护用品进场计划   表 3-4

序号	材料	单位	数量	预计进场时间
1	安全帽	个	200	2016 年 5 月
2	安全带	条	200	2016 年 5 月
3	防滑鞋	双	200	2016 年 5 月
4	紧口工作服	套	200	2016 年 5 月

周转材料需求计划   表 3-5

序号	材料	单位	数量
1	模板	m²	1000
2	警示灯	个	80
3	警示牌	个	80
4	平安护栏	m	1000
5	临时电缆配线	m	1000

3.3 劳动力计划

施工人员配置见表 3-6。

施工人员配置表   表 3-6

工种	工作内容	8 月	9 月
钻工	钻孔施工	40	30
钢筋工	钢筋加工及安装	20	10
混凝土工	混凝土灌注	5	5
电焊工	钢筋、钢材等材料焊接	10	8
修理工	设备保养及维修	3	3
电工	备用发电机使用及现场用电安装	2	0
起重工	吊装	4	4
普工	道路、钢栈桥维修及其他	10	10

4 施工工艺技术

4.1 技术参数

ZDZ-3500 型钻机为机械转盘式，技术参数见表 4-1。

ZDZ-3500 型钻机主要参数 表 4-1

项目			参数
成孔能力	成孔直径（m）	全断面钻进	3.5
		≤8 级基岩	
		摩擦桩	3.0
	成孔深度（m）	气举反循环	300
转盘扭矩（kN·m）			200
主卷扬提升能力（kN）			150/200
钻杆规格（mm×mm×mm）			ϕ299×22×3000（800kg）
排渣方式		正循环	3PNL
		压气反循环气泵流量要求	≥14m³/min
钻机主机动力			179kW
外形尺寸（工作状态）（m×m×m）			8.8×4.5×9.5
主机质量（kg）（不含钻具泵组）			45000

ZDZ-3500 型钻机如图 4-1 所示。

图 4-1 ZDZ-3500 型钻机

R110IU-A8 型空气压缩机参数见表 4-2。

R110IU-A8 型空气压缩机参数   表 4-2

压力 （MPa）	电机功率 （kW）	排气量 （m³/min）	噪声 ［dB（A）］	外形尺寸（mm）			质量 （kg）
				长	宽	高	
0.8	110	19.6	72±3	3171	1574	1903	2833

ZX250 型泥浆分离器参数见表 4-3。

ZX250 型泥浆分离器参数   表 4-3

项目	参数
处理量（m³/h）	250
分离粒度（μm）	60
渣料筛分能力（t/h）	25～80
总功率（kW）	58
尺寸（m×m×m）	3.54×2.25×2.83
质量（kg）	6350

4.2 工艺流程

钻孔灌注桩施工工艺流程如图 4-2 所示。

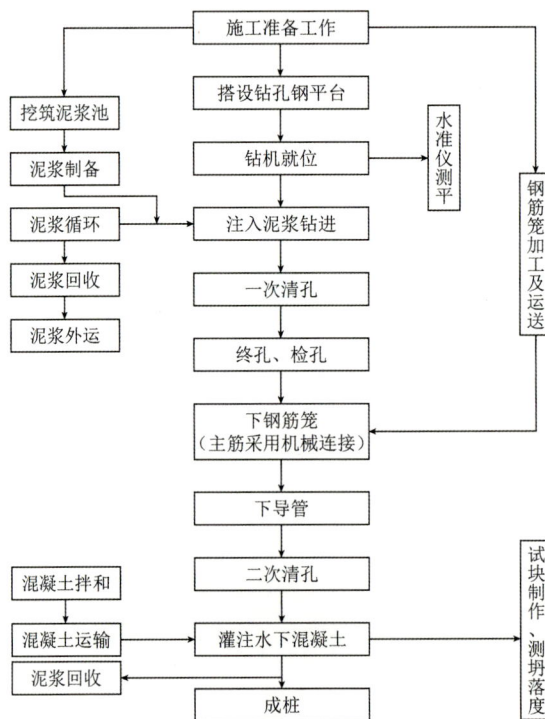

图 4-2 钻孔灌注桩施工工艺流程图

4.3 施工方法及操作要求

根据工程进度安排，103 号主墩处共配备 8 台 ZDZ-3500 型钻机，其中钻孔平台上共布置 6 台施工，另外两台备用。每台钻机及其泥浆制浆器、泥浆分离器、空压机等构成一个独立的循环系统。钻机的安装、移位及钢筋笼安装由 100t 履带起重机配合 100t 门式起重机完成，符合钻机尺寸及配套设施安全及占据的空间要求。

钻机钻孔施工顺序如图 4-3 所示，钻机布置平面如图 4-4 所示。

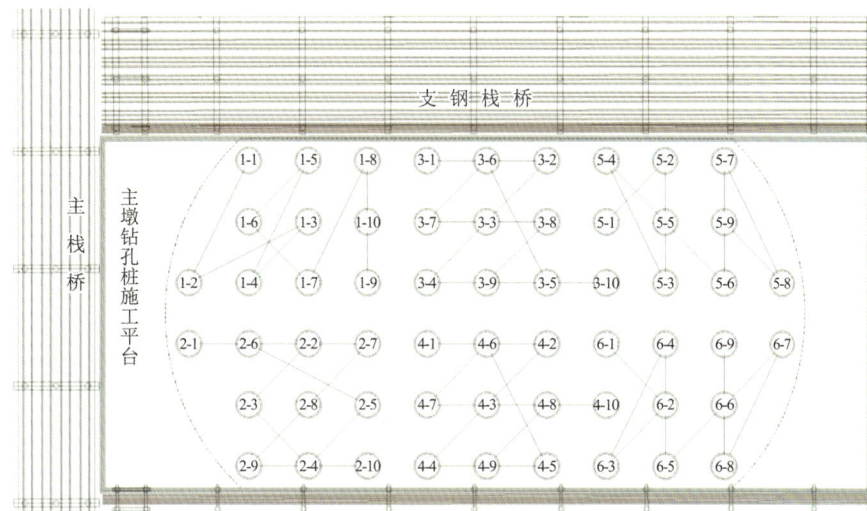

图 4-3　钻机钻孔施工顺序

注：钻孔桩施工共 6 台钻机，i 表示钻机号，i-1 为第一轮钻进，i-2 为第二轮钻进，依此类推。

图 4-4　钻机布置平面图

4.3.1 钻孔施工工艺

103 号主墩钻孔施工工艺、泥浆性能指标、混凝土灌注等工艺以 101 号和 102 号试验基桩总结的经验作为参照，经优化后作为 103 号主墩施工的依据。

4.3.1.1 泥浆

（1）泥浆制备

对于大直径、超长桩钻孔施工，泥浆的性能指标是成孔及保证基桩质量的关键，因此主桥 103 号墩钻孔灌注桩采用聚丙烯酰胺不分散低固相泥浆（PHP 泥浆）。其配合比见表 4-4。

PHP 泥浆配合比 表 4-4

材料	水（kg）	膨润土（kg）	羧甲基纤维素 CMC（g）	纯碱 Na_2Co_3（kg）	聚丙烯酰胺 PHP（g）
参数	1000	80	80	4.32	32.4

PHP 泥浆性能指标要求见表 4-5。

PHP 泥浆性能指标要求 表 4-5

项目	黏度（Pa·s）	密度（g/cm³）	含砂率（%）	胶体率（%）	失水量（mL/30min）	泥皮厚度（mm）	pH 值
参数	20～22	≤ 1.05	< 1	≥ 98	≤ 15	< 1.5	8～10

在钻孔过程中，要检测泥浆的性能指标，每两小时检测 1 次，当地层变化时增加其检测次数。钻孔阶段、泥浆循环净化再生阶段及清孔阶段各泥浆的指标需符合的要求见表 4-6。

各阶段钻孔中泥浆性能指标 表 4-6

性质	阶段			试验方法
	新制泥浆	循环再生泥浆	清孔泥浆	
密度（g/cm³）	≤ 1.05	1.08～1.20	1.03～1.10	泥浆相对密度剂
黏度（Pa·s）	17～22	17～25	17～20	标准漏斗黏度计
失水量（mL/30min）	≤ 10	14～16	≤ 10	滤纸、玻璃板
泥皮厚（mm）	1.0～1.5	1～2	≤ 1	尺
胶体率（%）	100	≥ 96	> 98	量筒
含砂率（%）	< 1.0	< 4	< 2.0	含砂率计
pH 值	8～10	9～10	8～9	试纸

（2）泥浆循环系统

泥浆循环系统主要包括制浆池、泥浆净化器、泥浆沉淀池、储浆池。泥浆循环系统如图 4-5 所示。泥浆通过管道循环，泥浆净化器分离出的泥浆造成护筒内液面下降，通过补充新鲜泥浆确保护筒内的水头高度。净化时排出的砂通过挖掘机配合自卸汽车，弃运至指定地点（K68 + 500 右侧弃渣场）。平台处地面高程为 35.0m，泥浆池高程为 34.0m，灌注混凝土时的泥浆可以直接通过排浆通道流入泥浆池，泥浆池内循环利用泥浆通过泥浆泵抽入孔内，为避免泥浆池对支栈桥基础的不利影响，泥浆池在支栈桥小里程侧横桥向布置，与支栈桥基础距离大于 10m，泥浆池分为三部分，分别为泥浆排放池、沉淀池和循环利用泥浆池，开挖时三座泥浆池间预留隔墙，中部顶面开 1m×1m 槽口保证泥浆池间连通，为防止泥浆池内泥浆渗漏污染环境，泥浆池底部及侧壁用彩条布封闭，泥浆池开挖完成后周边按标准化要求设置栏杆及警示标识等安全措施。

图 4-5　泥浆循环系统

泥浆指标坚持分地层控制的原则，在钻孔过程中要经常捞取钻孔中土样，和设计部门提供的地质资料相比照，根据不同的地层，控制不同的泥浆指标。

4.3.1.2　成孔施工工艺

1）钢护筒制作及埋设

（1）钢护筒制作

护筒采用钢质护筒，4m 以内的护筒，采用厚度不小于 5mm 的钢板制作，顶部、中部和底部加焊 5mm 厚、15cm 高加强圈；长度大于 4m 的钢护筒，采用厚度不小于 6mm 的钢板制作，顶部、中部和底部分别加焊 6mm 厚、15cm 高加强圈，护筒钢板接头焊接密实、饱满，不得漏浆。制作时，钢护筒的内径比桩径大 200～400mm。

（2）钢护筒埋设

钢护筒埋置高出施工地面 0.3m；若桩孔在河流中，应将钢护筒埋置至较坚硬密实的土层中深 0.5m 以上；钢护筒顶高出施工水位或地下水位 1.5m，并高出施工地面 0.3m。

①埋设护筒采用挖坑法，由起重机安放。

②测量队对要埋设护筒的桩位进行放样，现场技术人员复核，所挖坑直径为护筒直径加 40cm，深度为护筒长度。

③在孔内回填 30～50cm 黏土，并夯击密实。

④利用护桩拉线绳定出桩位中心，再用线锤将桩位中心点引至孔底。

⑤用起重机吊放护筒至坑内，用线绳连接护筒顶部，吊垂线，用起重机挪动护筒，使护筒中心基本与桩位中心重合，其偏差不大于3cm。

⑥护筒位置确定后，吊垂线，用钢卷尺量测护筒顶部、中部、底部距离垂线的距离，检查护筒的竖直度。护筒斜度不大于1%。

⑦符合要求后在护筒周围对称填土，对称夯实。

⑧四周夯填完成后，再次检测护筒的中心位置和竖直度。

⑨测量护筒顶高程，根据桩顶设计高程，计算桩孔需挖的深度。

2）开钻前检查

（1）复核护筒平面位置及护筒顶高程。

（2）检查设备，确保使用性能完好。

（3）对钻头尺寸进行量测，直径不小于2.50m。

（4）检查钻头对中情况，确保钻机开钻前，钻头对中误差小于2mm。

（5）检查钻机就位稳定情况，确保施工过程中无位移。

3）开孔钻进

开孔采用正循环钻进，利用泥浆净化器降低泥浆中的含砂率，根据除砂量补充新鲜泥浆维持护筒内液面的高度，比地下水水位高2～3m。

4）反循环钻进

钻头低于护筒内水头15m后，改用气举反循环钻进，采用提钻、减压、慢转，补充泥浆进行钻进，待护筒内泥浆指标满足要求后可向下钻进成孔，在护筒底口上下5m范围内时采用减压、慢钻，控制进尺速度。

5）护筒外钻进成孔

钻头超出护筒底口5m以上时，按正常速度钻进成孔，钻进过程中对变层部位要注意控制进尺，并且每钻进一根钻杆要注意扫孔，以保证钻孔直径满足要求；要随时检测和控制泥浆性能指标，确保孔壁的安全。

钻进参数见表4-7。泥浆性能指标检测工具如图4-6所示。

钻进参数   表4-7

地层	钻压（kN）	转速（r/min）	进尺速度（m/h）
护筒底口附近	8～20	5～8	0.2～0.3
砂层	80～100	5～8	0.5～1.0
黏土层	80～100	5～8	1.0～2.0
卵砾石层	90～100	3～5	0.5～1.0

图 4-6 泥浆性能指标检测工具

6）钻孔防止堵塞措施

泥浆循环过程中，在泥浆出浆口设置筛网，过滤掉粒径较大的卵石及泥块，防止旋流除渣器堵塞，避免造成清理堵塞物而影响正常钻进。

7）钻渣、泥浆处理

钻进、清孔过程中，采用旋流除渣器除砂，分离出的砂、石及时清理、装车，运至弃渣地点，弃渣地点在钢筋场西侧，面积为 30 亩（1 亩 ≈ 667m²）。

灌注混凝土排出的泥浆全部引至泥浆池经沉淀后通过化学成分调整其性能，在各项指标达到要求后重新利用。

8）钻进时注意要点

（1）在护筒上做好标记，保证转盘中心、钻杆与钻头尖始终保持在同一条直线上。采用配重、提钻减压钻进，保证成孔垂直度。

（2）松散砂层和卵砾层钻进中保持低压、低转速，确保护壁质量。

（3）钻杆螺栓要紧固并拧好锁紧螺帽，防止螺栓脱落，造成掉钻头故障。

（4）加接钻杆时，应先停止钻进，将钻具提离孔底 8～10cm，维持泥浆循环 10min 以上，以清除孔底沉渣并将管道内的钻渣携出排净，然后加接钻杆。加接钻杆时，连接螺栓应拧紧上牢，认真检查密封圈，以防钻杆接头漏水漏气，使反循环无法正常工作。

（5）升降钻具应平稳，尤其是钻头处于护筒底口位置时，必须防止钻头钩挂护筒。

（6）钻孔过程应分班连续进行，不得中途长时间停止。详细、真实、准确地填写钻孔原始记录，精确测量钻具长度，应注意地层的变化，在地层变化与地质报告提供资料不相一致时，应及时通知技术人员。

（7）钻进过程中应保证孔口安全，孔内严禁掉入铁件（如扳手、螺栓等）物品，以保证钻孔施工正常顺利进行。

（8）钻机在成孔过程中孔底承受的钻压不得超过钻具重力之和（扣除浮力）的 80%，以保证成孔垂直度。

（9）钻进成孔过程中，孔内液面应高于孔外水位 1.5～2.0m，当孔内外水头变化时，应采取措施调整孔内水头。当钻进至接近钢护筒底口位置 1～2m 时，须采用低钻压、低转速钻进，并控制进尺，以确保护筒底口部位地层的稳定，当钻头钻出护筒底口 2～3m 后，再恢复正常钻进状态。

（10）钻孔过程中如遇特殊情况需停钻时，应提出钻头，并增加泥浆密度和黏度，保持孔壁稳定。

4.3.1.3 成孔检查、一次清孔

第一次清孔，钻进达到设计孔深，将钻头提高距孔底 20cm，利用气举反循环系统正常作业，使孔内的泥浆通过泥浆循环系统，降低含泥浆砂率，并通过补充优质泥浆使孔内泥浆的各项指标达到规范要求。清孔至泥浆指标满足要求后，孔深经监理工程师测定满足要求后拆除钻杆、钻头，移动钻机至下一孔就位。清孔泥浆性能指标见表 4-6。

采用超声成孔质量检测仪［JL-IUDS（B）］进行检查，并报监理工程师验收。超声成孔质量检测仪进行孔径和垂直度的检查，孔深、孔径要求满足要求，经监理工程师验收合格后吊放钢筋笼。

成孔检查表见表 4-8。

成孔检查表   表 4-8

项目	规定值	检查方法
倾斜度	不大于 1/200，最大偏移小于 500mm	超声成孔质量检测仪：每桩测量
钻孔底高程（mm）	不小于设计	垂线法
钻孔深度（mm）	不小于设计	超声成孔质量检测仪：每桩测量
钻孔直径（mm）	不小于设计	超声成孔质量检测仪：每桩测量
护筒顶高程（mm）	—	水准仪：每桩测量

超声成孔质量检测仪［JL-IUDS（B）］，如图 4-7 所示。内置多功能高精度高速采集卡（采集卡 12bit 采样精度，200MHz 采样率），深度计数精度 0.50mm，方位精度 2°，测试直径 0.5～4.0m，测试深度 1～150m，超声频率 60kHz，提升速度 10m/min。

图 4-7　超声波成孔质量检测仪 JL-IUDS（B）

4.3.2 钢筋笼制作安装

4.3.2.1 钢筋笼制作

103 号墩桩基设计桩长为 119m，钢筋笼长 120.8m，其中深入承台内 1.60m 并弯制 15° 喇叭口，桩基内钢筋笼长 118.70m，钢筋笼悬空 30cm，最下端 1m 钢筋笼弯制 15% 坡率收口。

主筋为 ϕ28mm HRB400 钢筋，采用滚扎直螺纹连接，每个断面接头数量不大于 50%，相邻接头断面间距不小于 35d（d 为钢筋直径）。钢筋笼顶部 5.1m 箍筋加密，间距为 10cm，剩余部分钢筋笼箍筋间距 15cm，保护层净距 7cm。

钢筋笼采用滚焊机分段加工，每段长度 12m，钢筋笼主筋的接长采用机械连接，接头数量及位置应满足设计及规范要求。

钢筋笼分节加工完成，检验合格后，通过钢筋场地门式起重机吊装上胎架，预拼检查合格后分节段由运输车辆运至现场吊装。每节钢筋笼做好标志，防止钢筋笼顺序混乱，对接困难。

钢筋笼保护层净距 7cm，采用环形同标号混凝土严格垫块控制，每隔 2m 设置一组，设于加劲钢筋四周，每组设置 4 个，其夹角均为 90°。垫块采用现场焊接，钢筋笼逐节吊装，如发现垫块碎裂或缺失时，应及时增加保护层垫块。

钢筋笼制作流程如图 4-8 所示。

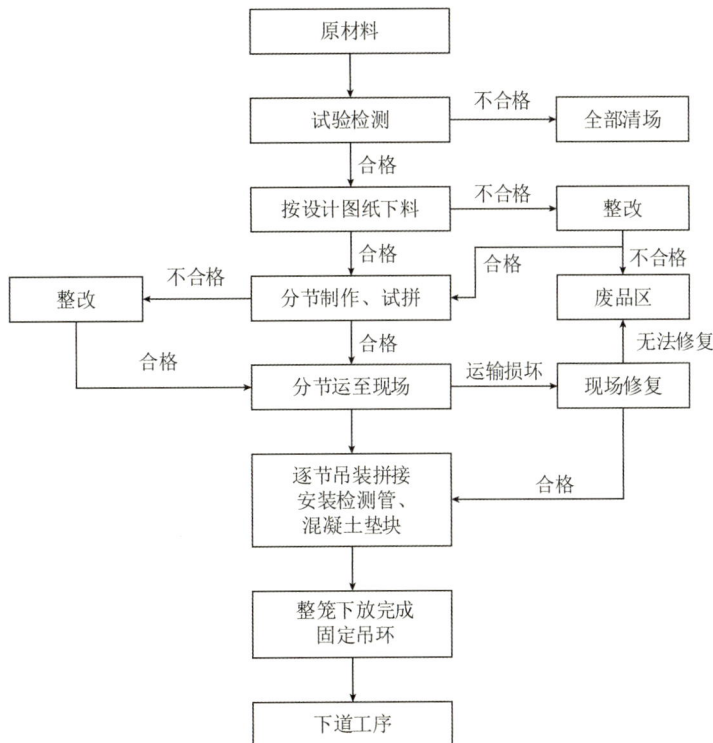

图 4-8　钢筋笼制作流程图

钢筋笼滚焊机如图 4-9 所示。

图 4-9　钢筋笼滚焊机

钢筋笼检验验收标准见表 4-9。

钢筋笼检验验收标准　　　　　　　　　　　　表 4-9

项次	检验项目		规定值或允许偏差	检验频率和方法
1	受力钢筋间距（mm）	灌注桩	±20	尺量：每构件检查 2 个断面
2	箍筋、横向水平钢筋、螺旋筋间距（mm）		±10	尺量：每构件检查 5～10 个间距
3	钢筋骨架尺寸（mm）	长	±10	尺量：按骨架总数 30%抽检
		宽、高或直径	±5	
4	保护层厚度（mm）	基础、锚碇、墩台	±10	尺量：每构件沿模板周边检查 8 处

4.3.2.2　钢筋笼安装

依据设计图纸，每根桩基钢筋笼的重量（含声测管）为 39.56t，钢筋笼使用门式起重机起吊下放，为了保证钢筋笼吊起时不变形，利用起重机的主钩和副钩以两点吊法施工。吊起时，先提第一吊点，使钢筋笼稍提起，再与第二吊点同时吊起。待钢筋笼离开地面一定高度后，第二吊点停止起吊，继续起吊提升第一吊点，随着第一吊点的不断上升，慢慢放松第二吊点，直到钢筋笼同地面垂直，停止起吊。解除第二吊点检查钢筋笼是否顺直。如有弯曲需整直。当钢筋笼进入孔口后，应将其扶正徐徐下落，严禁摆动碰撞孔壁。在钢筋笼下放的过程中，要不断地割除临时支撑。当钢筋笼下降到第一吊点附近的吊环孔口时，把吊点支架固定到支撑上，将钢筋笼临时支撑于孔口，此时吊来第二节钢筋笼，使上下两节骨架在同一竖直线上，进行接长。接头完成后，稍提钢筋笼，抽去原来的吊点支架，将骨架徐徐下降，如此循环，使全部骨架降到设计高程为止。

在钢筋笼吊放过程中，应逐节验收钢筋笼的连接接头质量，对质量不符合规范要求的要采取措施纠正。当吊放受阻时，不能加压强行下放，防止造成坍孔、钢筋笼变形等现象，要提出后重新垂直吊放，钢筋笼接长时要加快速度，尽可能缩短沉放时间。

施工中要注意上下钢筋笼的位置正确，轴线一致，防止笼身弯折，施工时，要严防支撑钢筋、施工扳手等物件掉落钻孔内，所有连接接头应按规范错开布置并快速对接，减少对接时间，以免操作时间过长造成坍孔。

最后一节钢筋笼，应根据钢筋骨架顶面设计高程与灌注混凝土平台高程计算高度，制作接长吊环焊接在钢筋笼主筋上，钢筋下放完毕后，将吊环固定在平台上。

4.3.2.3 声测管安装

钢筋笼按设计图纸绑扎成型后，在钢筋笼内侧圆周按设计要求布置 4 根声测管，声测管接头必须牢固不渗漏，接头处内孔壁过渡圆顺光滑，顶部接长至与平台平齐。每节钢筋笼声测管安装完毕后注满水，观察管内水面高度有无变化，如声测管内水面降低则将钢筋笼缓慢提出，检查漏水点，重新连接或焊接，确保不渗漏水。

声测管连接采用液压钳挤压方式进行连接，连接处应光滑过渡，不漏水。

4.3.3 水下混凝土灌注

4.3.3.1 导管安装

119m 桩基孔深为 133.1m，所用导管长度 4.7m + 42 × 3m + 1m = 131.7m，按每个接头连接时有 3mm 的长度误差，则导管连接完毕将较理论值长 43 × 3mm = 132mm，另外准备 1m、0.5m、0.3m 调整节导管，确保导管长度可变，保证导管至孔底距离满足 0.3～0.4m 要求。

4.3.3.2 下导管、二次清孔

导管壁厚 10mm，内径 325mm，采用插入式丝口连接。混凝土浇筑前导管距孔底 0.3～0.4m。

导管下放完成后再次检查孔底沉渣厚度及泥浆的各项指标，有一项指标不满足要求则进行二次清孔。

试验基桩二次清孔现场照片如图 4-10 所示，二次清孔示意图如图 4-11 所示。

图 4-10　试验基桩二次清孔现场

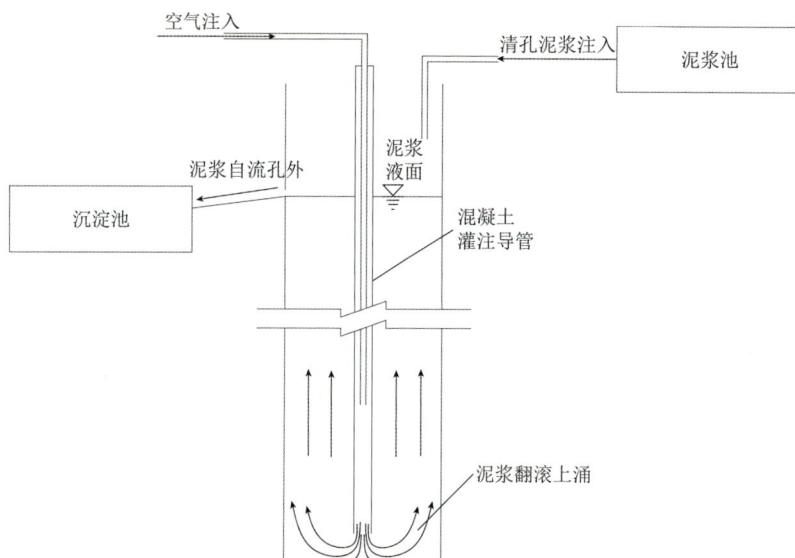

图 4-11　二次清孔示意图

清孔完成后，孔底沉渣应严格控制在 10cm 以内，泥浆指标合格（泥浆密度：1.03～1.10；黏度：17～20Pa·s；含砂率：＜2%；胶体率：＞98%），检查验收合格后，立即灌注水下混凝土，以免渣土重新沉淀，造成沉渣过厚而影响桩的承载力。

4.3.3.3　混凝土配合比

桩基混凝土为水下 C35 混凝土，配合比见表 4-10。

混凝土配合比　　　　　　　　　　　　表 4-10

类别	水泥	水	砂	碎石	粉煤灰	减水剂
重量	1.000	0.533	2.320	3.483	0.335	0.013

混凝土坍落度为 180～220mm，扩展度为 500～600mm，初凝时间为 18h，和易性、黏聚性、保水性良好。

4.3.3.4　混凝土灌注

1）首批混凝土灌注

计算初灌量制作混凝土首次灌注下料斗，保证首次灌注后导管在混凝土中埋深不小于 1.25m。

初灌量按下式计算：

$$V = \pi R^2 \times (H_1 + H_2) + \pi d^2/4 \times h_1 \tag{4-1}$$

式中：d——导管直径（m）；

　　　R——桩孔半径（m）；

　　　h_1——初灌后混凝土在导管内的深度（m），$h_1 = H_w \gamma_w / \gamma_c$；

　　　H_w——井孔内水或泥浆深度（m）；

γ_w——井孔内水或泥浆重度（kN/m^3）；

γ_c——混凝土拌和物重度（kN/m^3）；

H_1——导管距孔底距离（m），取 0.4m；

H_2——导管初灌埋深。

代入上式，本工程的初灌量为：

$$3.14 \times 1.25^2 \times (0.4 + 1.25) + 3.14 \times 0.15^2 \times 67.5 = 12.86(m^3)$$

采用拔球法灌注首批混凝土，为了保证首批混凝土灌注量，采用 $20m^3$ 料斗，利用混凝土汽车泵将混凝土输送进料斗内，待混凝土储满后，拔球灌注混凝土同时启动混凝土泵不停地向料斗内加入混凝土。

桩基设计桩长 119m，C35 水下混凝土设计数量为 $589.5m^3$。采用两台输送泵进行混凝灌注，其中一台 SYM 5337 汽车泵、一台 HBT9028 地泵，靠长江上游侧桩基混凝土灌注利用支栈桥和主栈桥作为混凝土泵及罐车的灌注点，靠长江下游侧桩基混凝土灌注利用支栈桥和钢平台左侧地面作为混凝土泵及罐车的灌注点。汽车泵主要参数见表 4-11，地泵主要参数见表 4-12，混凝土搅拌站主要参数见表 4-13。

汽车泵主要参数 表 4-11

项目	参数
型号	SYM 5337THBDW 520C9
全长（mm）	12200
总宽（mm）	2500
总高（mm）	4000
自重（kg）	33000
臂架垂直高度（m）	51.3
臂架水平长度（m）	43.8
臂架垂直深度（m）	26.9
最小展开高度（m）	13.3
前支腿展开宽度（m）	9480
后支腿展开宽度（m）	10400
混凝土排量（m^3/h）	150
理论泵送压力（低压）（MPa）	8.7
理论泵送压力（高压）（MPa）	12
理论泵送次数	25 次/min
输送缸内径	260mm

续上表

项目	参数
输送缸行程	1900mm
输送管径	125mm
末端软管长度	3m
末端软管管径	125mm
底盘型号	CYZ 52 Q
发动机型号	6WG1G
发动机功率/转速	294kW/1800r/min

地泵主要参数 表 4-12

项目	参数
型号	HBT9028CH-5D
混凝土最大理论输送压力（低压/高压）（MPa）	19/28
混凝土最大理论输送量（低压/高压）（m³/h）	95/70
发动机/电动机额定功率（kW）	2×186
输送缸直径（mm）×最大行程（mm）	ϕ200×2100
料斗容积（m³）×上料高度（mm）	0.7×1420
外形尺寸长（mm）×宽（mm）×高（mm）	7508×2272×2750
自重（kg）	11910
最大骨料尺寸（mm）输送管径150mm	50
最大骨料尺寸（mm）输送管径125mm	40
混凝土坍落度（mm）	100～230

混凝土搅拌站主要参数 表 4-13

项目		参数
搅拌站型号		HZS180
生产率（m³/h）		180
搅拌主机	型号	JS3000
	功率（kW）	2×55
	出料容积（m³）	3.5
	骨料粒径（mm）	≤150
称量精度	骨料（kg）	4×3000(1±2%)
	水泥（kg）	1800(1±1%)

项目		参数
称量精度	粉煤灰（kg）	500(1 ± 1%)
	水（kg）	800(1 ± 1%)
	外加剂（kg）	50(1 ± 1%)
总功率（kW）		200
卸料高度（m）		4.2

灌注前，在孔口检查混凝土的和易性和坍落度，每个工作班组至少检测 2 次，当坍落度满足水下灌注要求，并有较好的和易性时才能灌注。在料斗口加一筛网以防块石卡住导管。

2）连续灌注水下混凝土

灌注开始后，应紧凑、连续地进行，严禁中途停工，在灌注过程中要防止混凝土拌和物从漏斗顶溢出或从漏斗外掉入孔底；注意观察导管内混凝土下降和孔内水位升降情况，及时测量孔内混凝土面高度，计算导管埋置深度，正确指挥导管的提升和拆除，使导管的埋置深度控制在 2～6m 以内。拆除导管动作要快，同时要防止橡胶垫、工具等掉入孔内。拆下的导管要立即清洗干净，堆放整齐。

在灌注过程中当导管内混凝土不满、含有空气时，后续混凝土要徐徐灌入，以免在导管内形成高压气囊。为防止钢筋笼因混凝土的冲击力而上浮，要采取措施将钢筋笼与钢护筒焊接固定。

为确保桩顶质量，在桩顶设计高程以上加灌不小于 1.0m 高度的混凝土。

3）水下混凝土灌注注意事项

（1）混凝土灌注过程中混凝土易发生离析，如因导管埋深过大，易发生混凝土堵管甚至导致断桩，混凝土浇筑过程中勤量测混凝土顶面的高度，保证导管的埋深在 2～6m 之间，每次拆卸导管为一节（3m）。

（2）严格控制混凝土流量和下放速度，保持均匀的流量和流速。

（3）保证灌注的连续性，尽量缩短混凝土泵送的间歇时间，如出现突发事件混凝土在短时间内（30min～1h）不能搅拌到位时混凝土泵储料斗内应储备满斗混凝土，间隔 10min 泵送两个行程。

（4）导管不宜埋置过深，拆除导管应迅速及时，拆除后导管要检查密封圈好坏，及时更换密封圈，并保证导管有足够的安全埋管深度。

（5）测算混凝土上升高度和导管埋深要勤、要准。

（6）选择和易性好加缓凝剂的配合比，保证首批灌注混凝土初凝时间不小于 15h，严格控制坍落度，并加强施工过程中混凝土的和易性控制。

（7）加强领导现场值班和人员的管理工作，做到职责明确，确保每个参与工人的工作质量从而保证基桩混凝土的施工质量。

（8）加强对通信设备的检查，确保施工过程中信息畅通，指挥到位。

（9）现场技术人员勤测孔深，保证实测数据和计算数据准确无误。

4.3.3.5 预防断桩的措施

（1）做好清孔工作，确保孔内泥浆质量满足灌注水下混凝土的要求。

（2）混凝土在工地搅拌站集中拌制，用混凝土搅拌运输车运送，刚性导管灌注，施工时保证机具运行状态良好，确保混凝土连续施工。做好现场车辆调度及组织工作，保证施工不间断。

（3）导管使用前应进行水密性和接头抗拉等试验，进行水密试验的水压不应小于井孔内水深 1.3 倍的压力。

（4）首批灌注混凝土的数量应能满足导管初次埋置深度要求。

4.3.4 桩基检测

桩基施工中按设计图纸设置 4 根声测管，声测管采用 ϕ57mm、壁厚 3.5mm 普通钢管，钢管与桩基同长，顶部低于钢护筒顶面 30cm，且确保声测管不堵塞，检测时灌满清水检查。

桩基自检时，被检桩基的混凝土龄期不低于 14d，且达到检测的要求。主墩桩基础施工单位桩基自检率为 100%。

采用中国科学院武汉岩土力学研究所生产的 RSM-SY5 型工程声测仪。

4.3.5 桩端压浆施工

为提高桩端的承载力，按照设计要求，在桩端进行压浆加固。

4.3.5.1 施工准备

（1）压浆设备

压浆机械设备包括压浆泵、水泥浆搅拌桶和连接压浆导管的高压软管。

压浆泵采用 ZBYSB 60/22-7.5 型液压注浆泵，额定流量 60L/min，额定压力 15MPa。液浆搅拌机为与压浆泵相匹配的 YJ-340 型浆液搅拌机，容量为 2.12m³，水泥浆液的输浆管采用高压流体泵送软管，额定压力不小于 12MPa。

（2）压浆管制作

桩端压浆采用 3 根 ϕ30mm、壁厚大于 2.5mm 普通小钢管作为压浆管，在桩顶设置单向阀，既要保证不发生渗漏，又要保证能在混凝土浇筑终凝后，在 2～5MPa 泵压下顺利冲开橡胶皮。接头采用丝扣连接，两端采用丝堵封严。

压浆管长度，在桩底部长出钢筋笼 10cm，上部与钢护筒顶面平齐，不得露出地面以便于保护。压浆管在最下部 20cm 制作成压浆喷头，在该部分采用钻头均匀钻出 4 排（每排 4 个）、间距 3cm、直径 3mm 的压浆孔作为压浆喷头，外面套上同直径的自行车内胎并在两端用胶带封严。

（3）压浆管布置

压浆管分别绑扎于钢筋笼内侧。压浆管随钢筋笼下放，钢管采用专用接头逐根焊牢。在下放过程中应注入清水，以检验管路的密封性，压浆管在设计位置与钢筋笼主筋绑扎牢固且竖向保持直线。压浆管布置如图 4-12 所示。

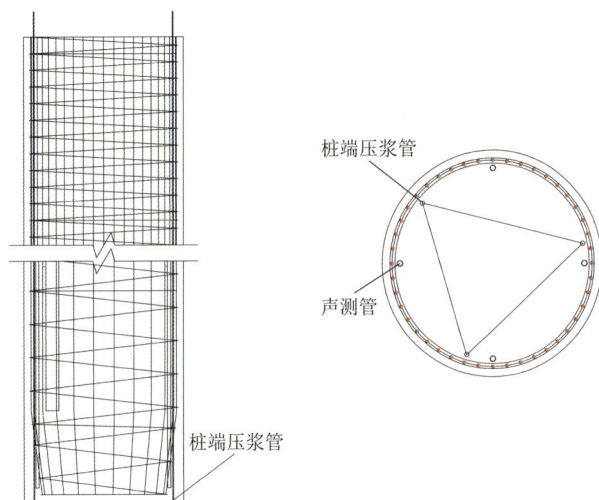

图 4-12　桩端压浆管布置示意图

（4）水泥浆配合比（表 4-14）

水泥浆配合比　　　　　　　　　　　　　　表 4-14

类别	水泥	水	外加剂
重量	1.000	0.651	0.001

水泥浆性能：初凝时间 8h10min，终凝时间 9h15min，出机流动度 10.3s，7d 抗压强度 27.8MPa。

4.3.5.2　开塞及管路清洗

根据压浆方案要求，压浆管底密封橡胶皮开塞在桩混凝土浇筑完成后 24～48h 进行，由压浆泵用清水将管底橡胶皮冲开，确保管路系统畅通。

4.3.5.3　压浆

压浆总体控制原则：实行压浆量与压力双控，以压浆量（水泥用量）控制为主，注浆压力大于 4MPa，注浆量以设计量为依据。在声测工作结束后，且混凝土强度达到设计强度 80% 以上进行压浆工作。

4.3.6 检查要求

4.3.6.1 泥浆性能要求

各阶段钻孔中泥浆性能指标见表4-6。

4.3.6.2 钻孔桩要求

钻孔灌注桩检测项目见表4-15。

钻孔灌注桩检测项目　　　　　表4-15

序号	检查项目	规定值或允许偏差	检查防范和频率
1	混凝土强度（MPa）	在合格标准内	按照水泥混凝土抗压强度评定
2	孔的中心位置（mm）	群桩≤100，排架桩≤50	全站仪：每桩测中心坐标
3	孔深（m）	不小于设计值	测绳：每桩测量
4	孔径（mm）	不小于设计值	探孔器或超声波成孔检测仪：每桩测量
5	倾斜度（%）	≤1%，且≤500	钻杆垂线法或超声波成孔检测仪：每桩测量
6	沉淀厚度（mm）	摩擦桩：桩径≤1.5m，沉淀厚度≤200mm，桩径>1.5m或桩长大于40m以及土质较差的摩擦，沉淀厚度≤300mm,支撑桩:沉淀厚度≤50mm	沉淀盒或测渣仪：每桩测量
7	桩身完整性	I类桩	超声波法：每桩检测

4.3.6.3 钢筋笼加工要求

套筒外观、尺寸及螺纹检验方法见表4-16,圆柱形直螺纹套筒的尺寸允许偏差见表4-17，标准丝头及加长型丝头的螺纹加工长度见表4-18，直螺纹套筒最小尺寸见表4-19，直螺纹钢筋连接套筒拧紧力矩标准值见表4-20，钢筋加工及安装实测项目见表4-21。

套筒外观、尺寸及螺纹检验方法　　　　　表4-16

套筒类型	检验项目	量具、检具名称	检验方法
直螺纹套筒	外观	—	目测
	外形尺寸	游标卡尺或专用量具	不少于2个方向进行测量
	螺纹中径	通端螺纹塞规	与套筒工作内螺纹旋合通过
		止端螺纹塞规	允许与套筒工作内螺纹两端的螺纹部分旋合，旋合量应不超过3个螺距
	螺纹小径	光面卡规或游标卡尺	不少于2个方向进行测量

圆柱形直螺纹套筒的尺寸允许偏差　　　表 4-17

外径（D）允许偏差		螺纹公差	长度（L）允许偏差
加工表面	非加工表面	应符合《普通螺纹公差》（GB/T 197—2003）中 6H 的规定	±1.0mm
±0.50mm	20mm < D ≤ 30mm，±0.5mm 30mm < D ≤ 50mm，±0.6mm D > 50mm，±0.8mm		

标准丝头及加长型丝头的螺纹加工长度表（尺寸单位：mm）　　表 4-18

钢筋规格	$\phi 16$	$\phi 18$	$\phi 20$	$\phi 22$	$\phi 25$	$\phi 28$	$\phi 32$	$\phi 36$	$\phi 40$
标准型丝头	16	18	20	22	25	28	35	36	40
加长型丝头	41	45	49	53	61	67	81	85	93

直螺纹套筒最小尺寸表　　　表 4-19

钢筋级别	套筒类型	型号	尺寸	钢筋直径（mm）						
				20	22	25	28	32	36	40
≤ HRB400	直接滚轧直螺纹	标准型正反丝型	外径	30.5	33	37.5	42	48	53.5	59.5
			长度	45	49	56	62	70	78	86

直螺纹钢筋连接套筒拧紧力矩标准值　　　表 4-20

钢筋直径（mm）	12～16	18～20	22～25	28～32	36～40	50
拧紧扭矩（N·m）	100	200	260	320	360	460

钢筋加工及安装实测项目　　　表 4-21

项次	检查项目	规定值或允许偏差	检查方法和频率
1	主筋间距（mm）	±10	尺量：每段测 2 个断面
2	箍筋或螺旋筋间距（mm）	±20	尺量：每段测 10 个间距
3	钢筋骨架外径或厚、宽（mm）	±10	尺量：每段测 2 个断面
4	钢筋骨架长度（mm）	±100	尺量：每个骨架测 2 处
5	钢筋骨架底端高程（mm）	±50	水准仪：测顶端高程，用骨架长度计算
6	保护层厚度（mm）	+20，−10	尺量：测每段钢筋骨架外侧定位块处

4.3.6.4 混凝土导管水密性检测

导管在使用前进行水密承压试验，进行水密试验的水压不小于孔内水深 1.3 倍的压力，也不小于导管壁和焊缝可能承受灌注混凝土时最大内压力 P 的 1.3 倍，P 可按下式计算：

$$P = \gamma_c h_c - \gamma_w H_w \qquad (4-2)$$

式中：P——导管可能受到的最大内压力（kPa）；

γ_c——混凝土拌和物的重度（kN/m³），取 24kN/m³；

h_c——导管内混凝土柱最大高度（m），以导管全长或预计的最大高度计；

γ_w——井孔内水或泥浆的重度（kN/m³）；

H_w——井孔内水或泥浆的深度（m）。

通过计算，$P = 1775$kPa。试验时，将导管连接后一端注入水后密封，检查导管接头处的密封状态，检查合格后按照计算压力的 1.3 倍进行加压，持压 15min 后检查接头均未发现渗漏水，导管水密性满足施工要求。

4.3.7 施工重难点分析及应对措施

4.3.7.1 超长孔深、超厚粉细砂底层

钻孔深度达到 133m，为保证钻孔过程中不发生塌孔等现象发生，拌制高性能 PHP 泥浆，并在钻孔过程中及时补充新制泥浆保持性能的稳定，并在清孔过程中使用新制泥浆，避免清孔过程塌孔。

4.3.7.2 大直径钻孔桩

施工平台采用钢管桩基础，地表为回填土和粉细砂地层，承载能力差，为减少施工平台钢管桩基础对钻孔桩的影响和避免钻孔过程中孔口坍塌，埋设 18m 长钢护筒，确保钻孔过程中质量、安全、进度可控。

5 施工保证措施

5.1 安全组织保障措施

5.1.1 安全生产管理机构

成立由项目经理部领导、相关部门负责人组成的安全生产管理领导小组，负责工程建设安全生产管理的组织领导工作。

5.1.2 安全生产管理领导小组职责

（1）建立安全生产责任制，检查、考核各级领导、各部门安全生产责任制落实情况。

（2）确定安全生产管理方针和目标。

（3）审定项目安全生产管理办法。

（4）定期组织安全生产检查，组织安全生产专题会议，协调布置安全生产工作。

（5）按有关规定，组织编报工程建设安全生产应急预案。

（6）依照国家及行业有关安全生产法律法规的规定，及时上报安全生产事故情况，积极配合安全生产事故的调查。

5.1.3 安全管理部门

（1）设立安全管理部门，按集团公司规定配备安全总监，设专职安全管理人员，施工队、班组设专兼职安全员。桥梁工程、水上作业、起重等危险性较大的工序每班必须设值班安全员。

（2）各级安全管理人员应由工作责任心强，有一定施工经验的人员担任。安全管理人员要持证上岗并保持相对稳定，不宜轻易调动工作。

（3）安全部是安全生产的主管部门，负责安全生产管理的日常工作，其他各职能部门及各岗位人员，按安全生产责任制，承担相应安全生产职责。

（4）安全部负责制定安全生产实施细则，督促检查施工安全生产管理制度的建立、执行情况和管段内安全生产工作。按照有关法律法规及集团公司安全生产管理办法规定承担安全责任。

5.1.4 安全保证体系

设立安全管理部门，按集团公司规定配备安全总监，设专职安全管理人员，施工队、班组设专兼职安全员。桥梁工程、水上作业、起重等危险性较大的工序每班必须设值班安全员。

安全生产保证体系如图 5-1 所示。

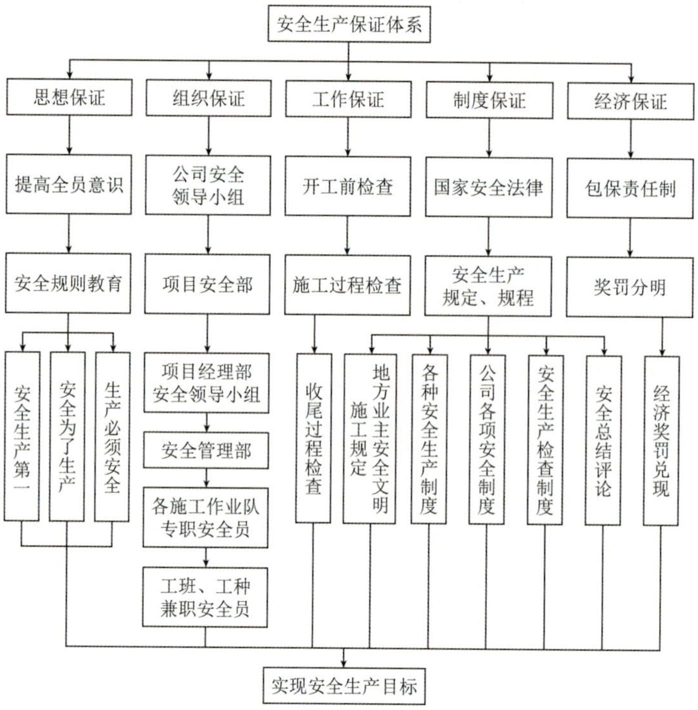

图 5-1 安全生产保证体系（流程图）：

- 安全生产保证体系
  - 思想保证 → 提高全员意识 → 安全规则教育 → 安全生产第一 / 安全为了生产 / 生产必须安全
  - 组织保证 → 公司安全领导小组 → 项目安全部 → 项目经理部安全领导小组 → 安全管理部 → 各施工作业队专职安全员 → 工班、工种兼职安全员
  - 工作保证 → 开工前检查 → 施工过程检查 → 收尾过程检查
  - 制度保证 → 国家安全法律 → 安全生产规定、规程 → 地方业主安全文明 / 地方施工规定 / 各种安全生产制度 / 公司各项安全制度 / 安全生产检查制度
  - 经济保证 → 包保责任制 → 奖罚分明 → 安全总结评论 / 经济奖罚兑现
  - 实现安全生产目标

图 5-1 安全生产保证体系

5.2 技术措施

5.2.1 安全保证措施

5.2.1.1 栈桥、钢平台作业的安全措施

（1）构成栈桥、钻孔桩施工平台的钢结构强度和稳定性必须经过计算，确保能够抵抗强台风和洪水冲击。在设计时，栈桥、钻孔桩平台顶面要高于最大洪水水位，以减小洪水对栈桥、平台结构的冲击力。

（2）栈桥、平台在施工中应严格按照设计图纸、施工规范和有关技术操作规程进行。栈桥与平台的钢管桩斜率控制在 1% 以内。

（3）位置偏差宜控制在 300mm 以内，桥栈与平台面必须平整。

（4）栈桥与钻孔桩平台要连接起来，以增强整体性。

（5）栈桥、平台的防护栏杆要进行经常性的检查，发现有松动现象应及时进行加固处理。

（6）栈桥、平台上应配套夜间照明灯，并配布安全标牌，安全标牌采用反光膜制作，夜间辅以泛光灯照明，以增强夜视效果。

（7）栈桥、平台上防护栏杆高度为 1.2m，立杆和扶杆涂防锈漆、红白相间的安全色，并设置安全警示标识。

安全警示标识如图 5-2 所示。

图 5-2　安全警示标识

5.2.1.2　高空作业的安全措施

（1）所有进入施工现场的人员必须戴好安全帽，并按规定佩戴劳动保护用品，或安全带等安全防护用品。

（2）施工作业人员不得穿拖鞋、高跟鞋、硬底易滑鞋和裙子进入施工现场。从事高空施工作业人员，必须定期进行体格检查，凡是不适宜从事高空作业人员，不得从事此项工作。

（3）在距边缘 1.2～1.5m 处应设置护栏或架设护网，且不低于 1.2m，并要稳固可靠。

（4）临空处设置栏杆或安全网等安全设施。

（5）高空作业人员必须佩戴安全带，穿防滑鞋。安全带应拴挂在施工作业人员上方的牢固处，流动作业时，应随摘随挂。应采购经国家有关部门质量鉴定合格的安全网和安全带。

（6）严禁酒后从事高空施工作业活动。施工作业人员不得在未固定的构架上工作，也不得在未稳定的结构上行走。

（7）施工平台应挂醒目的安全警示牌，夜间高空施工作业必须有充足的灯火照明，夜间施工照明不足时，应暂停高空、高处的施工作业。

（8）在 6 级以上大风、大雾、暴雨等恶劣天气条件下，应停止高空施工作业。

（9）高空施工作业附近有高压电线时，应先采取停电、拆除、迁移或隔离等防护措施。

5.2.1.3　起重吊装安全措施

（1）起重安装作业时，应确定工作步骤、施工方法及安全措施。

（2）起重安装作业前应清除工地及所经道路的障碍物，做到工地整洁、道路畅通。

（3）使用起重机起重安装作业时，必须严格执行相应起重机的安全使用规定。

（4）起重机械在使用前，应进行试吊。试吊前，还应对起重机械进行全面检查。确认良好，方可进行。试吊包括静载重和动载重。静载重试吊的重量应为标定吊重的 1.25 倍，吊起重物 0.1～0.3m，停留 10min，对各部位进行检查。动载重试吊为标定吊重的 1.1 倍，起到适当高度后，做扒杆转动等动作，再检查起重机各部位是否良好。经确认合格后，方得使用。

（5）起重机操作人员必须熟悉施工方法、起重设备的性能、所起吊重物的特点和确切重量以及施工安全要求。

（6）起重机指挥应由有起重作业经验的人员担任。指挥人员的哨音、手势和旗语应洪亮、正确、清楚。如遇有妨碍司机视线处，应增加传递信号人员。

（7）起重工在工作时应集中精力，明确分工，服从统一指挥。

（8）起吊重物时，起重扒杆下不得有人停留或行走。起重机停止作业时，应按下制动器，收紧吊钩和钢丝绳。

（9）采用扒杆起吊重物时，扒杆、吊具的材料必须符合起重量的要求，缆风绳等必须牢固。

（10）起吊重物时，首先应明确其重心，确定应使用的吊具和捆扎的部位。采用两支点起吊时，两副吊具中间的夹角不应大于 60°。

（11）起吊重物时，吊具捆扎应牢固，应封钩防滑落。捆扎有棱角或利口的物件时，吊具应垫以铁瓦、橡胶、麻袋等物。起吊物件时，应有防止物件摆动的措施。

（12）起重吊物时，吊钩钢丝绳应保持垂直。严禁用吊钩钢丝绳在倾斜的方向拖拉重物或斜吊。

（13）起吊重物转移时，应将重物提升到所有遇到的物件高度的 0.5m 以上。

（14）起重机司机及起重工作人员在工作时不得擅自离开岗位，严禁将重物起吊后离开。司机不准擅自改变操作程序与方法。

（15）采用两台起重机同时吊一件重物时，应在现场施工负责人的指导下进行。在起吊过程中，两台起重机必须均衡起落重物，使各自分担的起重量不超过其容许起重量的 80%。

（16）起重使用的钢丝绳应不起油、无死弯，在任何一个断面内的断丝量不得超过此断面总数的 5%。

（17）起重机在高压线下或附近作业时，其扒杆与高压线应有一定的安全距离。必要时，还应采取隔离措施。

5.2.1.4 施工机械设备安全管理措施

（1）投入施工的机械应按其性能的要求正确使用，不得使用缺少安全装置或安全装置已失效的机械设备。

（2）严禁拆除施工机械设备上的自动控制机构、力矩限位器等安全装置及监测、指示、仪表、警报器等自动报警信号。施工机械设备的调试和故障排除应由专业人员操作。

（3）机械设备应按时进行保养，当发现有漏保、失修或超载带病运转等情况，应立即停止使用。严禁对处在运行的和动转中的机械进行维修、保养或调整等作业。

（4）施工机械设备的操作人员必须健康，并经专业培训考试合格。在取得有关部门颁发的操作证、特殊工种操作证后，方可独立操作施工机械设备。

（5）施工机械设备操作人员和配合作业人员，必须按规定穿戴劳动保护用品，长发不得外露。严禁从施工机械设备上向下投掷物件。

（6）施工机械作业时，操作人员不得擅自离开工作岗位或将机械设备交给非本机操作人员操作。严禁无关人员进入作业区和操作。工作时，思想要集中，严禁酒后操作各种施工机械设备。

（7）施工机械操作人员有权拒绝执行违反安全操作规程的命令。

（8）进行日作业两班以上的机械设备均须实行交接班制度，操作人员要认真填写交接班记录。

（9）机械设备进入作业地点后，施工技术人员应向机械操作人员进行施工任务及安全技术措施交底。施工机械设备操作人员应熟悉作业环境和施工条件，听从指挥，遵守现场安全规则。

（10）施工现场应为各种机械设备提供必需的施工作业条件，并消除对机械作业有妨碍或不安全的因素。夜间施工作业必须配备充足的照明。

（11）当施工机械设备与施工安全规定发生矛盾时，必须服从安全规定的要求。

（12）当施工机械设备发生事故或未遂恶性事故时，必须及时抢救，保护现场，并立即报告领导和有关部门，对事故应按"三不放过"的原则进行处理。

5.2.1.5　施工用电安全措施

（1）电气设备操作人员严格执行用电安全操作规程，对电气设备工具要进行定期检查和试验，凡不合格的电气设备、工具要停止使用。

（2）电工人员严禁带电操作，线路上禁止带负荷接线，正确使用电工器具。

（3）施工用电的总箱、开关箱内必须安装漏电保护器，实行两级漏电保护。

（4）用电机械设备所用熔断体，严禁用其他金属丝代替，并且需与机械设备容量相匹配。

（5）施工现场内严禁使用塑料线，所用绝缘导线型号及截面必须符合用电设计。

（6）电工必须持证上岗，操作时必须穿戴好各种绝缘防护用品，不得违章操作。

（7）当发生电气火灾时应立即切断电源，用干砂或干粉灭火器灭火，严禁使用导电的灭火剂灭火。

（8）施工的移动式照明，必须采用安全电压。

（9）施工临时用电必须执行施工组织设计和安全操作。

（10）电焊机应放置在防雨和通风良好的地方，严禁在有易燃、易爆物品周围施焊。

（11）电焊机一次线长度应小于5m，一、二次侧防护罩齐全。

（12）电焊机二次线应选用YHS型橡皮护套铜芯多股软电缆。

（13）手柄和电缆的绝缘应良好。

（14）电焊变压器的空载电压应控制在80V以内。

（15）操作人员必须持证上岗，必须穿戴绝缘鞋和手套，使用护目镜。

（16）施工中所用到的手持电动工具的开关箱内必须安装隔离开关、短路保护、过负荷保护和漏电保护器。

（17）施工手持电动工具的负荷线，必须选择无接头的多股铜芯橡皮护套软电缆。其性能应符合国家标准的相关要求。其中绿/黄双色线在任何情况下只能用作保护线。

（18）施工现场优先选用II类手持电动工具，并应装设额定动作电流不大于15mA、额定漏电动作时间小于0.1s的漏电保护器。

5.2.1.6 消防安全防范措施

（1）严格执行《中华人民共和国消防条例》和公安部关于建筑工地防火的基本措施。工地必须有防火领导小组和义务消防队组织，加强消防工作的领导，现场设消防值班人员，对进场职工进行消防知识教育。

（2）对全体职工进行定期的安全教育和防火知识教育，使全体职工了解并懂得施工现场安全防火的重要性。

（3）经常巡视施工现场和生活办公区消防情况，发现消防隐患，立即整改。

（4）施工现场应划分用火作业区、易燃易爆材料区、生活区，按规定保持防火间距。如果条件所限，防火间距达不到标准时，应采取相应的防火措施，适当减小防火距离，并征求当地消防部门意见。同时，防火间距中不准堆放易燃物。

（5）现场应有车辆循环通道，通道宽度不小于3.5m。严禁占用场内通道堆放材料。

（6）施工现场重点防火部位，如仓库、食堂、工棚、易燃料场和用火处等易燃区域，需有足够的灭火工具和设备，且不得随便借作他用。对消防器材要有专人管理并定期检查保证性能完好，灭火器药剂应定期更换（半年一次），消防器材设置处不得堆放其他材料，保证道路畅通。

（7）易燃物品储存间（氧气、乙炔气仓库等）严禁吸烟，并悬挂"严禁烟火"或"危险"等字样的明显警告牌。

（8）各类电气设备、线路不准超负荷使用，线路接头要接实接牢，发现发热或打火短路问题要立即停用修理。

（9）存放易燃液体、可燃气瓶的库房内，照明线路要穿管保护，库内要采用防爆灯具，开关应设在库外。

（10）穿墙电线或靠近易燃物的电线要穿管保护，灯具与易燃物应保持安全距离。

（11）现场生产、生活用火均应经工区主管领导批准，任何人不准擅自使用明火。使用明火时，要远离易燃物，并备有消防器材，用火完毕要认真熄火。

5.2.1.7 淹溺防范措施

（1）完善易造成溺水区域内的安全设施，并应全面达到或超过国家标准，消除作业现场的安全隐患。

（2）作业前应做好信息沟通工作，并设有专人监护，防止溺水事故。

5.2.2 质量技术保证措施

5.2.2.1 工程质量监督制度

质检工程师熟练掌握桩基工程的检查验收和评定标准与程序，严格执行质量监控制度，及时对每项工序进行评价和对质量偏差进行纠正，消除不合格的原因，防止工程质量不合格。自觉接受问题或整改指令，并督促按期整改和落实。

5.2.2.2 工程材料质量监控制度

严格供应商资质审查，实行市场准入制度，在合格供应商范围内进行招标，重要材料实行驻场（厂）监造。检测部门按规定程序和频率，分别进行出场（厂）、进场和过程检验，并提供检测报告。不合格材料严禁使用，并及时清退。

5.2.2.3 检测试验机构许可制度

自建的试验室、混凝土搅拌站等经监理及建设单位组织验收合格后，方投入使用。需要委外检测的检测机构申报监理单位和建设单位，经审查合格后实施委外试验。

5.2.2.4 工程质量检测试验制度

严格工作程序，规范操作方法，按规定项目和频次对原材料和工程质量检测试验，凡需验证的试验项目由监理工程师在场监督进行。

5.2.2.5 工序质量检查验收制度

在每道工序完成后，及时报告监理工程师到场进行检查和签字认可。未经监理工程师检查合格并签字的工序，不得进行下道工序施工。

5.2.2.6 质量保证措施审批制度

在开工前，先将各项工程质量保证措施报于总工程师进行审核，审核后再上报监理单位进行审批，关键或重要工程的质量技术保证措施报咨询单位进行检算。

5.2.2.7 工程施工质量验收评定制度

桩基工程施工完毕后，由质量检验员及时进行质量检验评定上报监理工程师验收，合格后再交由下道工序施工，并保存验评记录。

5.2.2.8 施工过程质量检查制度

施工单位严格执行工程质量"三检"制度（自检、互检、交接检），真实填写检查记录，及时向监理工程师报检；严格过程质量检查，强化关键工序旁站，及时到现场进行检查，并履行签字认可手续，杜绝不合格工程进入下道工序，严禁不合格材料进入施工现场；每周组织一次定期质量检查，每月进行一次全线质量大检查。

5.2.2.9 工程质量事故报告制度

发生工程质量事故后，责任部门按规定及时逐级上报，并开展调查和处理工作，妥善保管有关资料；对监理、设计、建设单位及相关部门检查提出的问题或整改指令，各部门按期整改和落实，重要质量问题逐级上报。

5.2.2.10 工程质量举报制度

在现场工程告示牌上，公布工程质量举报电话及网络邮箱，实现社会质量监督。由质量管理部门负责受理和处理举报，并对举报人信息进行严格保密。

5.2.2.11 质量培训制度

施工前及时对主要管理、技术人员及施工人员进行质量教育和技术培训工作，严格执行规范和操作规程，提高参建各方人员的综合素质。同时加强过程培训，确保全体参建人员参加培训，做到先培训后上岗。

5.2.2.12 质量管理组织机构

质量管理组织机构如图 5-3 所示，质量保证体系如图 5-4 所示。

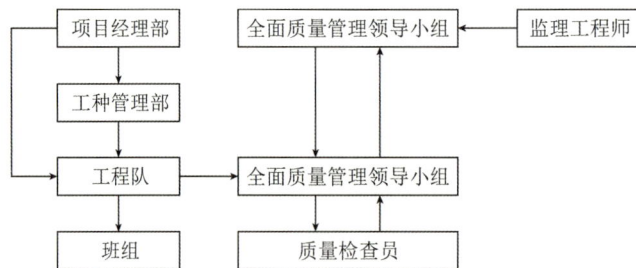

图 5-3　质量管理组织机构图

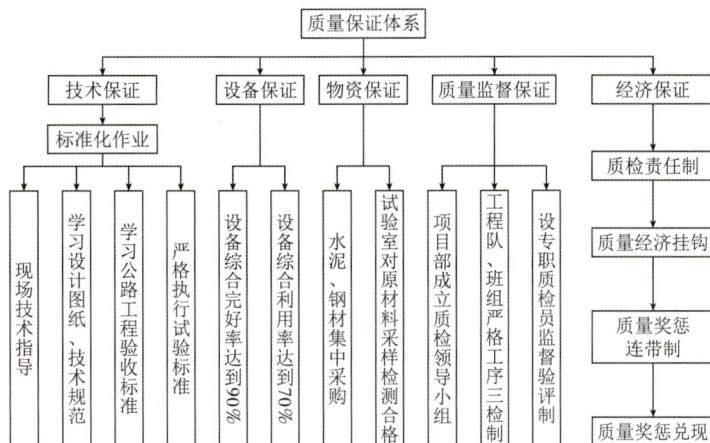

图 5-4 质量保证体系框图

5.2.3 夏期保证措施

（1）动员职工，根据施工生产的实际情况，积极采取行之有效的防暑降温措施，充分发挥现有降温设备的效能，添置必要的设施。

（2）关心职工的工作、生活，注意劳逸结合，调整作息时间，严格控制加班加点。入暑前，抓紧做好高温、高空作业工人的体检，对不适合高温、高空作业的适当调换工作。

（3）改善现场办公、生活的环境卫生，定期喷洒杀虫剂，防止蚊、蝇滋生，杜绝常见流行病。

（4）做好用电管理。夏季是用电高峰期，定期对电气设备逐台进行全面检查、保养、禁止乱拉电线，特别是对职工宿舍的电线及时检查，加强用电知识的教育。

（5）加强对易燃、易爆等危险品的储存，运输和使用的管理，在露天堆放的危险品采取遮阳降温措施，严禁烈日暴晒，避免发生泄漏、自燃、火灾、爆炸事故。

（6）高温期间合理安排生产班次和劳动作息时间，对在特殊环境下（如露天、封闭等环境）施工的人员，采取诸如遮阳、通风等措施或调整工作时间，早晚工作，中午休息，防止职工中暑、窒息、中毒和其他事故的发生，炎热时期派医务人员深入工地进行巡回防治观察。一旦发生中暑、窒息、中毒等事故，立即进行紧急抢救或送医院急诊抢救。

5.2.4 冬期保证措施

钻孔灌注桩混凝土的冬期施工，主要是控制灌注混凝土时的温度。对灌注完成的混凝土抽除护筒内泥浆采用回填土保温养护。对已凿除桩头预留混凝土的桩顶部位采用保温棉进行覆盖保温养护。

5.2.4.1 灌注桩混凝土冬期施工的要求

灌注桩混凝土，灌注时混凝土的温度 ≥10℃，如温度达不到要求，搅拌混凝土时提前将水加热，确保混凝土的温度在灌注时达到要求。

尽量缩短运距和加强运输过程中的保温。

5.2.4.2 冬季施工准备

（1）根据冬期施工特点，与常温施工相比需增设机构，并适当增加人员，成立人员安全、工程质量保证、设备保护小组，制定相应岗位责任制。

（2）根据施工规范和现场实际情况，编制冬季施工专项方案，报监理、业主审批后逐级进行技术交底。

（3）及时掌握天气资料，以便采取相应防护措施。

（4）冬季施工的特点是着重事前的预防、事中及事后的保护。

①人员的事前预防保护、生产过程中的保护。

②设备的预防保护、工作停顿后的事后保护。

③桩基工程质量的事中保证及事后保证。

（5）加强施工现场管理，确保施工便道畅通并及时清除积雪、冰碴。车辆采取防滑措施。对机械设备液压传动部分及发动机冷却部分、供水管网等采取有效的保温措施。

（6）对气象、测温、保温、特殊工种及管理人员等进行冬期施工的教育培训，学习冬期施工有关规范、规定和冬期施工的理论、技术操作，进行冬期防火、防冻、防煤气中毒等思想和安全教育，提高职工的冬期施工意识，建立有效的冬期施工各项规章责任和值班制度。

（7）做好工程用料、保温材料、能源设备、防冻防滑防冰雪材料、外加剂、劳保用品等物资和机具设备的储备和调试工作，做好生活用房、作业棚等的防寒保温工作，准备好必要的消防器材。

（8）提前进行测温工作，做好冬期施工任务的统筹安排。

（9）准备好冬季施工材料，了解天气预报情况，当下雪时及时覆盖正在施工中的钢筋和混凝土，以便雪停以后方便清除冰雪。

5.2.4.3 钢筋冬期加工的质量保证措施

（1）钢筋负温焊接必须根据施工条件进行试焊，经试验合格后，方可正式施焊。

（2）从事钢筋焊接的施工人员必须持有焊工上岗证，才可上岗操作。

（3）负温下钢筋焊接施工，可采用闪光对焊，电弧焊（帮条、搭接、坡口焊）等焊接方法。焊接钢筋采取防雪挡风措施，减小焊件温度差，焊接后未冷却的接头严禁立刻接触冰雪。

（4）在负温度下起吊钢筋笼用的钢索与钢筋接触处应加防滑隔垫。

5.2.4.4 混凝土养护

根据石首市的气象资料，钻孔灌注桩在混凝土灌注完成后，不需要桩顶表面养护。

5.2.4.5 钻孔灌注桩保护及停顿后的事后保护

（1）灌浆导管丝扣在使用前要采用黄油涂抹保护。

（2）每次灌注完后应立即用热水清洗干净导管并将丝扣涂油。

（3）灌注完后孔口应清理干净，防止枕木等遗留在泥里。

5.2.4.6 冬期施工技术管理措施

（1）根据本项目特点和气候天气情况，应不断优化冬期施工方案，采用先进技术措施，综合考虑，努力降低冬期施工工程造价。

（2）冬期施工各个阶段，加强施工质量管理。根据现场施工条件变化，及时调整施工方案。

（3）加强施工技术交底，严格复核制，严格签收手续。根据冬期施工的特点作冬期施工专业技术交底。

（4）认真做好技术检测，按有关规范冬期施工要求进行，为冬期施工提供准确、及时的参考数据。

（5）加大施工过程控制力度，采取合理措施确保工序质量，加强检查，严格奖罚制度。

（6）强化质量管理机构，配置专职质检人员，定期进行质检活动，做到质检活动经常化、制度化。

（7）进行冬期施工教育培训，提高冬期施工质量意识和技术水平，加强低温过程控制，客观进行工程质量评价。

（8）充分利用先进施工技术，选择合理施工方法，保证工程质量，提高劳动生产率。

（9）重点做好低温施工处理和养护工作，加强保温控制，严格搅拌、灌注、养生等每一道工序、每一环节的冬期施工控制。

（10）领导和技术人员跟班作业，加强质量监督，严格执行作业标准，及时解决现场出现的问题。

（11）冬期施工要注意做好机械设备的保养，施工道路的维护等，采取防雪、防冰、防滑措施，同时要做好施工人员的保暖。

5.2.4.7 冬期施工安全管理

（1）对全体职工定期进行安全教育，遵守安全法规和规程，采取防电、防火、防毒、防爆等安全措施，对有毒物品操作人员应采取安全防护措施。

（2）安全防火工作，应贯彻冬期施工的全过程，做到施工前有方案、有交底，施工中有监督、有检查，施工完有总结评比，工程每一个阶段做到措施落实、组织落实、设施落实、任务目标落实。

（3）冬期施工中的重点安全防火部位，应设专业机构，健全管理制度，并定期检查缺陷，制定相应措施来消除缺点，以保证将事故消灭在萌芽中。

（4）各工地住房、活动板房，不得用明火取暖，不得使用电炉及大灯泡取暖。凡需要生煤炉的住房，都要经项目部安全员检查批准。加强用电管理，人走电关、灯灭，不准长明灯和乱拉、乱接电线。

（5）冬期取暖时，易燃物、衣服、鞋袜都要远离热源1m以上。

（6）加强对施工围护器材的检查，如覆盖用的草帘、塑料薄膜、毛毡、电热毯等用品。

（7）电气焊要严格操作规程，远离易燃物10m以上，不得用明火烧烤气瓶及阀门开关。

（8）禁止在工地随便洒水造成结冰路滑。

（9）施工人员进入施工现场一定戴安全帽，严禁因为寒冷戴布棉帽进入施工现场。

5.2.5 雨季施工保证措施

掌握气象趋势及动态，开工前宜与当地气象部门签订服务合同，以利安排施工，做好预防的准备工作。

提前做好劳动力安排和材料采购计划，并储备足够的物资材料以保证雨季的施工。做好材料（如钢筋、水泥等）的防受潮、防锈蚀工作。施工现场及施工便道要有排水坡道，便道旁边要开挖排水沟，以避免便道积水而影响来往车辆行驶。构建生产基地，根据地形对场地四周的排水系统进行疏通，做到施工作业场地不积水，并防止周邻地表水流入场内；雨季施工现场应设专人负责，随时随地疏浚，确保现场安全。雨季中使用重型机械和车辆时，注意地面有无松软现象，以防压坏地下隐蔽设施及机械越陷越深。

配电箱设防雨罩，各种机械设备设防雨棚。

现场工棚、仓库、食堂、宿舍等大小型暂舍在雨季整修完毕，要保证不塌、不漏和四周不积水。

提前安排好排水系统，以免挖槽堆土造成原排水出路不畅，沟槽切断原有排水沟和管道，如无其他适当排水出路，架设安全可靠的渡管。

在雨季施工前，对现场所有动力照明线路、供配电电气设施进行一次全面检查，对存在线路老化、安装不良、瓷瓶裂纹、绝缘能力降低以及漏电等问题设施，必须及时更换处理。

5.2.6 环水保措施

5.2.6.1 环境保护措施

（1）钻孔过程中的产污形式主要是水污染、土源污染；产生污染物的特点是突发性，水污染、土源污染具有一定的突发性和不确定性，主要是由于泥浆池不牢固产生的坍坝及泥浆管连接不密实，导致泥浆外流至路基，甚至流淌进沟渠的水源；产生污染的数量主要根据泥浆池中泥浆的装载程度、泥浆管连接的完好性、泥浆池围堰牢固的程度及钻机钻进的时间确定。

（2）浇筑水下混凝土产生的污染形式主要是首盘浇筑时由于冲击力太大，引起的泥浆外溢，导致水污染、土源污染及浇筑过程中罐车来回行驶产生的大气污染和噪声污染；产生污染的特点是相对集中，时间短，阶段性强，产生污染的数量较多。

（3）重要环境因素：

①气体污染。主要由罐车行驶引起的扬尘，即在重力作用下能很快下降的固体颗粒。

②水污染。主要是钻孔过程中产生的泥浆流入沟渠。

③噪声污染。主要是钻机和大型机械施工时产生的工业噪声。

④土壤污染。主要是钻孔过程中泥浆外泄导致的污染。

⑤生态污染。主要是因钻桩、修建钢筋加工场地、泥浆池等原因而破坏的原有耕地。

5.2.6.2 水土保持措施

（1）对桥梁占地范围内可剥离表土进行剥离，并且集中堆放至表土堆放场或者桥梁下（以不影响施工为宜），以备将来桥梁施工迹地绿化覆土。

（2）涉水桩基应安排在枯水期进行，桥梁桩基位于自然水体的应设置围堰，将施工平台与自然水体隔离。

（3）桥梁桩基占压河床的需事先编制河道防洪预案，并征得当地县级水行政主管部门同意，汛期加强值守，确保河道行洪安全。

（4）基础开挖方临时堆放时采取拦挡措施，或采用防雨布覆盖，桥涵施工过程中主要需关注对水源的保护，关注桩孔出渣以及施工噪声控制等；施工结束后，布设桥面排水系统，桥台锥布设急流槽（含消力池）和顺接排水沟，对桥下迹地进行土地整治，播撒草籽恢复植被。

（5）对于不可避免的河道及河岸开挖工程，要明确并严格控制开挖界线，不得任意扩大开挖范围；施工过程中不得改变水流方向，若必须使水流暂时改道，施工单位应拿出合理环保措施方案，并经过当地水利部门批准后方可实施。

（6）涉水桥梁桩基施工时应采用钢围堰，采用清水钻进，钻孔弃渣经循环水带出，经过滤后由船集中转运至两岸，再由汽车转运至弃渣场。围堰施工一般安排在枯水期进行，并且需做好防水措施，待桥梁基础施工完成后，将外延材料清除，恢复河道。

（7）陆地桥梁桩基施工时应在桩基附近设置钻孔泥浆池及中转泥浆池（或可移动式泥浆箱），泥浆池底部及四周铺设彩条布或者砂浆抹面，防止泥浆渗漏，临水泥浆池外围采用装土编织袋进行围栏挡护,防止外泄。钻孔泥浆池泥浆应及时转运晾晒，并运至弃渣场堆放。

（8）需临时堆土时，泥浆沉淀晾干后与桥梁施工过程中产生的土石渣临时堆放于桥下，堆放高度控制在 2.5m，堆放边坡控制在 1：2，周边用袋装土临时拦挡，表层用密目网/防雨布覆盖，后期运至弃渣场集中堆放。

（9）位于山体的桩基工程，开挖施工平台及便道时应加强土石方的拦挡措施，开挖面上边坡应设置袋装土或竹跳板拦挡措施，防止土石方顺坡滑落造成植被破坏。开挖中加强土石方的清运。

（10）桥梁下构施工完毕后，应及时对泥浆池进行回填平整，清理场地构筑物及施工弃渣，顺地势进行土地整治。土地整改完成后播撒狗牙根等本地草籽，沿桥梁走向设置纵向排水沟，为桥底植被恢复创造条件。

5.2.6.3 环境污染控制措施

环境污染的控制可从两方面进行：对环境的保护措施和环境管理体系的建立。

对环境的保护措施，主要包括大气污染的防治、水污染的防治、噪声污染的防治、土壤污染的防治、生态污染的防治及文明施工措施等。

根据《环境管理体系　要求及使用指南》（GB/T 24001—2016），针对工程及环境特点，建立完整的环境保护和水土保持保证体系，如图 5-5 所示。

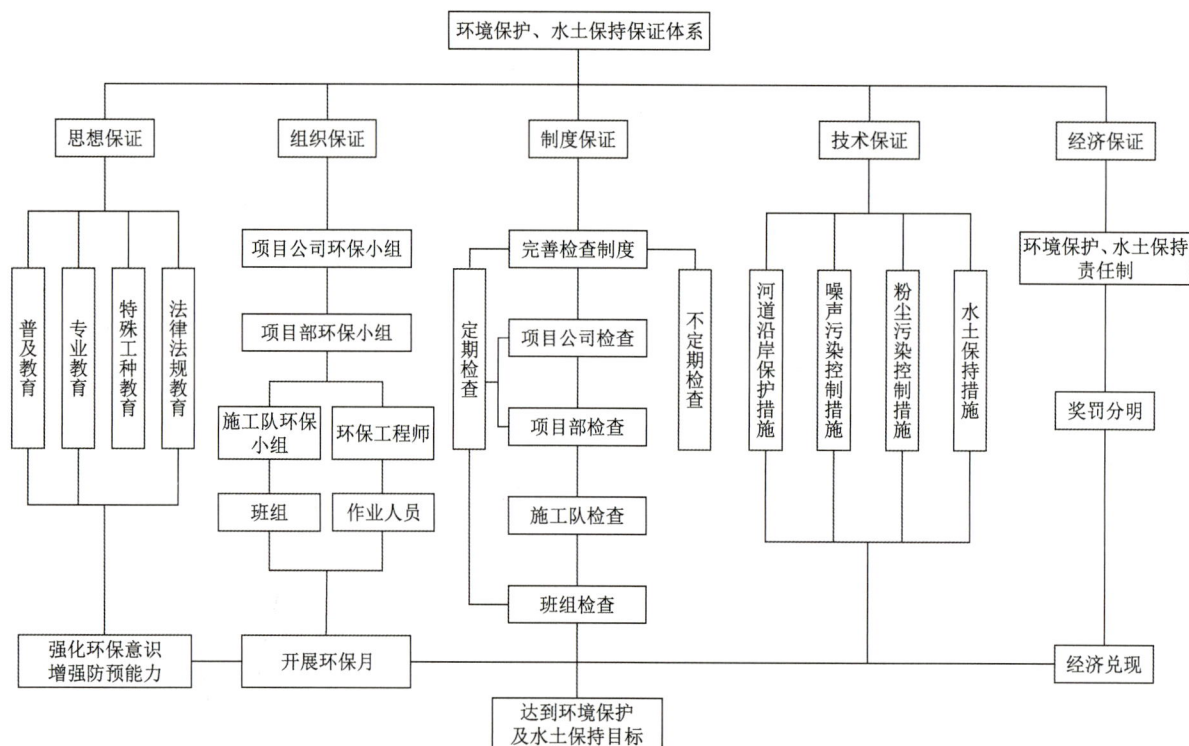

图 5-5　环境保护和水土保持保证体系

5.2.6.4 施工现场大气污染的防治措施

把在施工过程中产生的垃圾渣土及时清理出现场；施工现场的道路应指定专人定期洒

水清扫，防止道路扬尘；车辆进出工地要做到不带泥沙，基本做到不扬尘，减少对周围环境污染。

5.2.6.5 施工现场水污染、土壤污染的防治措施

开钻前安排专人检查泥浆管的密实性；挖设泥浆池时，确保泥浆池四周土壤的夯实，牢固，防止出现坍坝现象。

5.2.6.6 施工现场噪声的控制措施

噪声控制技术可从声源、传播途径、接收者防护等方面来考虑。根据施工实际情况，主要从声源进行控制。浇筑钻孔灌注桩，尽量选择在白天进行，减少夜晚施工；无论白天还是夜晚施工，无特殊情况，罐车均不得进入乡村，以免影响当地居民的正常生活。

5.2.6.7 生态污染的控制措施

生态污染的控制措施主要是在施工完成后，及时进行土地现场的清理和复耕工作；对于施工过程中产生的泥浆，首先通过沉淀池对泥浆进行沉淀，再通过密封性良好的运输车将沉渣运至废弃场。

5.2.7 职业健康保护措施

（1）与从业人员签订合同时，将工作过程中可能产生的职业危害及其后果、职业危害防护措施和待遇等情况如实告知，并在劳动合同中写明。

（2）生产作业现场应采用有效的方式对从业人员及相关方进行宣传，使从业人员了解生产过程中的职业危害、预防和应急处理措施，降低或消除危害后果。

（3）合同签订前、合同存续期间、离岗时，用人单位应组织员工进行职业健康体检，并如实告知员工检查结果。

（4）项目部综合办公室，应为劳动者建立职业健康监护档案，并按照规定的期限妥善保存，应包括劳动者的职业史、职业病危害接触史、职业健康检查结果和职业病诊疗等有关个人健康资料。

（5）项目部应配备职业健康管理人员，在编制的作业指导书或安全操作规程等文本中应包括职业危害控制和现场防护、劳动防护用品等内容。

（6）项目部应为从业人员配备与职业健康卫生相适应的设施、工具，定期校验和维护。按规定对职业危害作业场所至少进行每年一次的检测。

（7）对可能发生急性职业危害的有毒、有害工作场所（如长大隧道），应设置报警装置，制定应急预案，配置现场急救用品、设备，设置应急撤离通道和必要的避险区。

（8）依法参加工伤保险，为从业人员缴纳保险费。

（9）从事建筑施工的单位，还应投保安全生产责任险。

5.3 监测监控措施

为确保监测工作的质量，及时准确地为有关方面提供检测数据与信息，保证工程建设的顺利进行，本项目部组织了既有理论知识又有实践经验的一批监测技术管理人员开展监测工作，具体配备4人进行专业性的专项监测。监测管理人员定期进行巡视检查，按要求及标准文件的规定及时上报监测报表，通报监测工作的进度情况。

成立监测安全管理组织机构，分别设置领导层、工区层、实施层三级管理组织机构，对整个监测过程的安全负责。监测安全管理组织机构如图5-6所示。

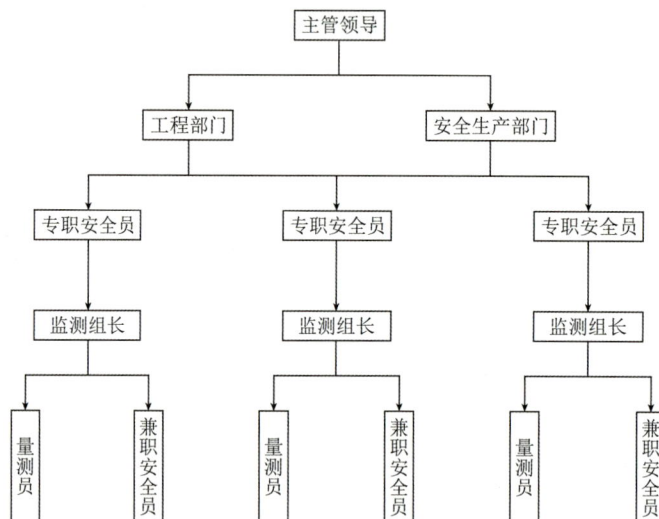

图 5-6　监测安全管理组织机构图

监测安全管理组织机构领导层设负责人1名，为项目部负责监测安全的主管领导，工程部门、安全生产部门领导配合组织实施；工区层由工区专职安全员负责；实施层为现场监测组，各监测组组长为实施层主要负责人，各监测组同时配备1名兼职安全员。

6 施工管理及作业人员配备和分工

6.1 施工管理人员及职责

6.1.1 项目经理职责

负责桩基施工总体进度控制，发现影响桩基施工进度的因素，及时组织会议，对问题进行解决，确保工程进度按时完成。

支持总工程师的工作。

6.1.2 项目总工程师

桩基施工技术总负责人。对桩基施工过程中存在的问题及时进行纠正、指导。

支持质量管理人员、工程管理人员的工作。

6.1.3 质量管理部

编制桩基作业指导书、桩基质量验收标准，并发至工程技术部及桩基各施工工班。

桩基施工质量控制，过程中发现问题、解决问题，确保桩基质量合格。

6.1.4 工程技术部

进行现场管理，编制桩基技术交底，督促桩基施工各工班按要求施工。对各施工环节进行技术指导、纠正。

6.1.5 物资设备部

按照桩基施工方案，进行材料、设备及油料支持。确保进场材料证件齐全，质量合格，及时供应。

6.1.6 质检工程师

参加桩基工程检查、验收，填写检查证，通知监理人员进行检查签证，及时对施工现场出现的违规行为进行纠正，必要时下发"工程质量问题通知书"，有权责令停止施工或返工，并向领导报告处理意见。

总结桩基质量管理工作经验教训。收集整理桩基质量档案和资料，做到签字手续齐全，使工程质量具有可追溯性。

6.1.7 测量及试验人员

负责原材料和现场实物的取样和检测试验工作。

按规定完成交接桩复测，施工放样和竣工复测，将结果报送工程管理部、安全管理部、质量管理部，做好对各施工队的测量资料及桩橛交底。

做好测试仪器的管理和保养工作，并定期进行标定，确保测试结果有效，并做好测试记录的收集、分类和归档。对自己经手的检测试验报告和结果的正确性负责。

6.2 专职安全人员

专职安全管理人员及职责见表 6-1。

专职安全管理人员及职责　　　　　　　　　　　　　　　表 6-1

序号	职务	职责
1	安全总监	（1）协助项目经理建立健全项目安全管理体系，组织制定项目安全管理规章制度，组织安全生产总体策划和部署，监督检查项目安全生产工作，是项目安全监督负责人； （2）负责综合协调和监督各部门落实安全生产责任，推进全员安全生产责任体系有效运行； （3）组织开展风险分级管控和隐患排查治理双重预防工作； （4）负责对危大工程专项施工方案、安全技术交底的管理程序和执行情况进行监督
2	安全部长	（1）在安全总监领导下，组织落实项目各项安全生产工作，对施工过程进行监督检查； （2）落实风险分级管控和隐患排查治理工作； （3）负责制定安全教育培训大纲，并组织落实； （4）编制安全生产费使用计划，并建立使用台账； （5）负责组织对施工环境、职业健康及危险、有毒、有害气体等监测工作，并对数据分析、处置、防护等情况进行监督检查
3	安全部科员	（1）对施工现场有关人员安全生产行为安全措施落实负有监督责任； （2）严格执行各级安全法律法规和规章制度； （3）编制项目各项安全管理制度和实施细则，并负责实施； （4）掌握项目施工工艺中相关专业知识和安全生产技术，监督施工方案和安全规章制度的实施，参与相关计划或预案的制定和审核； （5）负责对工程重点部位、关键环节和特种作业的跟踪检查，发现隐患及时报告处理； （6）进行日常安全检查和巡查，参与安全检查和隐患排查，发现问题提出整改要求，并监督落实； （7）配合开展项目全体从业人员的安全教育、培训、考核工作，如实记录安全生产教育培训情况； （8）熟悉技术交底、安全技术交底及安全管理相关要求，监督施工现场按照技术交底、安全技术交底及安全相关要求进行施工

6.3 特种作业人员

本工程特种作业人员主要为电工、焊工、起重机司机、司索工等，具体名单略。

6.4 其他作业人员

开工后，按照拟定的进度计划，陆续组织施工人员进场，以满足施工的需要。拟投入本项工程的其他施工人员配备表见表6-2。

其他施工人员配备表　　　　　　表6-2

序号	工种	人数（人）
1	技术人员	3
2	工长	3
3	钢结构作业人员	14
4	钢筋工	6
5	混凝土工	6
6	杂工	15
合计		47

7 验收要求

7.1 验收标准

（1）《危险性较大的分部分项工程安全管理规定》（住房和城乡建设部令第 37 号）；

（2）《住房城乡建设部办公厅关于实施〈危险性较大的分部分项工程安全管理规定〉有关问题的通知》（建办质〔2018〕31 号）；

（3）《城市桥梁工程施工与质量验收规范》（CJJ 2—2008）。

7.2 验收程序及人员

桩基钢筋笼加工、安装验收人员：项目部质检工程师、现场监理员。

钻孔桩桩基位置、成品验收人员：项目部测量工程师、测量监理员。

钻孔桩孔深验收人员：项目部质检工程师、现场监理员、监理组组长。

钻孔桩混凝土连续性检验：第三方质检、监理单位抽检、总监办（建设单位）抽检。

7.3 验收内容

（1）工程地质勘察报告、桩基施工图、图纸会审纪要、设计变更及代用通知单等。

（2）经审定的施工组织设计、施工方案及执行中的变更情况。

（3）桩位测量放线图，包括工程桩位线复核签证单。

（4）成桩质量检查报告。

（5）单桩承载力检测报告。

（6）基坑挖至设计高程的桩基竣工平面图及桩顶高程图。

钻孔灌注桩检测项目见表 7-1。

钻孔灌注桩检测项目　　　　　　　　　　　　　　　　表 7-1

序号	检查项目	规定值或允许偏差	检查方法和频率
1	混凝土强度（MPa）	在合格标准内	按照水泥混凝土抗压强度评定
2	孔的中心位置（mm）	群桩 ≤100，排架桩 ≤50	全站仪：每桩测中心坐标

续上表

序号	检查项目	规定值或允许偏差	检查方法和频率
3	孔深（m）	不小于设计值	测绳：每桩测量
4	孔径（mm）	不小于设计值	探孔器或超声波成孔检测仪：每桩测量
5	倾斜度（%）	≤1%，且≤500	钻杆垂线法或超声波成孔检测仪：每桩测量
6	沉淀厚度（mm）	摩擦桩：桩径≤1.5m，沉淀厚度≤200mm；桩径＞1.5m或桩长大于40m以及土质较差的摩擦，沉淀厚度≤300mm；支撑桩：沉淀厚度≤50mm	沉淀盒或测渣仪：每桩测量
7	桩身完整性	I类桩	超声波法：每桩检测

钢筋加工及安装实测项目见表7-2。

钢筋加工及安装实测项目   表7-2

项次	检查项目	规定值或允许偏差	检查方法和频率
1	主筋间距（mm）	±10	尺量：每段测2个断面
2	箍筋或螺旋筋间距（mm）	±20	尺量：每段测10个间距
3	钢筋骨架外径或厚、宽（mm）	±10	尺量：每段测2个断面
4	钢筋骨架长度（mm）	±100	尺量：每个骨架测2处
5	钢筋骨架底端高程（mm）	±50	水准仪：测顶端高程，用骨架长度计算
6	保护层厚度（mm）	+20，−10	尺量：测每段钢筋骨架外侧定位块处

8 应急处置措施

为了保证施工生产的正常进行，防止重大突发事件的发生，并在突发事件发生后能及时有效控制，使应急处置（救援）工作能够高效、有序进行，最大限度地减少人员伤亡和财产损失，根据国家有关安全生产的法律、法规和管段工程特点，本着"预防为主，自救为主，统一指挥，分工负责"的原则，制定本预案。

8.1 应急处置领导小组组成与职责

应急处置领导小组以项目经理为组长，总工程师、安全总监、副经理为副组长，各部室负责人为组员。

1）应急处置组织的职责及分工

（1）组长职责

①决定是否存在或可能存在重大紧急事故，要求应急服务机构提供帮助并实施场外应急计划，在不受事故影响的地方进行直接控制；

②复查和评估事故（事件）可能的发展方向，确定其可能的发展进程；

③指导设施的部分停工，并与领导小组成员的关键人员配合指挥现场人员撤离，并确保任何伤害都能得到足够的重视；

④与场外应急机构取得联系及对紧急情况的处理作出安排；

⑤在场外（设施）内实行交通管制，协助场外应急机构开展服务工作；

⑥在紧急状态结束后，控制受影响地点的恢复，并组织人员参加事故的分析和处理。

（2）副组长职责

①评估事故的规模和发展态势，建立应急步骤，确保员工的安全，减少设施和财产的损失；

②如有必要，在救援服务机构到来之前直接参与救护活动；

③安排寻找受伤者及安排非重要人员撤离到集中地带；

④设立与应急中心的通信联络，为应急服务机构提供建议和信息。

（3）通信联络组职责

①确保与最高管理者和外部联系畅通、内外资讯反馈迅速；

②保持通信设施和设备处于良好状态；

③负责应急过程的记录与整理及对外联络。

（4）技术组职责

①提出抢险抢修及避免事故扩大的临时应急方案和措施；

②指导抢险抢修组实施应急方案和措施；

③修补实施中的应急方案和措施存在的缺陷；

④绘制事故现场平面图，标明重点部位，向外部救援机构提供准确的抢险救援信息资料。

（5）安保组职责

①保护受害人财产；

②设置事故现场警戒线、岗，维持工地内抢险救护的正常运作；

③保持抢险救援通道的通畅，引导抢险救援人员及车辆的进入；

④抢险救援结束后，封闭事故现场直到收到明确解除指令。

（6）抢险抢修组职责

①实施抢险抢修的应急方案和措施，并不断加以改进；

②寻找受害者并转移至安全地带；

③在事故有可能扩大进行抢险或救援时，高度注意避免意外伤害；

④抢险抢修或救援结束后，直接报告最高管理者并对结果进行复查和评估。

（7）医疗救治组

①在外部救援结构未到达前，对受害者进行必要的抢救；

②使重度受害者优先得到外部救援机构的救护；

③协助外部救援机构转送受害者至医疗机构，并指定人员护理受害者。

（8）后勤保障组职责

①保障系统内各组人员必需的防护、救护用品及生活物资的供给；

②提供合格的抢险或救援的物资及设备。

2）应急救援工作流程

当事故发生后，事故发现第一人应立即报告责任人（项目经理或工地负责人）。

项目管理人员获得求救信息并确认事故发生后，应立即向项目经理（负责人）报告事故，项目经理应立即启动应急响应程序。

（1）有关人员赶赴现场一线，了解事故情况，组织、协调现场人员组织事件抢救防控工作。

抢救组组织项目职工自我救护队伍进行施救，（包括：组织将伤者转移至地面或保持运输道路通畅、运输车辆准备等），尽最大可能减轻伤者的伤害程度。

（2）联络组组长负责向当地医疗卫生 120 等部门电话报告事故发生的种类、受伤人员数量、事故详细地点，有条件时指挥组准备车辆运送伤员至就近医疗单位。

应急救援队由工班负责人任队长，体质好、责任心强、施工经验丰富的员工任主力队员。主力队员在 20 人左右，负责现场紧急救援。主力队员要求相对固定，在险情出现后能够迅速组织起来投入抢险工作。

应急医疗救护小组由救护助理组成。每个工班选定 3 名具有基本救护知识的员工作为救护助理，负责伤员（病员）紧急救护。救护助理要求配置必要的救护医疗器械。

应急抢险救援小组组成见表 8-1。

应急抢险救援小组　　　　　　　表 8-1

序号	职务	单位	分工
1	项目经理	项目部	组长
2	项目书记	项目部	副组长
3	项目总工程师	项目部	副组长
4	项目副经理	项目部	组员
5	安全总监	项目部	组员
6	副总工程师	项目部	组员
7	物资部长	项目部	组员
8	钻孔队	施工队	工班长

8.2 应急事件（重大隐患和事故）及其应急措施

发生事故，救援处置方案应以人为本，在保证救援人员本身安全的前提下，采取一切可能采取的措施，争分夺秒，抢救遇险人员；发生纠纷事件，首先应稳定局势，防止事态激化；随后根据具体情况采取适当措施加以妥善解决。

8.2.1 紧急救援措施

8.2.1.1 发生触电事故的急救办法

触电会造成人体伤害或死亡，发现有人员触电应迅速采取使触电者脱离电源的措施。

（1）迅速切断电源。

（2）采用短路法，使电源开关跳闸。

（3）救护人员穿绝缘鞋，戴上绝缘手套，使用绝缘棒或干燥木棒、竹竿挑开，使触电者脱离电源。

8.2.1.2 触电医疗救护方案

（1）触电者未失去知觉时，应先使其在空气流通、温暖处安静休息或到医院救治。

（2）触电者已失去知觉，但呼吸及脉搏均未停止时，应安放在平坦通风处，解开衣裤，使其呼吸不受阻碍，同时用毛巾摩擦全身，使之发热，并迅速送往医院救治。

（3）触电者失去知觉呼吸困难，应立即进行人工呼吸，并迅速送医院急救，切不可向触电者注射强心剂或泼冷水。

（4）触电者呼吸心跳均已停止时，可能是假死，救护人员要坚持先救后搬的原则，应立即进行人工呼吸或对心脏进行按压救护。

（5）人工呼吸用口对口吹气效果较好。急救时，触电者的头部尽量后仰，鼻孔朝天，使舌根不阻塞气流，便于吹气急救。急救可拨打 120 求救电话。

（6）设法找冰块制成冰袋，放在触电者的头部、腹下、四肢，以减慢身体新陈代谢，促进脑复苏。

（7）有电击烧伤时，可将创口用盐水洗净，用凡士林油纱布或干净的毛巾、手帕扎好，以免污染。

8.2.1.3 骨折紧急救援

首先，要看患者损伤在哪一部位。如在上臂可用宽布带绕颈后将患肢悬吊于胸前；如在前臂或手掌处可用书本或者小木板托住前臂用带子吊于胸前；如在颈、胸、腰、骨盆处骨折，应将病人轻抬在小床上或门板上；如在大腿或小腿处骨折，可将病人轻抬在小床上或门板上，尽量减少不必要的搬运，以减少或避免并发症的发生，再用长木棍或木板将患肢与健肢系在一起。其次，要看骨折的程度。如果患处出现严重肿胀、畸形明显、肢体缩短、功能障碍时，千万不要随意搬动患者，应立即找来与患者肢体相适应的木板和木棍，在患肢周围稍做捆绑后，再送往医院就诊治疗，如果运转中，病人出现休克，可用大拇指指腹按压患者人中穴或用拇指捏压合谷穴。

8.2.1.4 火灾紧急救援

要及早发现被困人员，用喊、听、看、摸等方法寻找被困人员。在喊话之后，要仔细听哪里有回答声、呼救声或喘息声。当有浓烟时，要蹲在地上仔细察看。救人时，要针对具体情况区别对待。对于神志不清的人或迷失方向的人，可引导他们撤离险境；对于不能行走的人要护送他们出火场。需要穿过火区时，应先将被救人员的头部包好。如烟气很大，应背着伤员匍匐着前进，并设法稳住被困者的情绪，防止因惊慌失措而引起的混乱。同时，疏通火场四面所有的通道，进行紧急疏散，避免发生挤踩事故。同时，也要抓紧时间疏散物资。疏散物资时，应先疏散贵重物资，后疏散一般的物资；先疏散有爆炸危险的物资，后疏散其他物资；先疏散处在火势下风方向的物资，后疏散处于侧风或上风方向的物资。

8.2.1.5 昏厥紧急救援

发生晕倒时，可将患者移至空气新鲜处，松开裤带和领口，并注意保暖，使患者头低脚高平躺，为防止气管堵塞，可将脸偏向一侧，及时清除患者口中的分泌物及呕吐物并清除假牙，用冷水浸过的毛巾放在患者的额头上，患者清醒后，可给其饮温饮料使其镇静。伴有休克或心力衰竭者，应立即服用升血压药物。呼吸、心搏骤停者，要立即施行人工呼吸和胸外心脏按压。对发生抽搐者，可使用镇静药物，患者较长时间不能恢复意识，应立即送医院治疗。

8.2.1.6 淹溺紧急救援

（1）清除口、鼻中杂物

上岸后，应迅速将溺水者的衣服和腰带解开，擦干身体，清除口、鼻中的淤泥、杂草、泡沫和呕吐物使上呼吸道保持畅通，如有活动假牙，应取出，以免坠入气管内。如果发现溺水者喉部有阻塞物，则可将溺水者脸部转向下方，在其后背用力一拍，将阻塞物拍出气管。如果溺水者牙关紧闭，口难张开，救生者可在其身后，用两手拇指顶住溺水者的下颌关节用力前推，同时用两手食指和中指向下扳其下颌骨，将口掰开。为防止已张开的口再闭上，可将小木棒放在溺水者上下牙床之间。

（2）控水

在进行上述处理后，应着手将进入溺水者呼吸道、肺部和腹中的水排出。这一过程就是"控水"。常用的一种方法是，救生者一腿跪地，另一腿屈膝，将溺水者腹部搁在屈膝的腿上，然后一手扶住溺水者的头部使口朝下，另一手压溺水者的背部，使水排出。

（3）人工呼吸

人工呼吸是使溺水者恢复呼吸的关键步骤，应不失时机尽快施行，且不要轻易放弃努力，应坚持做到溺水者完全恢复正常呼吸为止。在实践中，有很多人是在做了数小时的人工呼吸后才复苏的。人工呼吸的节律，为15~20次/min。

常用的人工呼吸法有口对口吹气法：将溺水者仰卧平放在地上，可在颈下垫些衣物，头部稍后仰使呼吸道拉直。救生者跪蹲在溺水者一侧，一手捏住溺水者的鼻子，另一手托住其下颌。深吸一口气后，用嘴贴紧溺水者的口（全部封住，不可漏气）吹气，使其胸腔扩张。吹进约1500mL（成人多些，儿童少些）空气后，嘴和捏鼻的手同时放开，溺水者的胸腔在弹性的作用下回缩，气体排出肺部。必要时，救生者可用手轻压一下溺水者的胸部，帮助其呼气。如此周而复始地进行。

（4）胸外心脏按压法

将溺水者救上岸后，如发现溺水者的心跳已停或极其微弱，则应立即施行胸外心脏按压，通过间接挤压心脏使其收缩与舒张，恢复泵血功能。胸外心脏按压与人工呼吸的配合施行，是对尚未出现真死现象的溺水者之生命做最后挽救，使其恢复自主心跳与呼吸的重要手段。

胸外心脏按压的具体做法是：将溺水者仰卧平放地上，救生者骑跪在溺水者大腿两侧或跪在其身旁，两手掌相叠，掌根按在溺水者胸骨下端（对儿童，只需用一个手掌；对婴幼儿，只需三个手指），两臂伸直，身体前倾，借助身体的重量稳健地下压，压力集中在掌根，使溺水者胸骨下陷 3～4cm。然后，上体复原，迅速放松双手，但掌根不离位。如此有节奏地进行，每分钟 60～80 次。下压时用力要均匀，不宜用力过猛，松手要快。胸外心脏按压也需要耐心和毅力，有时也要经过数小时的不懈努力才能使溺水者起死回生。胸外心脏按压与口对口人工呼吸结合运用的方法是，如有两人配合施救，则一人做胸外心脏按压，另一人做口对口人工呼吸；如只有一人施救，则是吹一口气后，做 5～8 次心脏按压，然后再吹气。

8.2.2　善后工作

（1）及时按照四不放过的原则进行事故调查处理，并按有关规定将处理结果向上级、地方政府、建设单位报告。

（2）项目部应与上级单位、保险公司联系，办理有关人身意外伤害保险事宜，维护社会稳定。

（3）认真总结经验教训，完善各种防范措施，营造良好的施工周边环境，促进施工生产。

8.2.3　应急救援处置及机构联系电话

联系方式统计见表 8-2。

联系方式统计

表 8-2

序号	职务	姓名	联系方式
1	组长（经理）		
2	组长（书记）		
3	副组长（总工程师）		
4	副组长（副经理）		
5	副组长（安全总监）		
6	工程部长		
7	设备物资部长		
8	财务部长		

序号	职务	姓名	联系方式
9	合约部长		
10	办公室主任		
11	安全员		
12	医院		
13	公安局		
14	人民政府		
15	火灾报警电话		119
16	报警电话		110
17	紧急医疗救护电话		120

8.3 周边建（构）筑物等产权单位各方联系方式

略。

8.4 应急救援设备及物资

应急机械设备见表 8-3，应急救援物资清单见表 8-4。

应急机械设备 表 8-3

序号	设备名称	设备型号	备注
1	急救车	现代	
2	抢险指挥车	丰田	
3	物资运输车	长城皮卡	
4	抢险机械	挖掘机	2台
5	抢险机械	100t 门式起重机	2台
6	抢险机械	装载机	2台
7	抢险物资车	自卸车	3台

应急救援物资清单 表 8-4

序号	名称	数量	备注
1	灭火器	6个	
2	急救药箱	3个	
3	担架	3副	

序号	名称	数量	备注
4	木方、钢管	适量	临时支护
5	救生衣	5件	
6	救生圈	3个	
7	救援艇	1艘	

人工挖孔桩

专项施工方案标准范本

（以渝湘高速公路复线彭酉路 6 标项目为例）

目 录
CONTENTS

1 工程概况

1.1 工程基本情况

彭酉路 6 标合同段起点桩号 K79＋100，终点桩号为 K105＋360，路线全长 26.26km。正线通过铜西互通与酉沿高速公路相接。桥梁工程桩 9 座，全长 2.805km；隧道工程 9 座，全长 16.207km，路基工程全长 7.248km，桩基分布情况见表 1-1。

彭酉路 6 标桥梁桩基数量表 表 1-1

序号	中心桩号	名称	φ1.8m		φ2.0m		φ2.2m		φ2.5m	
			总长（m）	根数	总长（m）	根数	总长（m）	根数	总长（m）	根数
1	ZK83＋074	老虎堡大桥左线	282	22						
2	K82＋771	老虎堡大桥右线	884	62						
3	ZK97＋802	邓家沟大桥左线			328	20	188	10	138	8
4	K97＋844	邓家沟大桥右线			388	20	188	10	138	8
5	ZK100＋172	董河大桥左线	248	12	36	2				
6	K100＋174	董河大桥右线	260	144	44	2				
7	ZK101＋889.5	余家坡 1 号大桥左线	352	16	172	10	144	6	38	2
8	K101＋945	余家坡 1 号大桥右线	216	10	104	4	390	18	40	2
9	ZK102＋203	余家坡 2 号大桥左线	0	0	0	0	0	0	0	0
合计			2242	266	1072	58	910	44	354	20

1.1.1 工程地质、水文地质

本项目的地形地貌属于构造剥蚀、溶蚀中低山地貌区，项目区域的大地构造属Ⅲ级川中前陆盆地，按地质力学观点区域处于新华夏系第三沉降带四川盆地的南东缘，地质构造比较简单，以褶皱为主，断裂较少。地质构造格架表现为一系列 NE 向的背斜及宽缓向斜褶皱。位于我标段内的地质构造主要有天馆背斜、广元盖向斜、丁市冲断层、铜西向斜。

桩基水文地质情况见表 1-2。

<h3>桩基水文地质情况表　　　　　　表 1-2</h3>

序号	中心桩号	名称	水文地质情况
1	ZK83＋074	老虎堡大桥左线	桥位区属构造剥蚀溶蚀丘陵地貌，浅～中切割地形，老虎堡左线大桥位斜坡坡体下部，末端跨越冲沟。小里程桥台（彭水岸）自然坡角为 30°～40°，地势由南西向北东升高。大里程桥台（酉阳岸）位于斜坡坡肩部位，自然坡角为 35°～40°，局部稍陡，地面基岩出露。场地海拔为 562.00～590.00m
2	K82＋771	老虎堡大桥右线	桥位区属构造剥蚀溶蚀丘陵地貌，浅～中切割地形，老虎堡右线大桥桥梁跨越小长坳沟。小里程桥台（彭水岸）位于斜坡中下部的平缓地段，自然坡角一般为 15°～20°，局部稍陡，为 30°～40°，地形呈阶梯状逐级升高。老虎堡右线大桥大里程桥台（酉阳岸）自然坡角一般为 20°～40°，局部稍陡，为 50°～70°，地形下陡上缓，地形总体呈阶坎状。场地海拔为 562.00～590.00m
3	ZK97＋802	邓家沟大桥左线	桥址区属构造溶蚀低山地貌区，桥梁小里程区斜跨邓家沟后，中部于沟北岸平行于河沟延伸，邓家沟两岸地形呈较对称"V"字形。南坡地形坡角为 30°～45°，局部存在近直立陡崖，靠近沟心河床附近存在 2.0～3.0m 陡坎；北坡为单面坡，地形较陡，坡角为 40°～60°，坡脚存在约 2.0～3.0m 陡坎。桥区地面高程为 538.00～592.00m
4	K97＋844	邓家沟大桥右线	桥址区属构造溶蚀低山地貌区，桥梁小里程区斜跨邓家沟后，中部于沟北岸平行于河沟延伸，邓家沟两岸地形呈较对称"V"字形。南坡地形坡角为 25°～35°，局部存在近直立陡崖，靠近沟心河床附近存在 2.0～3.0m 陡坎；北坡为单面坡，地形较陡，坡角 30°～50°。桥区地面高程在 526.00～581.00m
5	ZK100＋172	董河大桥左线	桥址区位于构造溶蚀低山峡谷地貌，桥梁近垂直跨越董河河谷，在桥轴纵断面上（董河横断面）地形呈不对称"V"字形，彭水岸为单面坡，地形较陡，坡角为 30°～40°，局部为 2～3m 陡坎；酉阳岸为单面坡，地形陡，坡角为 40°～60°，局部为 2～3m 陡坎。轴线地面高程为 480.0～597.0m
6	K100＋174	董河大桥右线	桥址区位于构造溶蚀低山峡谷地貌，桥梁近垂直跨越董河河谷，在桥轴纵断面上（董河横断面）地形呈不对称"V"字形，彭水岸为单面坡，地形较陡，坡角为 30°～40°，局部为 2～3m 陡坎；酉阳岸为单面坡，地形陡，坡角为 40°～60°，局部为 2～3m 陡坎。轴线地面高程为 480.0～597.0m

序号	中心桩号	名称	水文地质情况
7	ZK101＋889.5	余家坡1号大桥左线	桥位区属构造剥蚀低山地貌，浅～中切割地形。余家坡左线1号大桥分别在ZK101＋780～ZK101＋800段、ZK101＋940～ZK101＋960段跨越小桥沟和高井沟两个季节性冲沟。冲沟两层为斜坡地形，小里程岸地形坡角为20°～30°，大里程岸坡角为40°～60°，中部存在较缓平台，坡角为10°～20°；桥梁跨越区高井沟沟底高程为505～515m，两侧沟壁斜坡坡角为30°～50°，桥梁跨越区小桥沟沟底高程为487.0～491.0m。地面高程为530.00～570.00m
8	K101＋945	余家坡1号大桥右线	桥位区属构造剥蚀低山地貌，浅～中切割地形。余家坡右线1号大桥大里程桥台（酉阳岸）位于斜坡坡体下部，斜坡坡向303°，自然坡角为30°～45°，局部稍陡。地面高程为530.00～570.00m
9	ZK102＋203	余家坡2号大桥左线	桥位区属构造剥蚀低山地貌，浅～中切割地形。余家坡左线2号大桥0号桥台位于斜坡坡肩部位，斜坡坡向176°，自然坡角为30°～40°，地势由南东向北西升高。地面高程为555.00～570.00m

1.1.2　工程环境

彭酉路6标项目区内地形起伏较大，路段大部分段落地势较为险要，乡村便道穿插，交通较为便利。

桥址区海拔一般为580～910m，相对切割深度一般为100～800m，普遍为中山或低中山地形，山脉延伸方向多与构造线一致，呈近南—北向。

施工范围内无较大河流及地表水，对施工无影响。

桩基地形地貌情况表见表1-3。

桩基地形地貌情况表　　　　　　　　　　　　　　表1-3

序号	中心桩号	名称	桩号	桩基类型	原因
1	ZK83＋074	老虎堡大桥左线	1号、2号、9号、10号	基础桩	地形复杂，地势陡峭
2	K82＋771	老虎堡大桥右线	0～2号、8～10号、29号、30号	基础桩	无机械施工平台
3	ZK97＋802	邓家沟大桥左线	0～3号、6～8号、10～20号	基础桩	地形复杂，地势陡峭
4	K97＋844	邓家沟大桥右线	0～6号、17～20号	基础桩	地形复杂，地势陡峭
5	ZK100＋172	董河大桥左线	0～4号	基础桩	地形复杂，地势陡峭
6	K100＋174	董河大桥右线	0～4号	基础桩	地形复杂，地势陡峭
7	ZK101＋889.5	余家坡1号大桥左线	0～12号	基础桩	地形复杂，地势陡峭

序号	中心桩号	名称	桩号	桩基类型	原因
8	K101＋945	余家坡 1 号大桥右线	0～14 号	基础桩	地形复杂，地势陡峭
9	ZK102＋203	余家坡 2 号大桥左线	0、1 号	基础桩	地形复杂，地势陡峭

1.1.3 施工地的气候特征和季节性天气

项目区域属中亚热带温润季风气候区。气候温和，雨量充沛，光照偏少。多年平均气温 17.50℃，常年平均降雨量 1104.20mm，年均蒸发量 950.40mm，无霜期 312d，雨季为每年的 5—9 月。夏季最高温度出现在 8 月中旬，为 31℃；冬季最低温度出现在 1 月，为 3℃。区域内气候立体差异大，海拔每升高 100m，平均气温便递减 0.46～0.55℃。

1.1.4 主要工程量清单

主要工程量清单见表 1-4。

主要工程量清单统计表 表 1-4

ϕ1.8m		ϕ2.0m		ϕ2.2m		ϕ2.5m		备注
总长（m）	根数	总长（m）	根数	总长（m）	根数	总长（m）	根数	
2242	266	1072	58	910	44	354	20	

1.2 施工平面布置

1.2.1 施工驻地、便道布置

为了确保施工质量、安全、工期，降低施工成本，确保现场文明施工，对现场平面进行了合理布置。施工区域按照施工范围进行划分，首要考虑不能移动和不方便移动的设施，并保证各机具设备在施工中有足够的操作面，不致互相干扰。施工场地需按照现场实际情况，合理布置材料堆放、发电设备摆放及起重设备摆放，施工便道应能方便 25t 起重机及混凝土罐车通过。办公区域及驻地按就近原则进行选址，采取临时征用地方既有农田进行建设，位置宜选择地势较为开阔、紧邻施工便道，靠近现场、交通便利的地方。场地原地面清表后，先处理基础再进行建设，确保驻地区域无发生洪水、塌方、落石、滑坡、泥石流等自然灾害的可能，消防设置按施工标准化要求布设。

1.2.2 电力准备

项目部计划在桥梁施工附近设有临时用电变压器。各电力设施需按以下要求布置：

（1）配电箱采用安监部门认可的型号，施工前认真检查配电箱的设备是否完整牢固、漏电开关、空气开关是否完整可靠，其额定容量是否与被控制的用电设备容量相匹配；各开关接触器应操作灵活，其触点应接触良好，箱内无杂物，不积灰。

（2）所有电气设备的金属外壳及金属构架必须有可靠的接地保护。接地用角钢打入土中，入土深度不小于2m，电阻应小于4Ω。接地线和工作零线采用多股铜线，严禁使用独股铝线，零线与接地线应分开，二者不得合为一条线。

（3）现场的配电箱分固定的分配电箱和移动的开关箱。从分配电箱到移动电箱的电缆线长度一般不大于30m，用电设备至配电箱的安全距离应不小于5m。电缆线不得随意拉伸，施工时，严禁使用裸导线。

（4）凡施工现场使用的电气设备、电动工具等均要有合格的漏电保护装置，漏电保护装置应由电工定期检验，保持其灵敏、可靠。

1.2.3 用水、排水

驻地邻近当地居民区，生活用水从当地水池接入，生活区设置两个水箱，一个热水箱和一个饮用水箱，水箱规格按照实际要求设置，进水管与当地水池相接，出水管接入用水设备，水管采用ϕ50mmPVC管。

场内设置两种类型水沟，住宿间以及主水沟为宽30cm、高40cm、壁厚20cm的砖砌体。卫生间前的水沟为宽30cm、高20cm、壁厚10cm的砖砌体，铺底10cm，采用C15混凝土；生活污水井沉淀池沉淀后排入地方污水管道。雨水汇集至排水沟后排入地方原有排水管线。食堂以及卫生间、浴室、洗漱间安装进出水口，进水采用明线，现场根据实际条件布置，出水预留管口。

1.3 施工要求

1.3.1 质量目标

确保本标段桩基工程全部达到工程质量验收标准，工程一次验收合格率达到100%。确保竣工验收的质量评定等级达到优良，创国家优质工程。

采购的所有材料必须符合相关技术规范、标准的要求，并有出厂合格证的质量试验单，所有合格证和质保书应具有可追溯性。采购的材料在使用前应按甲方的要求进行检验或试验。不合格的不得使用。采购的材料与相关规范、标准不符时，将其运出施工场地，并重新采购符合要求的产品。

1.3.2 安全目标

（1）全面开展安全生产标准化建设，按照国家二级标准化验收，自评合格率100%。

（2）关键岗位、特种作业人员按照国家法律法规要求持证上岗。

（3）做好防范措施，杜绝职业病发生。

（4）做好特殊季节及野外施工的劳动保护。

（5）防范一般生产安全责任事故，遏制较大生产安全责任事故，杜绝重特大生产安全事故。

（6）无重大安全隐患。

（7）不得因施工对周边环境、建筑、设施等造成破坏。

（8）无刑事案件发生。

（9）坚决实施"五杜绝"，即杜绝施工死亡事故、杜绝多人伤亡事故、杜绝重大机械事故、杜绝重大交通事故、杜绝重大火灾事故。实现无重特大事故、无较大事故的目标，力争创建"零伤亡"工程。

1.3.3 进度计划

彭酉路 6 标项目人工挖孔施工，计划暂定 2021 年 2 月至 2021 年 11 月完成，合计工期 9 个月。根据梁板安装顺序及施工条件难易情况，合理安排挖孔桩施工工期计划，见表 1-5。

挖孔桩施工工期计划　　　　　　　　　　表 1-5

序号	专业	工程名称	工程部位	设计数量（根）	开始时间	结束时间	工期（d）
1	桥梁工程	老虎堡大桥左线	桩基	12	2021 年 2 月 20 日	2021 年 3 月 14 日	22
2	桥梁工程	老虎堡大桥右线	桩基	22	2020 年 2 月 20 日	2020 年 4 月 22 日	62
3	桥梁工程	邓家沟大桥左线	桩基	24	2021 年 4 月 18 日	2021 年 5 月 25 日	38
4	桥梁工程	邓家沟大桥右线	桩基	10	2021 年 5 月 26 日	2021 年 7 月 2 日	38
5	桥梁工程	余家坡 1 号大桥左线	桩基	10	2021 年 3 月 1 日	2021 年 3 月 14 日	14
6	桥梁工程	余家坡 1 号大桥右线	桩基	8	2021 年 3 月 15 日	2021 年 4 月 17 日	34
7	桥梁工程	董河大桥左线	桩基	16	2021 年 1 月 2 日	2021 年 3 月 20 日	76
8	桥梁工程	董河大桥右线	桩基	18	2021 年 1 月 10 日	2021 年 3 月 31 日	78

1.4 人工挖孔桩设计

1.4.1 平面布置图

人工挖孔桩施工节点按小里程向大里程进行施工，人工挖孔锁口圈如图 1-1 所示。

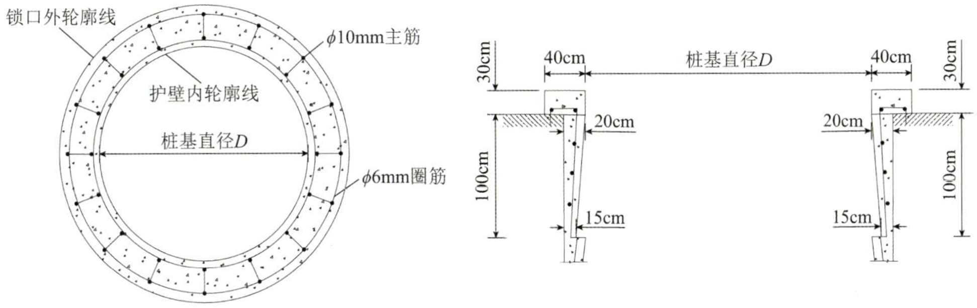

图 1-1　人工挖孔锁口圈示意图

1.4.2 护壁剖面图

护壁剖面图如图 1-2 所示。

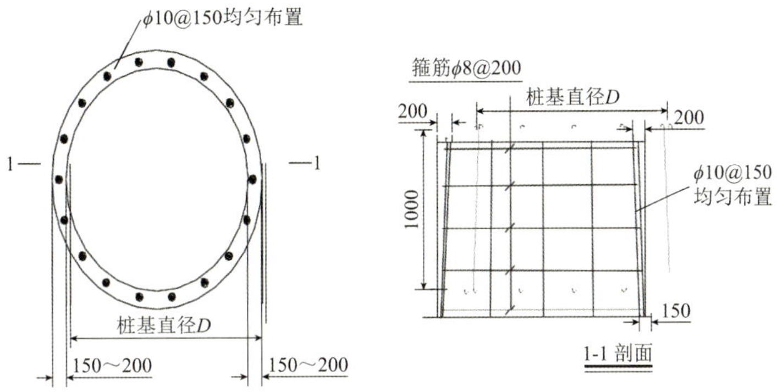

图 1-2　护壁剖面示意图（尺寸单位：mm）

1.4.3 节点大样图

略。

1.5 风险辨识与分级

1.5.1 风险辨识

根据以往工程的施工经验，人工挖孔桩的安全事故主要有以下几类：

（1）人、物坠落或起重工具失灵掉入桩孔造成事故。

（2）孔内有害气体含量超标造成事故。

（3）触电事故。

（4）塌孔造成事故。

（5）钢筋笼制作及吊装事故。

（6）爆破作业造成的事故。

1.5.2 风险级别

根据《公路水路行业安全生产风险辨识评估管控基本规范》（交办安监〔2108〕135 号）文件要求，确定人工挖孔桩风险等级为 3 级。

1.6 参建各方责任主体单位

建设单位：渝湘复线高速公路有限公司。

设计单位：中铁第一勘察设计院。

监理单位：北京中通公路桥梁工程咨询发展有限公司。

施工单位：中国铁建大桥工程局集团有限公司。

2 编制依据

2.1 法律、法规及标准、规范

2.1.1 法律、法规

（1）《中华人民共和国安全生产法》；

（2）《中华人民共和国消防法》；

（3）《中华人民共和国建筑法》；

（4）《中华人民共和国特种设备安全法》；

（5）《中华人民共和国突发事件应对法》；

（6）《中华人民共和国职业病防治法》；

（7）《建设工程安全生产管理条例》（国务院令第 393 号）；

（8）《特种设备安全监察条例》（国务院令第 373 号）；

（9）《生产安全事故应急条例》（国务院令第 708 号）；

（10）《建设工程质量管理条例》（国务院令第 279 号）；

（11）《生产安全事故报告和调查处理条例》（国务院令第 493 号）；

（12）《生产经营单位安全培训规定》（国家安全生产监督管理总局令第 3 号）；

（13）《特种作业人员安全技术培训考核管理规定》（国家安全生产监督管理总局令第 30 号）；

（14）《安全生产培训管理办法》（国家安全生产监督管理总局令第 44 号）；

（15）《安全生产事故隐患排查治理暂定规定》（国家安全生产监督管理总局令第 16 号）；

（16）《安全生产事故应急预案管理办法》（国家安全生产监督管理总局令第 88 号）；

（17）《安全生产事故信息报告和处置办法》（国家安全生产监督管理总局令第 21 号）；

（18）《建设工程消防监督审核管理规定》（公安部令第 106 号）；

（19）《建设项目安全设施"三同时"监督管理暂行办法》（国家安全生产监督管理总局令第 36 号）；

（20）《工贸企业有限空间作业安全管理与监督暂行规定》（国家安全生产监督管理总

局令第 59 号）；

（21）《建筑起重机械安全监督管理规定》（建设部令第 166 号）；

（22）《建筑施工企业主要负责人、项目负责人和专职安全生产管理人员安全生产管理规定》（住房和城乡建设部令第 17 号）；

（23）《建筑施工特种作业人员管理规定》（建质〔2008〕75 号）；

（24）《建筑工程预防高处坠落事故若干规定》（建质〔2003〕82 号）；

（25）《建筑工程预防坍塌事故若干规定》（建质〔2003〕82 号）；

（26）《危险性较大的分部分项工程安全管理规定》（住房和城乡建设部令第 37 号）；

（27）《住房城乡建设部办公厅关于实施〈危险性较大的分部分项工程安全管理规定〉有关问题的通知》（建办质〔2018〕31 号）；

（28）《危险性较大的分部分项工程专项施工方案编制指南》（建办质〔2021〕48 号）。

2.1.2 设计标准、规范

（1）《工程结构通用规范》（GB 55001—2021）；

（2）《工程结构可靠性设计统一标准》（GB 50153—2008）；

（3）《建筑结构可靠性设计统一标准》（GB 50068—2018）；

（4）《公路工程技术标准》（JTG B01—2014）；

（5）《公路桥涵设计通用规范》（JTG D60—2015）；

（6）《城市桥梁设计规范》（CJJ 11—2011）。

2.1.3 施工及验收标准、规范

（1）《建设工程项目管理规范》（GB/T 50326—2017）；

（2）《工程测量标准》（GB 50026—2020）；

（3）《工程测量通用规范》（GB 55018—2021）；

（4）《建筑与桥梁结构监测技术规范》（GB 50982—2014）；

（5）《公路桥涵施工技术规范》（JTG/T 3650—2020）；

（6）《城市桥梁工程施工与质量验收规范》（CJJ 2—2017）；

（7）《建筑桩基技术规范》（JGJ 94—2008）；

（8）《钢筋机械连接技术规程》（JGJ 107—2016）；

（9）《钢筋机械连接用套筒》（JG/T 163—2013）；

（10）《钢筋焊接及验收规程》（JGJ 18—2012）。

2.1.4 施工安全规范

（1）《施工企业安全生产管理规范》（GB 50656—2011）；

（2）《建筑施工安全检查标准》（JGJ 59—2011）；

（3）《市政工程施工安全检查标准》（CJJ/T 275—2018）；

（4）《公路工程施工安全技术规范》（JTG F90—2015）；

（5）《建设工程施工现场供用电安全规范》（GB 50194—2014）；

（6）《建筑施工高处作业安全技术规范》（JGJ 80—2016）；

（7）《建筑机械使用安全技术规程》（JGJ 33—2012）；

（8）《建筑施工起重吊装工程安全技术规范》（JGJ 276—2012）；

（9）《起重机械安全规程》（GB 6067—2010）；

（10）《履带起重机安全操作规程》（DL/T 5248—2010）；

（11）《环境空气质量标准》（GB 3095—2012）；

（12）《爆破安全规程》（GB 6722—2014）。

2.2 项目文件

渝湘高速公路复线（彭水至酉阳段）两阶段施工图设计。

2.3 施工组织设计

渝湘复线高速公路彭酉路6标总体施工组织设计。

3 施 工 计 划

3.1 施工进度计划

彭酉路 6 标桥梁桩基工期计划见表 3-1。

彭酉路 6 标桥梁桩基工期计划表   表 3-1

标段名称	桥梁名称	墩台编号	桩基编号	人工挖孔桩灌注桩		计划安排	
				桩径（m）	桩长（m）	开始时间	结束时间
一工区	老虎堡大桥	左幅 3 号墩	Z3-1	1.8	13	2021 年 3 月 1 日	2021 年 3 月 16 日
			Z3-2	1.8	13	2021 年 2 月 20 日	2021 年 3 月 6 日
		左幅 4 号墩	Z4-1	1.8	13	2021 年 3 月 1 日	2021 年 3 月 16 日
			Z4-2	1.8	13	2021 年 3 月 5 日	2021 年 3 月 20 日
		左幅 5 号墩	Z5-1	1.8	13	2021 年 3 月 1 日	2021 年 3 月 16 日
			Z5-2	1.8	13	2021 年 3 月 1 日	2021 年 3 月 16 日
		左幅 6 号墩	Z6-1	1.8	13	2021 年 4 月 1 日	2021 年 4 月 16 日
			Z6-2	1.8	13	2021 年 3 月 1 日	2021 年 3 月 16 日
		左幅 7 号墩	Z7-1	2	12	2021 年 4 月 5 日	2021 年 4 月 20 日
			Z7-2	2	12	2021 年 3 月 1 日	2021 年 3 月 16 日
		左幅 8 号墩	Z8-1	2	11.96	2021 年 3 月 8 日	2021 年 3 月 24 日
			Z8-2	2	11.96	2021 年 3 月 1 日	2021 年 3 月 16 日
		右幅 9 号台	Y9-1	1.8	18	2021 年 3 月 6 日	2021 年 3 月 22 日
			Y9-2	1.8	18	2021 年 3 月 1 日	2021 年 3 月 16 日
		右幅 10 号台	Y10-1	1.8	18	2021 年 3 月 8 日	2021 年 3 月 28 日
			Y10-2	1.8	18	2021 年 3 月 1 日	2021 年 3 月 16 日
		右幅 11 号台	Y11-1	1.8	18	2021 年 3 月 1 日	2021 年 3 月 16 日
			Y11-2	1.8	18	2021 年 3 月 4 日	2021 年 3 月 24 日
		右幅 12 号台	Y12-1	1.8	17	2021 年 3 月 1 日	2021 年 3 月 16 日
			Y12-2	1.8	17	2021 年 3 月 12 日	2021 年 3 月 30 日

续上表

标段名称	桥梁名称	墩台编号	桩基编号	人工挖孔桩灌注桩		计划安排	
				桩径（m）	桩长（m）	开始时间	结束时间
一工区	老虎堡大桥	右幅 13 号台	Y13-1	1.8	18	2021 年 3 月 1 日	2021 年 3 月 16 日
			Y13-2	1.8	18	2021 年 3 月 11 日	2021 年 3 月 29 日
		右幅 14 号台	Y14-1	1.8	18	2021 年 3 月 1 日	2021 年 3 月 16 日
			Y14-2	1.8	18	2021 年 2 月 25 日	2021 年 3 月 16 日
		右幅 15 号台	Y15-1	1.8	16	2021 年 3 月 1 日	2021 年 3 月 16 日
			Y15-2	1.8	16	2021 年 3 月 6 日	2021 年 3 月 22 日
		右幅 16 号台	Y16-1	1.8	17	2021 年 3 月 1 日	2021 年 3 月 16 日
			Y16-2	1.8	17	2021 年 2 月 24 日	2021 年 3 月 16 日
		右幅 17 号台	Y17-1	1.8	20	2021 年 3 月 1 日	2021 年 3 月 16 日
			Y17-2	1.8	20	2021 年 2 月 24 日	2021 年 3 月 16 日
		右幅 18 号台	Y18-1	1.8	16	2021 年 3 月 1 日	2021 年 3 月 16 日
			Y18-2	1.8	16	2021 年 3 月 1 日	2021 年 3 月 16 日
		右幅 19 号台	Y19-1	1.8	18	2021 年 3 月 11 日	2021 年 3 月 29 日
			Y19-2	1.8	18	2021 年 3 月 1 日	2021 年 3 月 16 日
	邓家沟大桥	左幅 5 号墩	Z5-0	2.5	23	2021 年 4 月 20 日	2021 年 5 月 16 日
			Z5-1	2.5	23	2021 年 5 月 1 日	2021 年 5 月 26 日
		左幅 6 号墩	Z6-0	2.5	24	2021 年 5 月 6 日	2021 年 6 月 1 日
			Z6-1	2.5	24	2021 年 6 月 1 日	2021 年 6 月 27 日
		左幅 7 号墩	Z7-0	2	26	2021 年 6 月 5 日	2021 年 7 月 2 日
			Z7-1	2	26	2021 年 4 月 20 日	2021 年 5 月 16 日
		左幅 8 号墩	Z8-0	2	28	2021 年 6 月 1 日	2021 年 6 月 27 日
			Z8-1	2	28	2021 年 4 月 20 日	2021 年 5 月 16 日
		左幅 9 号墩	Z9-0	2	28	2021 年 6 月 5 日	2021 年 7 月 2 日
			Z9-1	2	28	2021 年 5 月 1 日	2021 年 5 月 26 日
		左幅 10 号墩	Z10-0	2.5	27	2021 年 6 月 1 日	2021 年 6 月 27 日
			Z10-1	2.5	27	2021 年 5 月 6 日	2021 年 6 月 1 日
		左幅 11 号墩	Z11-0	2.5	24	2021 年 4 月 20 日	2021 年 5 月 16 日
			Z11-1	2.5	24	2021 年 4 月 20 日	2021 年 5 月 16 日

标段名称	桥梁名称	墩台编号	桩基编号	人工挖孔桩灌注桩		计划安排	
				桩径（m）	桩长（m）	开始时间	结束时间
一工区	邓家沟大桥	左幅 12 号墩	Z12-0	2.5	25	2021 年 6 月 5 日	2021 年 7 月 2 日
			Z12-1	2.5	25	2021 年 5 月 1 日	2021 年 5 月 26 日
		左幅 13 号墩	Z13-0	2.5	27	2021 年 4 月 20 日	2021 年 5 月 16 日
			Z13-1	2.5	27	2021 年 5 月 6 日	2021 年 6 月 1 日
		左幅 14 号墩	Z14-0	2	27	2021 年 6 月 1 日	2021 年 6 月 27 日
			Z14-1	2	27	2021 年 4 月 20 日	2021 年 5 月 16 日
		左幅 15 号墩	Z15-0	2	25	2021 年 4 月 20 日	2021 年 5 月 16 日
			Z15-1	2	25	2021 年 4 月 20 日	2021 年 5 月 16 日
		左幅 16 号墩	Z16-0	2	29	2021 年 5 月 6 日	2021 年 6 月 1 日
			Z16-1	2	29	2021 年 6 月 5 日	2021 年 7 月 2 日
二工区	董河大桥	左幅 1 号墩	Z1-1	2	18	2021 年 1 月 8 日	2021 年 1 月 28 日
			Z1-2	2	18	2021 年 1 月 15 日	2021 年 2 月 6 日
		左幅 2 号墩	Z2-1	1.8	22	2021 年 1 月 20 日	2021 年 2 月 25 日
			Z2-2	1.8	22	2021 年 1 月 2 日	2021 年 1 月 25 日
			Z2-3	1.8	22	2021 年 2 月 1 日	2021 年 2 月 25 日
			Z2-4	1.8	22	2021 年 2 月 8 日	2021 年 3 月 2 日
			Z2-5	1.8	22	2021 年 2 月 20 日	2021 年 3 月 12 日
			Z2-6	1.8	22	2021 年 2 月 16 日	2021 年 3 月 8 日
		左幅 3 号墩	Z3-1	1.8	25	2021 年 2 月 20 日	2021 年 3 月 12 日
			Z3-2	1.8	25	2021 年 2 月 1 日	2021 年 2 月 25 日
			Z3-3	1.8	25	2021 年 2 月 20 日	2021 年 3 月 12 日
			Z3-4	1.8	25	2021 年 1 月 20 日	2021 年 2 月 25 日
			Z3-5	1.8	25	2021 年 1 月 2 日	2021 年 1 月 25 日
			Z3-6	1.8	25	2021 年 2 月 1 日	2021 年 2 月 25 日
		左幅 4 号台	Z4-1	1.8	15	2021 年 2 月 20 日	2021 年 3 月 12 日
			Z4-2	1.8	15	2021 年 1 月 8 日	2021 年 1 月 28 日
		右幅 1 号墩	Y1-1	1.8	15	2021 年 2 月 1 日	2021 年 2 月 25 日
			Y1-2	1.8	15	2021 年 2 月 20 日	2021 年 3 月 12 日

续上表

| 标段名称 | 桥梁名称 | 墩台编号 | 桩基编号 | 人工挖孔桩灌注桩 | | 计划安排 | |
				桩径（m）	桩长（m）	开始时间	结束时间
二工区	董河大桥	右幅2号墩	Y2-1	2	20	2021年2月1日	2021年2月25日
			Y2-2	2	20	2021年1月2日	2021年1月25日
		右幅3号墩	Y3-1	1.8	20	2021年1月8日	2021年1月28日
			Y3-3	1.8	20	2021年1月20日	2021年2月25日
			Y3-3	1.8	20	2021年1月2日	2021年1月25日
			Y3-4	1.8	20	2021年2月1日	2021年2月25日
			Y3-5	1.8	20	2021年2月1日	2021年2月25日
			Y3-6	1.8	20	2021年1月8日	2021年1月28日
		右幅4号墩	Y4-1	1.8	20	2021年1月20日	2021年2月25日
			Y4-4	1.8	20	2021年1月8日	2021年1月28日
			Y4-4	1.8	20	2021年2月20日	2021年3月12日
			Y4-4	1.8	20	2021年1月2日	2021年1月25日
			Y4-5	1.8	20	2021年1月20日	2021年2月25日
			Y4-6	1.8	20	2021年1月15日	2021年2月6日
		右幅5号墩	Y5-1	1.8	15	2021年1月20日	2021年2月25日
			Y5-2	1.8	15	2021年1月15日	2021年2月6日
	余家坡大桥	左幅1号墩	Z1-1	2	20	2021年2月20日	2021年3月15日
			Z1-2	2	20	2021年3月2日	2021年3月25日
		左幅4号墩	Z4-1	2.5	25	2021年2月20日	2021年3月15日
			Z4-2	2.5	25	2021年2月4日	2021年2月28日
			Z4-3	2.5	25	2021年2月20日	2021年3月12日
			Z4-4	2.5	25	2021年3月5日	2021年3月25日
		左幅5号墩	Z5-1	2.5	19	2021年3月10日	2021年3月28日
			Z5-2	2.5	19	2021年3月2日	2021年3月24日
		左幅6号墩	Z6-1	2	22	2021年3月1日	2021年3月25日
			Z6-2	2	22	2021年2月20日	2021年3月12日
		右幅1号墩	Y1-1	2.2	25	2021年2月28日	2021年3月25日
			Y1-2	2.2	25	2021年3月6日	2021年4月1日

续上表

标段名称	桥梁名称	墩台编号	桩基编号	人工挖孔桩灌注桩		计划安排	
				桩径（m）	桩长（m）	开始时间	结束时间
二工区	余家坡大桥	右幅5号墩	Y5-1	2.5	26	2021年2月20日	2021年3月15日
			Y5-2	2.5	26	2021年2月20日	2021年3月12日
			Y5-3	2.5	26	2021年2月22日	2021年3月15日
			Y5-4	2.5	26	2021年3月6日	2021年4月1日
		右幅6号墩	Y6-1	2.5	22	2021年2月20日	2021年3月12日
			Y6-2	2.5	22	2021年3月6日	2021年4月1日

3.2 设备与材料计划

3.2.1 设备计划

彭酉路6标人工挖孔桩设计桩长12～53m，主要配置机械为起重机、门式提升设备、空压机、发电机、电焊机等，施工机械设备配置一览表见表3-2。

施工主要机械配置表　　　　　　　　　表3-2

序号	设备名称	规格型号	单位	数量	备注
1	起重机	25t	台	10	
2	空气压缩机	3m³/min	台	24	
3	水磨钻	DL160	台	48	根据现场需要增加
4	风镐	G30	台	102	
5	电动提升设备	JK/2t	套	102	
6	潜水泵	QW20-40-7.5	台	30	根据现场需要增加
7	挖掘机	PC220	台	10	
8	装载机	50	台	10	
9	自卸车	20t	台	20	
10	安全爬梯	φ16mm钢筋焊接	套	102	
11	防护护栏	1.2m×2m	片	100	根据现场需要增加
12	防坠器	TS-10～TS-40	个	204	
13	有毒有害气体探测器	KB-501X	台	18	
14	发电机	75kW/200kW	台	10	

续上表

序号	设备名称	规格型号	单位	数量	备注
15	电焊机	BX1-500	台	18	
16	通风设备	TZY-7655	套	102	低噪声中压吹风机
17	混凝土罐车	8～10m³	辆	27	根据现场需要增加

3.2.2 材料计划

（1）混凝土所用水泥采用普通硅酸盐水泥，有出厂合格证和检验合格报告，进场水泥按要求进行见证取样，送检试验合格后方可使用。

（2）混凝土骨料中的砂石进场均按要求进行见证取样，送检试验合格后方可使用。

（3）钢筋选用审批通过的钢筋品牌钢材，有材料合格证明文件，进场钢材按要求进行见证取样，送检试验合格后方可使用。

（4）混凝土搅拌场、保证施工中混凝土的供应能满足施工进度要求。1号混凝土搅拌站位于天官服务区右侧红线内，负责主线大桥的混凝土供应；2号混凝土搅拌站位于中坝隧道出口左侧 50m 处，负责丁市互通混凝土供应；3号搅拌站位于文家湾隧道出口，负责文家湾大桥及邓家沟大桥混凝土供应；4号搅拌站位于铜鼓处，负责主线及铜西互通混凝土的供应。

主要材料进场计划见表 3-3。

主要材料进场计划表　　　　　表 3-3

序号	材料名称	计划进场日期
1	钢筋	2020 年 11 月
2	混凝土原材	2020 年 11 月
3	声测管	2020 年 11 月

3.3 劳动力计划

劳动力配置见表 3-4。

劳动力配置一览表　　　　　表 3-4

序号	施工工种	数量	工作内容
1	挖孔工	260	挖孔作业
2	钢筋工	30	钢筋笼制作、安装
3	混凝土工	30	混凝土浇筑

续上表

序号	施工工种	数量	工作内容
4	杂工	20	场地整理、混凝土养护等
5	电工	4	电力设备维护
6	试验员	4	原材料控制、试块制作等
7	测量工	3	桩基测量
8	机械操作员	11	专业机械设备操作
9	后勤	4	后勤工作
10	安全员	6	安全监控、安全保障
11	爆破工	4	爆破作业
12	工长	6	生产安排及协调
合计		382	

4 施工工艺技术

4.1 技术参数

彭酉路 6 标桥梁桩基技术参数见表 4-1。

彭酉路 6 标桥梁桩基技术参数表 表 4-1

序号	工程名称	直径（m）	孔深（m）	单根笼质量（kg）	单根混凝土体积（m³）	备注
1	老虎堡大桥左线	1.8	12～20	2807.4～4600.5	30.54～50.89	
2	老虎堡大桥右线	1.8	12～20	2807.4～4600.5	30.54～50.89	
3	邓家沟大桥左线	2.0	14～29	3890～7857	43.98～91.11	
4		2.5	18～27	6368～9512.9	88.36～132.54	
5	邓家沟大桥右线	2.0	16～27	4376.2～7315	50.26～84.83	
6		2.5	18～28	6368～9865.2	88.36～137.45	
7	董河大桥左线	1.8	15～25	3509.2～5750.6	38.8～62.73	
8		2.0	18	4140.45	45.8	
9	董河大桥右线	1.8	15～20	3509.2～4600.5	38.8～50.89	
10		2.0	20	4600.5	50.89	
11	余家坡 1 号大桥左线	1.8	22～25	4506.3～5750.6	49.22～62.73	
12		2.0	20～22	3842.5～6418.66	41.24～69.38	
13		2.2	25	6103.55	99.03	
14		2.5	18～19	6368～6513.4	88.36～124.33	
15	余家坡 1 号大桥右线	1.8	20～27	4215.3～6104.2	40.87～69.88	
16		2.0	14～30	2903.8～7518.9	29.66～83.12	
17		2.2	17～24	3845.6～7212.4	2804～81.80	
18		2.5	22～27	7412.3～8123.2	108.31～156.62	

4.2 工艺流程

场地平整→放线→定桩位→浇筑护筒混凝土→准备安全带、鼓风机、照明设备等→安装出土提升设备且每下挖 100cm 进行桩孔周壁的清理，校核桩孔的直径和垂直度→安装孔口盖板→开挖土石方→安装护壁钢筋模板→浇灌护壁混凝土→拆模继续下挖，达到设计深度后，清孔验收→钢筋笼验收、吊放→放入串筒，灌注桩芯混凝土至设计顶高程，人工挖孔桩施工工艺流程图如图 4-1 所示。

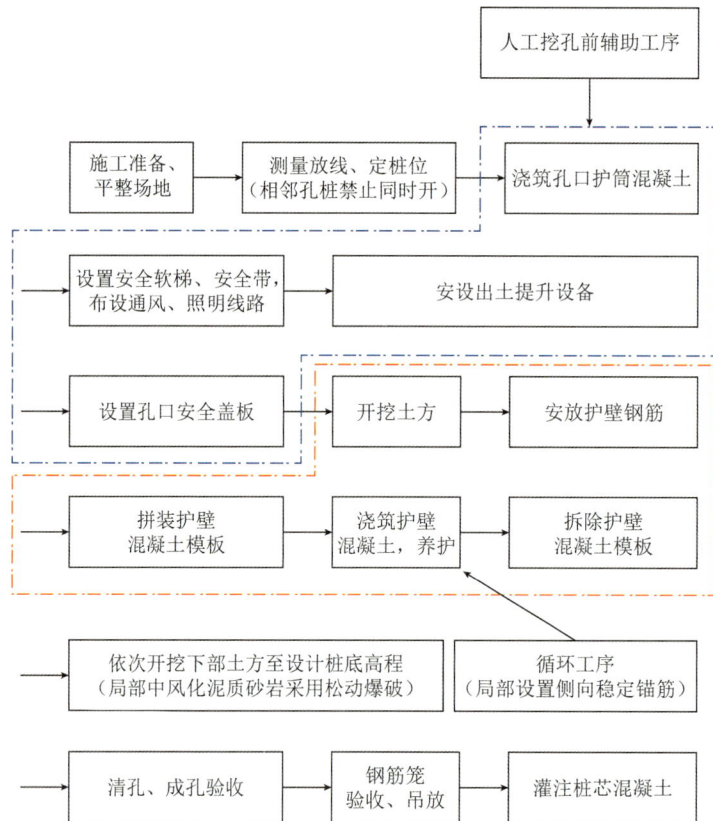

图 4-1　人工挖孔桩施工工艺流程图

4.3 施工方法

　　人工挖孔施工采用爆破法和水磨钻法施工工艺，在不允许爆破地段（邻近民房、构筑物、公路等特殊地段）采用水磨钻法施工，其余采用爆破法施工。钢筋在钢筋加工场加工成半成品，运输至施工现场人工绑扎（孔口）、吊装安放。混凝土在搅拌站集中拌制，混凝土罐车运输到施工现场进行灌注。

4.3.1 施工测量

　　由于采用人工挖孔灌注桩基础，桩的定位测量工作复杂，易出现错误，所以应做好主轴线控制网布设工作和测量技术复核工作。本工程拟投入的测量仪器为 GPS、全站仪和水准仪。

　　（1）主轴线控制网的布设

　　根据施工现场放样的定位点，引测本工程的主轴线，并根据本工程施工平面特点，布设以外围主轴线加中间"十"字主轴线的控制网,其余轴线均以主轴线为基线引测而得。

(2)桩心的定位测量

根据主轴线控制网测设出所有的轴线,轴线交点打木桩,桩身注明轴线号、桩号、桩径,桩顶钉铁钉做标志。

(3)桩基开挖技术标准

桩基施工顺序:先施工较浅的桩,后施工深一些的桩,先施工外围(或迎水部位)桩,后施工中部桩。相邻桩中心距小于 2.5 倍桩径,施工中应采用跳挖,并待桩身混凝土强度达到设计 60% 以上,方可进行相邻桩身开挖工作。为保证桩的垂直度,每浇筑护壁混凝土进行一次桩中心位置及垂直度的校核。挖孔桩有关质量标准允许偏差如下:混凝土护壁,桩径允许偏差不小于设计桩径,孔壁垂直度偏差 < 0.5%,桩位轴线偏差 < 50mm;孔深允许偏差不大于 50mm。

(4)护壁成型后的测量工作

第一节护壁拆模后应及时把桩中心线和高程点测设到护壁内侧壁上。采用全站仪或拉线尺量的方法,把桩中心线引测到护壁内侧,弹墨线或画侧红三角形做标志,作为施工时装模定位和桩孔垂直度检查的依据。采用水准仪把高程点引测到桩顶位置上,画倒红三角形做标志,作为挖孔深度的检查依据,以及桩身混凝土浇筑时的高程控制依据。

(5)测量技术复核工作

为了杜绝桩定位错误,避免返工造成的材料、人工损失以及工期拖延,必须做好技术复核工作。在测量员完成上述工作内容后,项目技术负责人组织质检员、施工现场负责人进行技术复核,对所有的桩位进行检查,确保桩定位正确。复核完毕后,报请监理单位检查验收合格后方能进行挖孔工作。

4.3.2 成孔工艺

4.3.2.1 孔桩开挖施工组织

为达到施工进度计划的要求,开工前必须做好以下组织:

1)人员组织

每座桥梁工程拟安排各个施工班组以每排墩为单位平行作业施工,每 2~3 人为一个操作小组,负责每排墩的桩基施工,两个相邻孔桩不能同时开挖。

2)机具材料组织

根据施工进度要求保证备有足够的机具及材料。

3)施工现场平整

清除坡面危石浮土,如有松散层用水泥砂浆进行护坡。人工挖孔桩桩位平整场地后,用人工在孔口四周挖排水沟，做好排水系统，及时排除地表水，搭好孔口雨棚，安装提升设备，布置好出渣道路，合理堆放材料和机具，不致增加孔壁压力。设计承台（地系梁）顶面位于原地面或埋于地面以下几米，为减短不必要的人工挖孔长度，可在有条件的桩位开孔之前，先挖除上层土体，使地面高程降到设计桩顶高程以上20cm。

4）孔口防护及护壁

人工挖孔桩防护如图4-2所示，人工挖孔桩设备如图4-3所示。

图4-2　人工挖孔桩防护　　　　图4-3　人工挖孔桩设备

（1）挖孔桩施工孔口处设高于地面不小于30cm的锁口圈，锁口圈宽40cm。在孔口位置，护壁主筋呈放射状向孔外弯曲，并折向地面，深入土层10cm，作为锚固长度，同时紧贴折入土层主筋内侧，增设一根ϕ6mm的圈筋，以增加主筋受力。锁口圈既可防水，又可避免坠落杂物。

（2）孔口四周2.0m范围内用碎石硬化；并设置临时排水沟，防止地表水流入孔内。孔口不得堆积土渣、机具及杂物；孔口四周应搭设防护围栏和安全警示标志，围栏高度不小于1.2m。停止作业时，孔口应设置钢筋防护网，网格间距不大于20cm。

（3）在土层中桩孔掘进一节，支撑护壁一节，两道工序必须连续作业，不得中途停工，以防塌孔。混凝土护壁在一般土层中每节高度不超过1m，在软弱松散土层中每节高度0.3～0.5m。每节护壁必须连续浇筑密实，上下两节护壁间搭接5cm以上，土层渗水过大时应用速凝剂。护壁形式采用内齿承插式护壁，作为施工用的衬体，以增加抗塌孔能力。

（4）护壁模板采用3mm的钢板作面板，面板高100cm，拼装后模板上口直径为桩径，下口直径为桩径加15cm，为上小下大的空心圆台，模板在圆周向分4～6块进行组合。

（5）安装护壁模板时应在圆形内侧设支撑，增强模板刚度防止变形及避免发生移位，且护壁前后均要对桩孔进行检测，保证孔径、桩孔中心位置及桩孔垂直度等符合规定。每次安装模板后，皆要吊垂球以检查模板中心线，合格后方可浇筑护壁混凝土。在第一节护壁模板安装中应保证护壁混凝土应高出地面30cm。孔口锁口圈与第一节护壁同时制作。

（6）护壁混凝土采用混凝土拌和场集中拌和或现场拌和，现场拌和应合理规划场地，材料分类堆放，并用砖墙进行隔断，做好各类材料的标识，采用强制式拌和机拌和。

（7）护壁采用钢筋混凝土。护壁上口厚度为 20cm，下口厚度为 15cm，混凝土强度等级为 C30，密实早强，配合比以试验室配合比为准，必要时添加少量速凝剂。采用人工振捣密实，当强度达 70%后拆除护壁模板，继续开挖工作。

（8）护壁配筋：竖向主筋采用 ϕ10mm 钢筋，间距 150mm 均匀布置，圆形箍筋采用 ϕ8mm 钢筋，间距 200mm。主筋制作成弯钩上下勾结形成整体。

（9）为防止塌孔和保证施工安全，挖孔桩在开挖施工中采用（钢筋）混凝土护壁，上下两节护壁间搭接 5cm 以上。综合设计桩径、地质及地下水等因素来考虑，确定护壁采用内齿式阶梯形形式，护壁混凝土强度等级与桩身混凝土强度相同。

（10）护壁施工前后均要对桩孔进行检测，保证孔径、桩孔中心位置及桩孔垂直度等符合规定。

（11）每天施工前，应安排下井人员对已做护壁进行检查，在无异常情况下，才能进行孔桩开挖。

5）挖桩通过溶洞施工

（1）施工前需仔细查阅详细工程地质勘察报告，并对照里程桩号，核查每个桩位有无溶洞、溶洞位置、溶洞大小等数据。

（2）人工挖孔施工过程中，下挖深度接近地质勘察报告中表示的溶洞位置时，放慢下挖速度，小面积、试探性开挖找出溶洞。

（3）溶洞位置确定后，立即采取处理措施，施工人员需在腰间系好安全带，用安全栓连接安全绳的一端，另一端连在孔口附近的构造物上，施工时设专人指挥，随时与孔内施工人员保持联系。

（4）溶洞处挖孔每次下挖深度不得超过 50cm，平整孔底，清除虚土、软泥、淤泥，若溶洞内有泥浆或者水溢出的，需进行抽水。

（5）孔底清理完毕后开始处理溶洞，用电动卷扬机将片石、细石等材料放入料筒内，缓慢放入桩内，片石沿孔壁四周砌筑 800mm 厚墙体，内直径为挖孔桩直径＋40mm，并兼做加固护壁的外模。当溶洞侧深小于 800mm 时，用片石全部堵塞。

（6）片石沿孔壁四周砌筑墙体完毕后，绑扎加固护壁的钢筋，用固定模板关模，内直径为挖孔桩的直径大小。护壁厚度为 200mm。采用与桩身混凝土强度相同等级的 C30 混凝土浇筑。

（7）混凝土浇筑完成后，停止作业，待混凝土强度达到70%后，才可进行继续作业，施工护壁后按此方法继续进行护壁施工，直至溶洞全部处理完毕，恢复正常人工挖孔施工。

6）通过不同形式溶洞及处理方法

（1）土洞

即在土体由地下水溶蚀而成的溶洞内无岩石一般可能为流质泥浆填充或无填充物的空洞等几种情形。在无外力搅动情况下溶洞壁一般都处于稳定状态，所以在遇到土中溶洞时应尽量避免搅动溶洞壁不宜采用爆破方法施工。要穿过土体溶洞施工时应采用人工清除溶洞中填充物再回填密实材料的方法施工。

①无填充物干洞

a. 无填充物干洞在打穿洞顶土层后能直接观察到溶洞内的情况。当溶洞侧向深度小于1.0m且确认溶洞壁不会坍塌时，将溶洞内的浮土杂物清除干净后用水泥砂浆砌筑120mm厚钢筋砖护壁砌筑护壁时在溶洞顶上方预留浇灌混凝土入口待护壁砂浆凝结24h后，用C25混凝土从预留口向护壁后的溶洞空腔浇灌填充。

b. 当溶洞侧深较大时应选用松木对溶洞顶土体进行支撑一次性使用不再拆除，确保施工安全支撑好洞顶后，护壁定型钢模装模时在溶洞顶上方预留浇灌混凝土入口，钢模形成稳固后浇灌C25混凝土填充溶洞空腔，浇灌混凝土应振捣密实。

②流质泥浆或积水填充溶洞

因打穿洞顶后不能直接观察溶洞内的情况，则应先用钢钎探明溶洞的侧向和高度才能因地制宜地确定施工方法。

a. 当溶洞侧深不大时，按溶洞内无填充物作业方法施工先掏干净溶洞内泥浆抽干积水，溶洞侧深在1.0m以内的，砌筑好120mm厚钢筋砖护壁后用C25混凝土填充护壁后的溶洞空腔。

b. 溶洞侧深较大的则先支撑加固洞顶土体，后装钢模或用水泥砂浆砌筑240mm厚钢筋砖护壁，浇灌C25混凝土填充溶洞空腔。

c. 当溶洞高度小于1.0m时，可一次砌筑护壁或装护壁定型钢模到顶，在溶洞顶上方留浇灌混凝土口，浇灌混凝土填充护壁后溶洞空腔。当溶洞高度大于1.0m以上时，应分节每节高度不超过1.0m进行施工且应待下一节的混凝土强度达到12kPa以上后才能进行上一节的施工。

（2）岩石层中的溶洞

岩石层中的溶洞一般有开口溶洞溶槽、漏斗、封闭溶洞等情况，开口溶洞有半边岩石半边土或放射状溶槽等情形。溶洞内填充可能是硬质黏土或软土或流质泥浆或水等填充物或干洞。

①半边岩石半边土开口溶洞

a. 当土体为硬质黏土时，按逐节 1.0m 深往下施工先掏空土体部分，然后爆破炸碎岩石，清出石渣修正墩孔后，将土壁部分用水泥砂浆砌筑不少于120mm厚的砖护壁，待护壁砂浆凝结 24h 后，按照同样方法施工下一节直至墩孔底全部见岩后扩底成孔。

b. 当土体为软土但不流动时，按逐节 0.5m 深往下施工。先在土体部分沿孔壁周向孔外斜打入 1.5m 长的硬原木，沿墩孔周布桩间距 15cm，然后掏空土体部分再爆破炸碎岩石，清出石渣修正墩孔后，将土壁部分用水泥砂浆砌筑不小于240mm 厚的砖护壁。待护壁砂浆凝结 24h 后按照同样方法施工下一节直至墩孔底全部见岩后扩底成孔。

c. 当土体部分是流质泥土或流沙时，按逐节 0.5m 深往下施工，先在土体部分沿孔壁周向孔外斜打入 1.5m 以上长的硬原木，沿墩孔周布桩间距 10cm，然后掏空土体部分，掏土作业时边掏土边用扎成团的稻草塞入硬木桩间缝隙使其能滤水挡泥沙，掏土至一节 0.5m 左右深时，如发生孔底涌泥沙则用尼龙编织袋装砂压住孔底堵住泥沙，然后装定型钢模抽干孔内积水后浇筑 C30 混凝土护壁。护壁厚度应不小于 15cm，护壁内配竖向和水平双向 $\phi6mm@200mm$ 钢筋网待护壁混凝土凝结 24h 后再爆破炸碎岩石清出石渣修正墩孔。按照同样方法施工下一节直至墩孔底全部见岩后扩底成孔。

d. 当土体部分流质泥土显泥浆状流动性很大时，先用尼龙编织袋能透水装干拌 1：2 水泥砂浆或干水泥粉压入溶洞空腔泥浆中筑成一道封闭式围堰，围堰上部应顶紧溶洞顶，待水渗透编织袋使袋子内的干拌水泥砂浆或干水泥粉吸水凝结后清除墩孔内泥浆，然后装定型钢模抽干孔内积水后，浇筑 C30 钢筋混凝土护壁，待护壁混凝土凝结 24h 后再爆破炸碎岩石清出石渣修正墩孔。按照同样方法施工下一节直至墩孔底全部见岩后扩底成孔。

②岩石层中封闭式溶洞

a. 当填充土体为硬质黏土时，按在硬质黏土层作业方法每节 1.0m 深往下施工，直至穿过溶洞墩孔底全部见岩后扩底成孔。

b. 当填充土体为软土但不流动时，按逐节 0.5m 深往下施，先在土体部分沿孔壁周向孔外斜打入 1.5m 长的硬原木，沿墩孔周布桩间距 15cm，然后掏空土体部分修正墩孔用水泥砂浆砌筑 240mm 厚的砖护壁。待护壁砂浆凝结 24h 后按照同样方法施工下一节，直至墩孔底全部见岩后扩底成孔。

c. 当填充土体是流质泥土或流沙时，按逐节 0.5m 深往下施工，先在土体部分沿孔壁周向孔外斜打入 1.5m 长的硬原木，沿墩孔周布桩间距 10cm，然后掏空土体部分，掏土作业时边掏土边用扎成团的稻草塞入硬木桩间缝隙，使其能滤水挡泥沙，掏土至一节 0.5m 左右深时，如发生孔底涌泥沙则用尼龙编织袋装砂压住孔底堵住泥沙，然后装定型钢模抽干孔内积水后，浇筑 C30 混凝土护壁，护壁厚度应不少于 15cm，护壁内配竖向和水平双向 $\phi6mm@200mm$ 钢筋网，待护壁混凝土凝结 24h 后，按照同样方法施工下一节直至墩孔底全部见岩后扩底成孔。

d. 当溶洞内填充物是流动性很大泥浆或积水时，需排除溶洞内的泥浆、积水。如果溶洞壁岩石完整，溶洞侧深不大 1.0m 以内且墩孔全部在溶洞内时，可不做护壁，只需将溶洞内的泥浆冲洗干净待浇灌墩芯混凝土一并填充。当溶洞侧深大于 1.0m 以上时，则按设计墩径要求用水泥砂浆砌筑 120mm 厚砖护壁边，砌护壁边用混合砂石填充护壁的溶洞空腔，如溶洞高度在 1.0m 以内则一次将护壁砌到顶，封闭溶洞待护壁砌体砂浆，凝结 12h 才能继续往下成孔施工，如溶洞高度超过 1.0m 以上，则清除干净溶洞内填充杂物后从溶洞底往上分节施工砖砌护壁厚度应不少于 240mm，应采取灌浆砌法，砌筑护壁砌体完成护壁砌体 12h 内应不断排除溶洞内的积水，保证砌体砂浆的凝结，必须待下节护壁砌体砂浆凝结 24h 后才能施工上一节。

（3）遇多个裂隙型溶洞

采取各个填堵的施工方式，即先施工一个裂隙口，堵死后再进行下个裂隙孔施工，特别要注重护壁薄弱的环节。先用钢钎探插裂隙的深浅走向，必要时要打木枋再用干水泥粉来固定裂隙中的岩溶。

（4）遇涌水

遇涌水时不要将水堵住，可用竹节或水管将其引入底部，采用高扬程水泵日夜抽排抽。若干天后涌水可变小，同时可将浅桩孔的水位降低为以后浇筑提供方便。

4.3.2.2 开挖出土

人工挖孔所需的设备及工具主要有起重机，铁锹、尖镐、吊桶、模板、支架、工作灯、空压机、帆布通风管、低压配电箱、工作软梯等。钢丝绳直径 6.2mm，渣桶采用高 50cm，直径 50cm 的铁桶。钢丝绳性能参数见表 4-2。

钢丝绳性能参数表　　　　　　　　　　　　表 4-2

钢丝绳形式	绳径（mm）	丝径（mm）	钢丝绳总面积（mm²）	钢丝绳的公称抗拉强度（MPa）
6×19 根	6.2	0.4	14.32	1400

（1）钢丝绳受力计算

钢丝破断拉力总和 = 公称抗拉强度(MPa) × 钢丝总断面积(mm²)

$$= 1400 \times 14.32 = 20048(N)$$

实际钢丝破断拉力 = 钢丝破断拉力总和 × 换算系数(换算系数取 0.85)

$$= 20048 \times 0.85 = 17041(N)$$

钢丝绳安全载重力 = 钢丝破断拉力/安全载重系数(安全载重系数取 5.5)

$$= 17041/5.5 = 3098(N)$$

（2）出渣桶总重力计算

桶直径 50cm，高度 50cm，桶质量按 20kg 计算，渣按 1750kg/m³ 计算，则

桶内渣质量 = 0.25 × 0.25 × 3.14 × 0.5 × 1750 = 172(kg)

钢丝绳按照 50m 计算，钢丝绳质量为 13.53kg/2 = 6.8kg，则

出渣重力合计 = (20 + 172 + 6.8) × 10 = 1988(N)

实际出渣重力合计 1988N 小于钢丝绳可承载重力 3098N，可行。

开挖前进行起重机抗倾覆配重试验，配重采用混凝土预制块进行预压，同时出渣桶内装满出渣土，进行试吊，记录临界配重，在挖孔作业时，配重量按照 2 倍临界配重以上进行控制。

作业人员上下桩控作业应通过悬挂式带护笼的爬梯进出，爬梯为临时使用，待成孔后拆除。上下孔时佩戴好防坠器，人员上下不得携带工具和材料。作业人员不得利用卷扬机上下桩孔。不得脚踩护壁凸缘上下桩孔，不得乘坐出渣桶上下桩孔。

人工挖孔施工时，根据现场桩位布置及土质状况决定开挖顺序，采用跳桩法施工，即隔一桩挖一桩。每环进尺为 1m；施工过程中，专门配备技术人员进行日常检查，同时增加主管人员的巡检频率，密切监视孔内土层及水位情况变化，出现粉细砂层或水量较大时，及时浇筑已开挖部分的护壁混凝土。

开挖由人工从上到下逐层进行，次序为先中间后周边。在吊桶提升过程中，桩内施工人员暂停开挖，及时打开井下防护罩，注意安全。当吊桶提升至高出洞内地面 1.0m 时，推动安设在井口的水平移动式安全盖板，关闭孔口，卸渣后再掀开盖板，下吊桶继续挖土。每工作 2h，井下人员和地面人员进行交换。

每日开工前各班组要对起重机钢丝绳、轴及制动装置进行检查，磨损超过标准要求的必须更换，挂钩必须有防脱钩装置。挖孔时井下人员应注意观察孔壁变化情况。如发现塌落或护壁裂纹现象应及时采取支撑措施。如有险情，应及时给出联络信号，以便迅速撤离，并尽快采取有效措施排除险情。地面人员应注意孔下发出的联络信号，反应应灵敏、快捷。经常检查支架、滑轮、绳索是否牢固。下吊时要挂牢，提上来的土石要倒干净，卸在指定弃渣区。

每天开工前，应将孔内积水抽干，并用空压机向孔内送风 5min，使孔内混浊空气排出，才可进入施工。孔深超过 2m 时，地面应配备向孔内送风的专用设备，风量不宜小于 25L/S。开挖至 5m 需连续送风。孔底凿岩时应加大送风量。提土桶上下保证联系通畅，桩

孔较深时用安全矿灯或 36V 以下的安全灯照明。随开挖随支护，清理桩孔壁，复核桩孔垂直度和直径，及时修正，并及时进行护壁施工。

4.3.2.3 出渣运渣

挖孔出渣采用人工孔底装渣，电力卷扬机提升出孔的方式出渣。卷扬机采用带防冲顶限位器、制动装置的，孔内弃渣吊出后，渣料应顺孔桩平台水平外弃，保证挖孔废料堆放整齐、规范。废料若临时堆放时，堆放高度不能超过 1m，远离孔口至少 5m；装渣时吊桶不能装得过满，不能超过吊桶的容量；渣料提升系统在使用过程中必须经常检查部件磨损情况，如有明显损坏，必须及时更换，以保证安全使用，人员上下孔设安全爬梯及专用吊笼上下。

当孔口弃渣超过一定数量时，应及时清理外运，外运采用挖机配合自卸车完成，机械进行运渣作业时，应停止孔内施工，避免因操作不当导致孔内作业人员受伤。

4.3.2.4 终孔

挖孔时每天应做好地质记录，并提取渣样，核对设计地质资料是否相符，并根据不同地质情况，采用相应对策，避免出现缩颈、塌孔等现象。挖孔至离设计深度 50cm 时，采用人工凿除基岩清除孔底虚渣、杂物，做到平整、无虚渣、污泥等软层。对有渗水的孔桩还应测定渗水量的大小，相应确定混凝土浇灌方法。由项目公司、设计单位、监理单位终孔验收，检查孔位、孔径、孔深等各项指标是否合格，同时核查地质勘察资料与实际地质情况是否一致，若有实际地质情况与设计地质描述不符，不能满足设计要求时，由设计单位进行调整。

终孔各项检测指标见表 4-3。

挖孔灌注桩成孔质量检验表　　　　　　　　表 4-3

序号	检查项目	规定值或允许偏差
1	孔的中心位置（mm）	群桩：100；单排桩：50
2	孔径（mm）	不小于设计桩径
3	倾斜率	<0.5%桩长
4	孔深	摩擦桩：不小于设计； 支撑桩：比设计深度超深不小于 0.05m

4.3.3 钢筋笼制作安装

4.3.3.1 一般要求

（1）钢筋笼制作外形尺寸要符合设计要求，其允许偏差见表 4-4。

钢筋笼制作外形尺寸允许偏差 表4-4

项目	主筋间距	箍筋间距	外径	钢筋笼长	保护层厚度
允许偏差（mm）	±10	±20	±10	±10	±20

（2）钢筋笼的结构尺寸、材质、偏差等必须满足设计要求和规范要求，现场每批进场使用的钢筋，供料方必须提供出厂质量证明书与检验报告单等资料。

（3）焊接用的钢材，应做原材和焊接件质量试验。对生锈的钢筋，在使用前应认真除锈。

（4）主筋在制作前，对弯曲主筋进行基本调直，清除钢筋表面的污垢、锈蚀等，按钢筋笼翻样图长度下料。调直后的主筋弯曲度应不大于长度的1%，并不得有局部弯折。另根据骨架长度，按尽量减少断头废料的原则下料。

（5）为了防止钢筋笼的运输和吊放入孔就位过程中变形，一方面应采取措施临时加强钢筋笼的刚度；另一方面钢筋笼的长度不宜过长。钢筋笼主筋接头应互相错开，错开距离≥1m。同一截面的接头数目不多于主筋总根数的50%。

4.3.3.2 钢筋笼制作方法

（1）钢筋笼制作采用滚焊机制作。

（2）钢筋笼由钢筋集中加工配送中心加工成型，运输至现场由起重机吊装入孔。

（3）钢筋笼制作时，相邻主筋端部错开距离≥1m，为减少接头，每节钢筋笼长度与原材料长度一致，一般为9m或者12m，最后一节根据桩长计算出制作长度。钢筋笼入孔时，每节钢筋笼之间的主筋采用单面搭接焊，焊接长度不小于10d（d为钢筋直径）。同一截面的接头数目不多于主筋总根数的50%。

（4）再把加强筋按设计放置在已放置好的主筋上，加强筋的位置和垂直度用两把钢卷尺进行放置与控制。主筋与加强筋之间采用双面焊，焊缝应饱满，平面平顺整齐，无明显气孔、夹渣、咬边、无裂缝、没有深度烧伤现象。

（5）螺旋筋按设计要求间距缠绕在钢筋笼上，采取点焊与主筋结合牢固。在每节钢筋笼接头处50cm长度范围内的螺纹筋可暂不焊接，在进行钢筋笼安装时，焊接好主筋之后再进行焊接。

（6）为防止钢筋笼在装运时出现混乱，每节制作好后挂牌注明其桥梁名称、桩号及节号。

4.3.3.3 声测管安装

每根桩内设置等距的ϕ54mm×1.4mm的热轧无缝钢管，用于超声波测声法检查混凝土质量，在桩径≤1.5m时设置3根，桩径>1.5m时设置4根。本项目采用正规厂家生产声测管、管头已加工成型套筒、在连接时将两根橡胶密封圈放入套筒内，再插入第二根声测管。声测管辅助钢筋按照设计布置，伸入钢筋笼的长度不小于1m。声测管底部采用焊接钢板来保证密封不漏浆，顶部用木塞或橡胶盖封闭，防止砂浆、杂物堵塞管道。声测管固定在钢筋笼后，应对管内注水，注水可以检测声测管的密封情况，并能在浇筑过程中平衡内外的压力。

4.3.3.4 钢筋笼连接

为了确保钢筋笼成型后有足够的强度和刚度，要严格控制钢筋笼的连接质量，对焊条的选择、焊接尺寸、焊接方法，机械连接接头的性能等应满足设计与规范的要求。

连接方式：桩基主筋之间采用单面搭接焊、主筋与螺旋筋采用点焊。搭接焊时先用两点固定两端，然后再施焊，焊接采用J502焊条。III级钢单面焊接要求见表4-5。

Ⅲ级钢单面焊接要求　　　　　　　表4-5

项目	焊缝长度	焊缝厚度	焊缝宽度
参数	10d	0.3d	≥0.8d

注：d为钢筋直径。

（1）每焊完一层之后，应检查焊缝结合情况；焊缝应饱满，平面平顺整齐，无明显气孔、夹渣、咬边、无裂缝、主筋没有深度烧伤现象。

（2）钢筋笼定位筋设置

钢筋笼成型后，为了使钢筋笼主筋有一定的保护层，按设计图纸通过在钢筋笼外侧设置定位筋，保证钢筋笼与冲孔的同心度和混凝土保护层厚度。

4.3.3.5 钢筋笼的运输

为方便钢筋笼的制作、安装，将钢筋笼分节标准长度设计为9m，所有钢筋笼均以底节段作为特殊长度段。在桩基成孔后，利用平板车及自制托架进行运输，钢筋笼采用钢绳绑扎固定在车上，由于运输构件较长，随车安排2名安全指挥员，观察路况及指挥交通，在装卸过程中应避免拖拽，防止笼体变形。

4.3.3.6 钢筋笼的吊装

钢筋笼下放前，先用检孔器进行检孔，检孔器长度为4～6倍桩径，孔深及桩孔中心偏差符合设计要求后，用25t汽车起重机将钢筋笼吊入孔内。

钢筋笼在吊运过程中，由于其在纵向抗弯能力较差，必要时在加劲箍处焊上十字钢筋支撑，以提高笼的刚性。经验收合格后，钢筋笼分节吊装，钢筋笼起吊采用两点吊方式。主吊点采用25t汽车起重机将钢筋笼水平起吊，起吊时用起重机大钩分两点固定钢筋笼顶端，副吊点采用副钩分两点吊装钢筋笼1/2至1/3中间部位。空中翻转，副吊松钩，25t汽车起重机主钩竖直吊着钢筋笼吊运至孔口时，使笼中心对准桩位中心，扶正后并缓缓匀速下入孔内，严禁摆动碰撞孔壁。当最后吊筋下至孔口时，用两根 12 号槽钢支承于孔口，槽钢两侧垫防高于护筒的枕木，枕木宽度 30cm。松开主钩钢绳，用同样方法吊起下一节钢筋笼，当上下两节笼在同一铅垂线上时，转动上节钢筋笼，以使两节笼的主筋对正，焊接主筋。然后缠绕上螺旋筋。在最后一节钢筋笼连接完成后，吊放钢筋笼顶部至孔口时，需连接相同直径的钢筋笼接长（笼体采用 4～8 根主筋，按照 2m 左右设置加劲箍），接长后钢筋笼顶低于护筒顶 50cm 左右，钢筋笼入孔并校正中心位置后，焊接限位钢筋，限位钢筋采用四根 ϕ25mm 的钢筋，与笼顶加劲箍进行焊接，并与钻机或钢护筒焊接，可有效防止其上浮和偏位。

钢筋笼吊装施工工艺流程如图 4-4 所示。

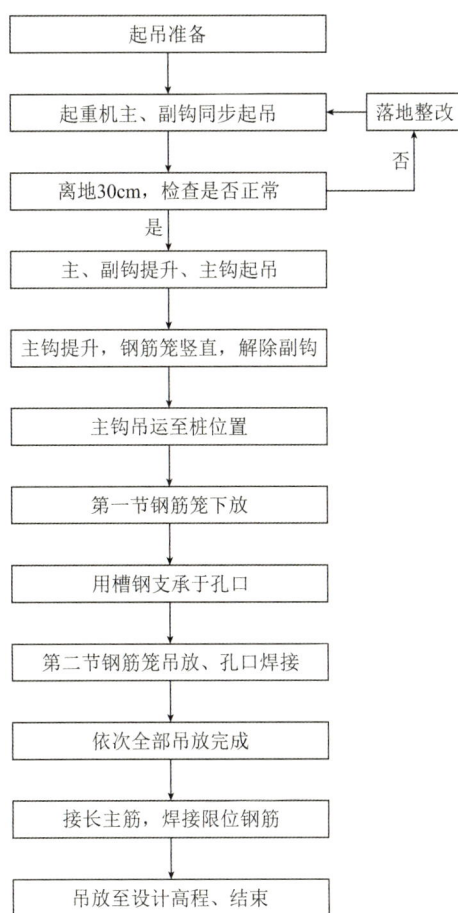

```
┌─────────────────────┐
│      起吊准备          │
└──────────┬──────────┘
           ↓
┌─────────────────────┐      ┌──────────┐
│ 起重机主、副钩同步起吊  │─────→│ 落地整改  │
└──────────┬──────────┘      └──────────┘
           ↓                      ↑否
┌─────────────────────┐          │
│ 离地30cm，检查是否正常  │──────────┘
└──────────┬──────────┘
          是↓
┌─────────────────────┐
│  主、副钩提升、主钩起吊  │
└──────────┬──────────┘
           ↓
┌─────────────────────┐
│主钩提升，钢筋笼竖直，解除副钩│
└──────────┬──────────┘
           ↓
┌─────────────────────┐
│   主钩吊运至桩位置      │
└──────────┬──────────┘
           ↓
┌─────────────────────┐
│   第一节钢筋笼下放      │
└──────────┬──────────┘
           ↓
┌─────────────────────┐
│   用槽钢支承于孔口      │
└──────────┬──────────┘
           ↓
┌─────────────────────┐
│ 第二节钢筋笼吊放、孔口焊接│
└──────────┬──────────┘
           ↓
┌─────────────────────┐
│   依次全部吊放完成      │
└──────────┬──────────┘
           ↓
┌─────────────────────┐
│  接长主筋，焊接限位钢筋  │
└──────────┬──────────┘
           ↓
┌─────────────────────┐
│  吊放至设计高程、结束    │
└─────────────────────┘
```

图 4-4　钢筋笼吊装施工工艺流程图

钢筋笼安装质量标准见表 4-6。

钢筋笼安装质量标准　　　　　　　　　　表 4-6

项目	中心平面位置	顶端高程	底面高程	倾斜率
允许偏差	20mm	±20mm	±50mm	0.5%

4.3.4 混凝土浇筑

本项目采用人工挖孔的桩基较多，且多位于陡峭山坡处，混凝土浇筑较为困难。

本项目共设置 5 个混凝土搅拌站，1 号、3 号、4 号搅拌站设计拌和能力 180m³/h，2 号、5 号搅拌站设计拌和能力 120m³/h，混凝土供应能满足施工要求。浇筑前选择最近搅拌站进行拌和，混凝土运输通过施工便道进入施工现场，最远运输距离为 6km，运输时间控制在 1h 内，备放三车混凝土后，时间控制在 2h 内开始浇筑混凝土。

4.3.4.1 混凝土配制

混凝土浇筑分无水条件下及有水条件下浇筑两种形式，对于无水条件下浇筑的混凝土按照常规要求配制即可。在有水条件下采用导管法灌浆水下混凝土，其混凝土需满足以下配制要求：

（1）采用普通硅酸盐水泥或硅酸盐水泥，水泥的初凝时间不宜早于 2.5h，水泥的强度等级不宜低于 42.5 级。

（2）粗集料优先选用卵石，如采用碎石需适当增加混凝土配合比的含砂率。集料的最大粒径不应大于导管内径的 1/8～1/6 和钢筋最小净距的 1/4，同时不应大于 40mm。

（3）细集料宜采用级配良好的中砂。

（4）混凝土配合比的含砂率宜采用 0.4～0.5，水灰比宜采用 0.5～0.6。有试验依据时含砂率和水灰比可酌情增大或减小。

（5）混凝土拌合物应有良好的和易性，在运输和灌注过程中应无显著离析、泌水现象。灌注时应保持足够的流动性，其坍落度宜为 180～220mm。

（6）每立方米水下混凝土的水泥用量不宜小于 350kg，当掺有适宜数量的减水缓凝剂时，可不少于 300kg。

4.3.4.2 浇筑混凝土

混凝土浇筑采用串筒法，灌注混凝土时如孔内有少量积水，应及时抽干，用干水泥或小部分干拌混凝土铺底后浇筑混凝土。

串筒法浇筑施工方法为：先在孔口处用支架固定料斗，然后人工进入孔内，在料斗底口逐节挂好钢串筒，最后一节串筒底口离孔底不得大于 2m。混凝土罐车送料至孔口，徐徐往料斗内供料，浇筑时孔内外施工人员互相配合，控制混凝土面每上升 30cm 左右时，即停止供料，孔内人员用插入式振捣棒进行充分振捣，保证每层混凝土密实；然后，随着混凝土面的徐徐上升，逐节拆除串筒，浇筑混凝土面高程高出设计桩顶 15cm，保证破除浮浆后至设计桩顶高程时为密实混凝土。拆除料斗，完成混凝土灌注。浇筑过程中应尽可能地缩短浇筑时间提高浇筑速度，这样可以利用混凝土自身的重量压住水流的渗入，减小孔壁渗水的积累保证灌注混凝土质量。用串流筒浇筑时，混凝土坍落度控制在 120～140mm。

4.4 操作及检查要求

4.4.1 一般项目

（1）桩身直径不应小于设计值。

（2）挖孔达到设计高程后，应将孔底的松渣、杂物、沉淀的泥土等清除干净。

（3）钢筋笼的主筋搭接和焊接接头长度、错开距离，必须符合施工规范的规定，钢筋笼加劲筋和箍筋，焊点必须密实牢固，漏焊点数不得超出规范的规定要求。

（4）挖孔中心线与桩中心线应重合，轴线的偏差不得大于 20mm，同一水平面上的孔圈，正交直径的极差不得大于 50mm。

（5）护壁混凝土厚度及配筋，应符合要求，护壁直径（外、内）误差不大于 50mm。且护壁前后均要对桩孔进行检测，保证孔径、桩孔中心位置及桩孔垂直度等符合规定。

4.4.2 主控项目

（1）灌注桩所用的原材料和混凝土强度必须符合设计要求和施工规范的规定。

（2）灌注后的桩顶高程及浮浆的处理必须符合设计要求和施工规范的规定。

（3）成孔深度和终孔岩土，必须符合设计要求。

4.4.3 施工安全操作

（1）多孔同时开挖施工，应间隔开挖，相邻的桩不能同时挖孔、成孔。以保土壁稳定。

（2）桩孔挖土必须挖一节土做一节护壁，孔内开挖作业须待护壁稳定后再挖下一节。

（3）桩孔扩底要采取间隔削土方法，留一部分土做支撑，待浇灌混凝土前再挖。

（4）挖孔成孔后，一律要在当天验收并立即灌注混凝土，以防塌孔。

（5）正在施工的桩孔，每天班前应对井壁、护壁以及孔内的空气进行检查，发现异常待采取措施处理后方可施工。

（6）班前和施工过程中，要随时检查绞车各部件是否牢固、灵活，支腿是否牢实稳定，吊绳与挂钩连接是否保险可靠，提桶是否完好等。发现问题要立即修理或更换。

（7）作业人员上下孔井，必须坐在牢固的安全板上。用手摇绞车接送上下人员时，绞车必须由两人摇动。严禁作业人员用绳索攀上攀下。井下需要工具应用提升设备递送，禁止向孔内抛掷。

（8）提升容器装载不得过满，禁止工具与土、岩渣混装提升。提升工具时应将工具放入提升容器内，长柄工具应将重的一头放在底部，上端用绳捆在绞绳上。

（9）升降时必须将吊桶等容器用安全挂钩挂好，待发出信号联系妥当后再升降。操作手摇绞车时要平稳均匀，双手不得离把。

（10）由井孔内提升大石块时，孔内人员应先装载好石头，待人员上到地面上后再提升。

（11）孔内排水应使用潜水泵，不得用内燃机放在孔内作排水动力，排水应在孔内人员上到地面后进行。

（12）孔内作业人员连续工作时间不得超过 2h，应轮换作业。

（13）井下有人作业时，井上配合人员必须坚守岗位进行监护，不得擅离职守，要紧密配合。

（14）孔内停止作业时，必须盖好孔口或设置高于 80cm 的护身栏封闭围住，并设立醒目的警示牌。

（15）桩孔孔边 1m 范围内不得存放任何杂物，土方堆放应在距孔口边 1.5m 以外。

（16）孔口地面应设置好排水系统，以防孔内排水和下雨雨水向孔内回灌，如孔口附近出现泥泞现象必须及时清理。

5 施工保证措施

5.1 施工质量保证措施

5.1.1 材料保证措施

5.1.1.1 钢材

（1）钢筋的规格、型号和质量必须符合设计要求和施工规范要求。钢筋进场时应附有质量证明书（质保书）。

（2）钢筋进场后应有专人负责，按直径进行验收，查对质保书和标牌，并进行抽样试验。

5.1.1.2 混凝土

首先必须审核商品混凝土配合比，水下混凝土灌注时，虽然使用商品混凝土，但对商品混凝土的质量要求不能放松，不仅应对来料的坍落度、配合比进行检查，而且商品混凝土所用的原材料必须有复试报告及配料单。

5.1.2 挖孔灌注桩技术控制措施

5.1.2.1 测量放线

设立专门的测量放线小组，测量仪器及工具应事先检查、定期校正。测量的重点是保证挖孔定位及成孔垂直。

5.1.2.2 成孔

成孔的好坏是影响桩质量的关键，故工人挖土成形后，必须经质检员对桩径尺寸、垂直度进行验收，合格后才可安装护壁模板。

5.1.2.3 模板工程施工

模板安装是保证护壁质量桩芯尺寸好坏的重要环节，模板安装完毕后，必须经质检员对孔径尺寸、垂直度进行验收，合格后才可浇筑护壁混凝土。

5.1.2.4 钢筋工程施工

（1）钢筋质量按国家规定进行检验，进场钢筋必须具备出厂质量保证书，进场后及时进行钢筋复试，经检验合格后方可使用。

（2）钢筋笼的制作允许偏差。主筋间距±10mm；钢筋笼直径±10mm；箍筋间距±20mm；

钢筋笼长度±10mm。

（3）主筋接头错开间距≥1m，保证同一截面内的接头数目不多于主筋总根数的50%。

（4）钢筋笼经中间验收合格后方可安装，钢筋笼安放、定位应垂直、居中，进行隐蔽工程验收，并签字。

（5）钢筋笼安装就位后，还应检查钢筋笼是否在吊装过程中有变形现象，其高程是否正确。

（6）混凝土工程施工。

①严格执行材料进场验收制度，特别是水泥、砂、石要有计划地提前做好检验工作，杜绝不经检验合格而先使用的现象。

②护壁混凝土到现场后要有专职质检员进行检验。

③商品混凝土到现场后要有专职质检员进行检验。

④桩成孔后，及时验收，安装钢筋笼浇筑混凝土，防止孔底因水浸泡而影响桩的承载力。

⑤桩芯混凝土浇筑时，使用串筒，保持串筒底与浇筑面不超过2m，防止串筒底与浇筑面过高而造成混凝土离析。振捣时若浮浆过多，必须用水泵抽走浮浆。

（7）混凝土试块取样、制作、养护。桩身混凝土每根桩的试件取样组数应为3～4组，混凝土试块制作时，应由监理代表见证。

（8）成品桩保护。

①成品桩一周内严禁大型载重车辆在距成品桩5m范围内行驶，相邻桩施工时必须满足桩中心距离≥2.5d（d为桩基直径）或在成桩24h后。

②在土方开挖过程中，严禁挖掘机碰撞桩体，距桩周桩顶30～50cm范围内土体必须采用人工开挖。

③基坑开挖完成后，桩顶凿桩，不得采用冲击设备冲击桩身。

5.1.3 冬季施工质量保证措施

项目位于重庆酉阳，年平均气温17.5℃，冬季最低温度出现在1月，为3℃。区域内气候立体差异大，海拔每升高100m，平均气温便递减0.46～0.55℃。

混凝土工程按冬季施工控制，冬季灌注桩施工采取以下施工质量保证措施：

（1）冬季条件下灌注的混凝土，在遭受冻结之前，采用普通硅酸盐水泥配置的混凝土其临界抗冻强度不低于设计标号的30%。

（2）冬季施工的混凝土配制、拌和、运输：为减少、防止混凝土冻害，选用较小的水灰比和较低的坍落度，以减少拌和用水量，并可适当提高水泥标号。当混凝土掺用防冻剂（外加剂）时，其试配强度较设计强度提高一个等级。在钢筋混凝土中禁止掺用氯盐类防冻剂，以防止氯盐锈蚀钢筋。

（3）拌和设备进行防寒处理，设置在温度不低于10℃暖棚内。拌制混凝土前及停止拌制后用热水洗刷拌和机滚筒。拌制混凝土时，砂石骨料的温度保持在 0℃以上，拌和用水温度不低于 5℃。必要时，先将拌和用水加热。当加热水不能满足拌和温度时，可再将骨料均匀加热。

（4）水及骨料按热工计算和实际试拌，确定满足混凝土浇筑需要的加热温度。

（5）水的加热温度不宜高于80℃。当骨料不加热时，水可加热至80℃以上，此时要先投入骨料和已加热的水进行搅拌均匀，再加水泥，以免水泥与热水直接接触。

（6）当加热水不能满足要求时，可将骨料均匀加热，其加热温度不应高于60℃。

（7）水泥不得直接加热，可以在使用前转运入暖棚内预热。

（8）混凝土的运输过程快装快卸，不得中途转运或受阻，运送中覆盖保温防寒。当拌制的混凝土出现坍落度减小或发生速凝现象时，应进行重新调整拌和料的加热温度。

（9）混凝土拌制时间较常温施工延长50%左右，对于掺有外加剂的混凝土拌制时间应取常温拌制时间的 1.5 倍。混凝土卸出拌和机时的最高允许温度为 40℃，低温早强混凝土的拌和温度不高于30℃。

（10）骨料不得带有冰雪和冻块以及易冻裂的物质，严格控制混凝土的配合比和坍落度，由骨料带入的水分以及外加剂溶液中的水分均应从拌和水中扣除。

（11）拌制掺用外加剂的混凝土时，当外加剂为粉剂时，可按要求掺量直接撒在水泥上面和水泥同时投入。当外加剂为液体，使用前按要求配置成规定溶液，然后根据使用要求，用规定浓度溶液再配置成施工溶液。各溶液分别放置于有明显标志的容器内，不得混淆。

（12）混凝土运送采用混凝土搅拌车，在外部覆盖保温套。混凝土出机后应及时运到浇筑地点。在运输过程中，要防止混凝土热量散失、混凝土离析、坍落度变化，运输工具除保温防风外，还必须严密、不漏浆，并采用帆布包裹，减少热量的损失。

（13）合理安排混凝土浇筑时间。尽量安排在白天气温较高时开始浇筑。

（14）桩头露出水面（或地面）或虽未露出水面（或地面）但在冰冻范围之内时，应进行桩头混凝土的覆盖保温养护。

（15）钢筋焊接尽量在室内进行，当必须在室外进行时，最低温度不低于−20℃，并应采取防雪挡风措施，减少焊接构件温度差，焊接后的接头严禁立刻接触冰雪。

5.1.4　雨季施工质量保证措施

项目位于重庆酉阳，多年平均降雨量为 1104.2mm，雨季为每年的 5—9 月，占全年降雨量的 52.92%。在雨季施工前应做好以下质量保证措施：

（1）孔桩雨季施工时，每个挖孔桩，须搭设防雨棚，将雨水排向孔桩四周排水沟。

（2）雨季施工前，整理施工现场，恢复现场因施工破坏的排水设施，清理施工现场的排水沟，保证排水畅通。检查沿线排水设施，保证暴雨后能在较短的时间内排出积水。施工便道设置排水横坡，做到路面坚实平整，不沉陷、不积水、行车不打滑。

（3）检查钢筋制作场地，各排水设施应完好，以防止雨水倒灌或渗漏，造成钢筋锈蚀。

（4）检查现场各种机具、设备的防雨设施，保证机具入棚和防雨功能。漏电接地保护功能装置应灵敏有效，雨季施工前检查线路的绝缘情况，做好记录，雨季施工中定期检查。

（5）严格按防汛要求设置连续、畅通的排水设施和应急物资，如水泵及相关的器材、塑料布、油毡等材料。

（6）应加强对混凝土粗细骨料含水量的测定，及时调整用水量，混凝土施工时应在现场对坍落度进行严格控制，不合格者退回。

（7）桩基浇筑完成后，需及时用防水材料进行覆盖，并检查孔口周围排水是否通畅，避免因雨水灌入孔内，降低混凝土强度。

5.2 工期保证措施

按照计划要求，在 2021 年 10 月前本工程桩基施工全部完工，为确保工期按时完成，特制定以下工期保证措施。

5.2.1 从组织管理上保证工期

（1）安排具有丰富高速公路工程施工经验和管理经验的人员组成本项目部的领导班子，建立精干、务实、高效的管理队伍。

（2）建立以项目经理和总工程师为首的管理体系，决策重大施工问题，确定重大施工方案，全面负责施工进度管理协调工作。

（3）建立、健全岗位责任制，施工人员按岗定责。

（4）建立并完善竞争机制和激励机制，充分调动全体职工的积极性。

5.2.2 缩短施工准备期，尽早进入工程实体施工

（1）成立以项目经理为组长，副经理、总工程师、各部门负责人参加的协调小组，做好与业主和地方有关部门的联系和协调工作，迅速开展施工围蔽、供水供电等前期施工准备工作。调查清楚工程范围内受施工影响的地下管线、构筑物，地面、地下建筑物等的详细情况，为工程施工做好充分的准备，争取工程早日开工。

（2）迅速组织挖孔人员及施工设备进场，提前做好各项规章制度及标准化建设的宣贯工作，并对设备进行检修、保养，确保设备状况良好。

（3）结合现场条件，组织有关人员编写切实可行、科学合理的施工组织设计并报监理工程师批准，做好技术交底工作，为工程施工做好充分的技术储备。

5.2.3 充分利用并做好网络技术计划，充分重视技术超前工作

编排严密的网络计划，抓住工程关键线路，抓好各工序的施工保障工作，缩短工序转换和工序转换衔接时间，提高施工速度。对关键工期节点及关键工期实行动态管理，及时进行信息反馈，把实际进度与计划相比较，找差距，找原因，及时调整。同时，进度计划安排充分考虑现场的各种因素，进度安排留有余地。

5.2.4 确保物资供应，搞好机械保养维修

精心组织、周密安排，保证工程的物资供应及机械的完好率；常用易损的机械配件和常用物资有足够的库存量，保证物资的正常供应；做到合理配备机械，保证各道工序的平衡作业，提高工作效率，同时安排专业人员对机械维修保养，保证施工的正常进行。

同时建立材料、机械的储备机制，如果施工进度滞后，迅速调用储备资源，增大投入，扩大产能。

5.2.5 实行工期目标责任制

根据工程项目总体施工进度计划，编制年、季、月、周施工计划，将工期目标横向分解到部门，纵向分解到班组个人，工期目标与个人经济利益挂钩，实行奖惩制度，同时对全体施工人员进行计划交底，激发全体人员干劲，使全员自觉实施进度计划，做到以工序保日，以日保周，以周保月，以月保年，最终保证总工期的实现。

5.2.6 加强对外协调力度，促进施工进展

加强项目公司、监理、设计单位的联系，同时积极地与其他相关部门联系，及时解决施工中存在的问题及突发事件，施工过程中努力取得施工现场周围单位及市民的理解和支持，为施工创造一个良好宽松的施工环境，确保施工生产的顺利进行。

5.3 安全保证措施

5.3.1 施工前安全准备

（1）组织安全管理人员学习国家的法律、法规，学习公司的规章制度，提高安全责任意识，加大隐患排查力度。

（2）组织施工技术人员熟悉设计图纸和地质勘察报告，研究制定施工控制程序，明确控制的重点及责任人。

（3）对操作员工进行岗前培训，组织学习需要的操作规程；特种作业人员必须持证上

岗，并对特种作业人员进行专业培训。

（4）机具设备由专人检查，保证其完好率，并制定施工机具设备的保养制度。

（5）劳动保护用品在开工前按要求发放到员工手中。

5.3.2 坠物落入孔内的预防措施

有时挖孔工人为图方便，常常将挖出的土在孔边堆得很高，造成严重的安全隐患。因此，在对工人进行管理的同时，应安排专人把挖出的土石方及时运离孔口，且不得堆放在孔四周 1m 范围内。另外，井下作业必须戴安全帽，提土时，施工人员需密切观察提升情况，做好安全防范，防掉土或石块伤人；在井内必须设有可靠的上、下安全联系信号装置。

5.3.3 人落入孔内的预防措施

当桩开挖深度大于 5m 后，需设置井下防护罩，具体做法同井盖，成半圆形，设置于孔底作业人员之上 2m 左右，跟随开挖深度下降，用于孔底人员防护，起到安全防护的作用。另外，为了防止施工人员在上下时坠落，不得用人工拉绳子运送人员或踩凸缘上下桩孔，挖孔人员安全带背部挂环上需钩挂上高空防坠落器并使用安全爬梯上下，同时为防止井口作业人员坠入孔内，井口作业人员应挂安全带。

5.3.4 触电的预防措施

施工过程中使用潜水泵进行抽水，抽完水后才允许挖孔，严禁边抽边挖，并且采用 15mA 的漏电保护器。为便于孔内作业人员安全的施工，孔内照明必须采用 36V 低压防水照明灯具或者安全矿灯。

5.3.5 塌孔产生的原因、预防措施及处理方法

1）塌孔产生的原因

塌孔是人工挖孔桩施工中对工人的生命安全最大的威胁之一，其产生的原因有以下几种：

（1）地下水渗流比较严重；

（2）混凝土护壁养护期内，孔底积水，抽水后，孔壁周围土层内产生较大水压差，从而易于使孔壁土体失稳；

（3）土层变化部位挖孔深度大于土体稳定极限高度；

（4）孔底偏位或超挖；孔壁原状土体结构受到扰动、破坏；松软土层挖孔，未及时支护。

2）预防措施及处理方法

（1）有选择地先挖几个桩孔进行连续降水，使孔底不积水，周围桩土体黏聚力增强，并保持稳定；

（2）尽可能避免桩孔内产生较大水压差；

（3）挖孔深度控制不大于稳定极限高度；

（4）防止偏位或超挖；

（5）在松软土挖孔，及时进行支护；

（6）对塌方严重的孔壁，用砂、石子填塞，并在护壁的相应部位设泄水孔，用以排除孔洞内积水。

5.3.6 桩孔内有毒气体逸出致使人员窒息的预防措施

在挖孔过程中应采用有毒有害气体检测仪对有毒气体进行监测。当孔内空气污染物超过国家标准《环境空气质量标准》（GB 3095—2012）规定的三级标准浓度限值，且无通风措施时，不得人工挖孔施工。

人工挖孔桩深度超过 4m 时，在施工过程中，施工人员每隔 2h 出孔休息，并用鼓风机向孔内送风 15min；当二氧化碳含量超过 0.3% 或人工挖孔桩深度超过 10m 时，应配备专门向孔内送风的设备，送风量不宜少于 25L/s；孔底凿岩时应加大送风量。

5.3.7 人工挖孔作业安全技术措施

（1）垂直运输用的起重机只能用于运输料具，禁止运送人员。起重机应安全可靠并配有自动卡紧装置，每次班前应检查自动卡紧装置的完好性，确认完好安全后才能作业。运送料具上下时必须绑好扣牢并要保持上下通信畅通。

（2）每天施工前，应安排下井人员对已做护壁进行检查，发现护壁有蜂窝、漏水现象时，应及时补强以防造成事故。在无异常情况下，才能进行作业。

（3）孔口四周必须设置护栏或孔口封闭盖板，场地四周设置隔离带，并有专人管理，除了操作工人和管理人员、检查人员外，其余无关人员禁止入内。

（4）挖孔作业的工人必须接受身体健康检查，建立健康档案，严禁未成年人和患有呼吸道疾病、心脑血管病、肝病、风湿病、癫痫病、精神分裂症及经医疗鉴定不适于挖孔作业的人员挖孔。

（5）班前必须对施工人员进行安全技术交底，并做好记录，未经安全员同意，任何人不得入孔作业。

（6）在桩分布较密的部位，当相邻桩间净距 < 2.5m 时，应采取间隔挖孔方法，以减少地下水的渗透和防止土体滑移。

（7）根据地质条件考虑安全作业区，一般在相邻 10m 范围内有桩孔正在浇灌混凝土或有桩孔蓄了深水时，不得下井作业。

（8）现场必须配备防毒防尘器具、有害气体检测设备、鼓风机、低压电设备、漏电保护器、潜水泵、安全带、安全帽、绝缘胶鞋、工作手套等安全防护设施和施工用具。

（9）井下作业人员连续工作时间不宜超过 4h，应及时轮换。

（10）施工现场的一切电源、电路的安装和拆除必须由持证电工操作。

（11）挖井人员上下孔井必须使用安全软爬梯；井下需要工具应用起重机吊桶上下递送，禁止向井下抛掷。

（12）用电设备必须严格接地或接零保护且安装漏电保护器，各桩孔用电必须分闸，严禁一闸多用。

（13）孔上电缆必须架空 2.00m 以上，严禁拖地和埋在土中。孔内电缆、电线必须套用有防磨损、防潮、防断等保护措施的护套。

（14）孔内作业时，孔口上面必须要有 1 人以上监护，不得擅自离岗。

（15）孔口应设警示标志，夜间要有红灯指示。

（16）现场配备安全巡视人员，严禁非施工人员进入现场，机动车辆的通行不得对井壁安全造成影响。

（17）挖孔作业人员休息和暂停施工时，孔口必须用木板盖好，确保稳固安全。

5.3.8 施工用电安全技术措施

（1）开工前必须做好临时用电施工组织设计。

（2）配电房按部颁标准设置，电箱一律使用标准电箱，各种开关、漏电保护器等设备均选用国家质检部门认可的合格产品。

（3）现场用电线路均按三相五线制的要求布设，实行"三级"配电"二级"保护，并做到"一箱、一机、一闸、一漏"。

（4）三相五线制配电的电缆线路必须采用五芯电缆，五芯电缆必须包含淡蓝、绿/黄两种颜色绝缘芯线，淡蓝芯线必须用作 N 线，绿/黄双色线必须用作 PE 线，严禁混用。

（5）电缆线路应采用架空敷设，严禁沿地面明设，并应避免机械损伤和介质腐蚀。

（6）孔上电缆必须架空 2.0m 以上，严禁拖地和埋在土中，孔内电缆、电线必须有防磨损、防潮、防断等保护措施。在井下照明应采用安全矿灯或 36V 以下的安全灯。

（7）配电箱、开关箱应有名称、用途、分路标记及责任人标注，电箱内各电器必须可靠、完好并标上用途标志，严禁使用破损、不合格的电器。箱门背后应粘贴电器接线图。

（8）对配电箱、开关箱进行定期维修、检查时，必须将其前一级相应的电源隔离开关分闸断电，并悬挂"禁止合闸、有人工作"停电标识牌，严禁带电作业。

（9）开关箱按规定配备，箱内必须安装漏电保护器。

（10）井下抽水时挖桩人员不能下井，抽干水断电后才能下井作业。禁止一边抽水，一边在水中操作。

（11）电工必须经过按国家现行标准考核合格后，持证上岗工作，现场所有施工用电和生活用电均由现场专职电工管理，任何人不得乱拉乱接。

（12）施工现场如果发现停电，立即通知井下工作人员爬上地面，待有电后对井下送风正常后，方可下井工作。施工中应不断向孔内输送足够的新鲜空气，必要时抽、送同时进行。

5.3.9　施工爆破安全技术措施、注意事项及器材选用

5.3.9.1　爆破安全技术措施

（1）爆破作业始终贯彻"安全第一、预防为主、综合治理"的方针，严格遵守爆破安全规程中各项规定。

（2）加强爆破作业人员的技术培训和安全教育，爆破员持证上岗。

（3）民爆物品的运输必须专车运输，车上不许装载其他物品，应由专职人员押送，在运行中必须按照公安机关提供的路线行驶。

（4）民爆物品领取于炸药库，按指定路线运至施工现场，在运输与存放过程中炸药与雷管必须分开，不许混合运输或存放。

（5）严格按照设计孔位钻孔，孔深、方向必须符合设计要求，不合格的炮孔要重新打孔。钻孔时，钻工不得脱离凿岩机，防止断钎伤人，风管不能缠绕和打结，不得用折弯风管的方法制止通气。开钻固定孔位以后，掌钎人员应立即退出，钻机操作者方可由慢至快全速钻进，打完炮孔后应进行深度检查，装药前应用有压气吹洗炮孔。

（6）在施工中如有剩余炸药、雷管，必须及时退回，实行退库制度。

（7）必须严格遵守物品的发放制度，由技术部门提出每个孔的装药数量，按物资消耗定额发放，建立健全民爆物品发放台账和民爆物品的严格检查制度。

（8）民爆物品储存地必须配备足够的泡沫灭火器及防火砂。

（9）操作人员必须按钻爆设计所规定的装药量进行装药起爆，严禁超量装药。

（10）爆破时，必须做好警戒防护工作，按照规范要求，在深孔中爆破的最小安全距离为20m。

（11）孔桩爆破时在爆破孔桩口用炮被覆盖，并加压沙袋，以防止爆破飞石飞出地面。确保爆破过程中的安全。

（12）严格控制炮孔装药量，确保填塞长度和填塞质量，装药前必须进行验孔。

（13）爆区附近设施工牌，作业人员佩戴统一编号的作业卡，爆区插红旗标识且设置装药安全警戒范围，无关人员不得进入。

（14）爆破作业人员持证上岗，起爆药包由指定爆破员加工，分开存放。

（15）爆破网路各连接部分要连接牢固，全部电线接头要用绝缘胶布包缠。

（16）爆破时间：爆破时间定在 08:00—11:30 和 14:00—18:30。

（17）爆破现场设置警戒线，禁止无关人员进入装药现场。

（18）爆破员必须按照《爆破安全规程》（GB 6722—2014）操作，按操作程序加工起爆药包，轻拿轻放爆破器材。装炮使用木质或竹质长棍，起爆药包装进炮孔后不要用炮棍捣动孔内药包。

（19）爆破作业现场的杂散电流值、射频电等符合规定，操作人员不能穿化纤衣服，手机、对讲机远离装炮现场。

（20）雷雨天气不得进行爆破作业，装药过程中遇雷雨突然来临，要迅速撤离所有人员到安全地点，并设警戒。

（21）认真组织清场警戒工作，警戒人员布岗合理，并坚守岗位。警戒时依次发出预告信号、起爆信号和解除警戒信号，以口哨、红旗和对讲机进行联络，严防无关人员和车辆进入爆破危险区。

（22）爆破后，必须按规定的时间等待后，方可进入爆破地点检查有无盲炮和其他不安全因素。

（23）爆破员检查如果发现危石、盲炮等现象，应及时处理，未处理前应在现场设立危险警戒标识。

（24）各类盲炮的处理应按有关规定执行。

（25）每次爆破后，爆破员应认真填写爆破记录。

（26）爆破结束后，爆破员应将剩余爆破器材仔细清点，如数及时交退给市公安局指定的爆破器材仓库。

5.3.9.2 爆破安全注意事项

（1）孔桩入岩爆破对本桩及邻近孔桩的临时支护和已浇筑的桩芯混凝土都可能产生影响，因此孔桩护壁采用早期强度高、成型好混凝土护壁，护壁混凝土浇筑强度达到 2.5MPa 后，方可进行爆破施工而不至震坏护壁支护，同时不在已浇筑桩芯混凝土且未达到龄期的孔桩 20m 范围内进行孔桩爆破作业，以免震裂没有达到设计强度的桩芯混凝土。

（2）放炮后，施工人员下井前，应事先通风排烟并测定孔底有无毒气，如有毒气，应迅速排除，无毒气方可下井施工。

（3）孔内装药量不得超过炮眼深度的 1/3。

（4）打眼放炮必须采用电雷管引爆，严禁裸露药包。炮眼数量、位置和斜插方向应按岩层断面方向来定，中间一组集中掏槽，四周斜插边挖。

5.3.9.3 爆破器材选用

（1）炸药

人工挖孔桩入岩段爆破施工总是存在岩层裂隙水及成孔护壁时下滴的渗水，因此应选用防水性好的炸药，另外为了保证成孔护壁在爆破施工中的稳定性，选用2号岩石乳化炸药，其抗水性好、药卷易于分割、威力适中。

（2）雷管

孔桩掘进爆破选用电雷管网路，禁止使用导火索、火雷管起爆网络。电雷管起爆网路的接头一定要有良好的绝缘性，接点离开泥水面。同时，为取得较好的爆破效果，保护护壁的稳定性，选用微差爆破使用的秒延期雷管，周边眼滞后掏槽眼起爆0.1s以上。

（3）起爆器

孔桩爆破每次起爆的雷管都在20发左右，起爆器要求体积较小，便于携带，结构组成简单。选用MFJ-100国产电容式起爆器，串联起爆能力可达100发，充电时间7～10s，供电时间3～6ms，电源1号电池4节。

5.3.10 防火安全保证措施

建立项目分部、架子队、施工班组三级防火责任制，明确各级防火职责。

重点部位如仓库、木工间配置相应消防器材，一般部位如宿舍、食堂等处设常规消防器材。

施工现场用电，严格执行有关规定，防止发生电器火灾。

焊、割作业点与氧气瓶、乙炔气瓶等危险物品的距离不得少于10m，与易燃易爆物品的距离不得少于30m。

做好防火工作，搭设的工棚与料库之间的距离，符合有关规定要求。在工棚及仓库附近要设消防器材，并定期检查。

加强对易燃、易爆及危险品的管理。工程大量使用柴油、重油、沥青等易燃品，因此其采购、运输、储存及使用各环节均严格按照有关安全操作规程执行，储料现场配备充足的消防灭火器材。

5.3.11 职业健康保证措施

（1）环境因素及职业健康管理措施

开工前，依据现行建筑工程施工现场文明施工管理规定进行施工前的准备，并经业主及监理部门验收，验收合格后办理相关证件。

施工现场危险源的识别与消除：严格按照公司危险源识别及评价程序执行，对施工现场危险源进行识别和评价。

抓好职工队伍的安全生产、文明施工宣传教育工作，树立主人翁精神和集体荣誉感，加强职工道德教育，一切行动听从指挥。

办公室、材料堆场、配电房等临时设施必须挂牌。根据现场平面布置图合理安排施工现场，现场组织杂工班专门负责现场环境卫生，保持环境清洁卫生。

现场进行场地硬化，防止泥浆满溢，确保场地整洁干净，修筑临时施工道路，保证车辆正常运行，铺设现场供水管线，防止清水四溢，造成浪费和影响场地硬化。

合理铺设电缆，防止车辆碾压造成漏电。

现场应保证运输道路畅通，排水系统处于良好状态，保持工地的整洁，随时清理场地的泥浆、污泥及生活垃圾。

工地使用的材料应根据平面布置图分别类堆放，整齐划一，不得乱堆乱放，设备材料堆放不得占用道路，保证车辆正常运行。

施工现场严禁打架斗殴，施工人员上班之前严禁饮酒。

制定现场文明施工奖罚制度，保证文明施工措施落实到位。

每月进行一次文明施工教育，使每位施工人员都建立一种环保意识，更加有效地促进文明施工。

（2）消除施工污染及保证职业健康措施

为了保证和改善生活环境与生态环境，防止由于建筑施工造成的作业污染和扰民，保障建筑工地附近工厂职工及施工人员的身体健康，必须做好建筑施工现场的环境保护工作，具体措施如下：

①工地上所产生的施工垃圾，严禁随意抛撒，应及时清运，在雨天则要及时排水，使工地每时每刻都有一个良好的作业环境。

②施工人员进入现场必须穿戴整洁的工作服和劳保用品，佩戴施工现场专用出入证。施工时严禁出现赤膊和打赤脚工作的现象。保持良好的工作作风，树立良好的企业形象。

5.3.12 监测监控

5.3.12.1 监测原则

（1）监测工作系统化

对施工过程中的各项目监测内容进行全程、系统监测。

（2）监测工作长远化

监测设施的布置应考虑长久、稳定、可靠、不易被破坏；所有的基准点均应选埋在影响范围外稳定的基岩上。

（3）监测工作科学化

方法和仪器的选择应考虑技术先进、费用节省，要有足够的精度和灵敏度，以便能准确反映变形动态。

（4）连续观测与重点观测相结合

该工程的各监测项目应连续进行，同时应将部分项目如位移、沉降监测重点放在雨季，尤其是持续降雨或大暴雨天气应加密观测；施工完工后的前期应加密观测。

5.3.12.2 监测目的及监测内容

（1）监测目的

根据现场监测所得数据与设计值（或预警值）进行比较，如果超过某个限值则立即采取措施，防止护壁、周边发生较大变形与明显损伤、孔中有害气体损伤人体。

（2）监测内容

根据孔桩开挖的深度、支护结构的特点、所处的周边环境条件及设计要求，孔桩开挖监测项目为水平位移监测、沉降监测、地下水动态监测、护壁及支撑监测、有毒有害气体检测。

5.3.12.3 监测方法

（1）监测方法

各观测点的水平位移采用测线支距法及坐标法；沉降监测采用测距三角高程测量；护壁及支撑监测采用钢尺或观察；地下水动态监测采用钢尺测量；地表监测采用钢尺量测的方法进行作业；有毒有害气体监测采用有毒有害气体检测仪检测。

（2）监测周期

护壁及支撑监测、地下水动态监测、地表裂缝监测、有毒有害气体检测每天监测一次，水平位移监测、沉降监测每周观测一次。但无论是施工期或竣工后期，遇特殊情况应增加观测次数，如大雨后、绵雨期、自然条件急剧变化情况下或平常发现山体有异常变化亦应增加观测次数。

（3）监测的等级

按《公路工程基桩检测技术规程》（JTG/T 3512—2020）（以下简称《规程》）变形测量等级划分的三级精度执行（沉降观测时观测点测站高差中误差 ≤ 1.5mm，平面位移观测时观测点坐标中误差 ≤ 10mm）。用于监测变形观测点所需的基准点按二级精度执行（沉降观测时观测点测站高差中误差 ≤ 0.5mm，平面位移观测时观测点坐标中误差 ≤ 3mm）。

5.3.12.4 监测工作实施方案

1）监测系统基准网及监测网的建立及实施

（1）监测系统基准网及监测网的建立选点

点位选在稳固、能较长期保存不受干扰不易被自然条件所损坏之处。

选在图上设计的点位附近（在满足上述条件情况，最好选在设计位置）。在选点时应考虑二级导线的组成，由于基准点、工作基点有的边长差距过大，因此在实施选点时应选一些临时性导线点来组成，点号可参照基准点编排。

标石埋设：各平面、高程基准点、工作基点、变形观测点的埋设方法及标石、标识规格须按要求作业，埋设要稳固。

（2）监测基准网施测

导线观测计算：观测使用II级全站仪（测角精度 2″，测距精度 2mm+2ppm·D，D为路线距离），测前对仪器必须经专业场地检验，有关数据资料齐全，符合要求方可提交使用。观测需待所有埋设的水泥桩稳固后才能进行作业。否则将直接影响以后的变形点观测质量。

水平角观测：观测方向三个以内不归零。（方向观测法四测回）方向少于三个时应按左、右角各观测两测回。左、右角闭合差不应大于 4″，导线方位角闭合差不大于 $4\sqrt{n}$（n为测站数）。距离测量：每一测站应测量一次气象元素，气温读取 0.2℃，气压读 0.5mm/Hg，将改正值置入仪器自动更正。

距离施测四测回（一测回是指照准目标读取四次的过程）。垂直角施测四测回。距离、垂直角均应往返施测。

计算：经检验各项观测值限差均符合要求后（测距应经加、乘常数改正后，用经两差改正后的垂直角进行倾斜改正后的距离参与计算），进行严密的平差计算。

2）高程测量高程以几何水准测量法进行

使用 N3 等同精度水准仪配铝合金水准标尺，按《规程》中二级精度施测。观测资料经检查，各项限差符合要求后进行严密平差计算。（计算前应对高差作尺长改正和正高改正）平面及高程成果资料需要经专职人员检查验收后，方可提交使用。

3）变形观测点施测

（1）观测点平面位移量监测

使用经鉴定后的全站仪（精度与导线仪器同），以测线支距法和坐标法进行作业。

在基准点上或工作基点上设置仪器对各变形观测点进行观测。距离、垂直角均单程施测四测回。

测距要求：一测回读数误差 ≤3mm、单程测回误差 ≤4mm，垂直角互差及指标差之差不大于15″。测距应经加、乘常数改正后，用经两差改正后的垂直角进行倾斜改正后的距离参与计算。

（2）观测点沉降位移测量

以水准基准点与观测点组成附合或闭合三级水准路线进行观测（各项限差要求按《规

程》中的三级标准）。

作业过程中应定时对高程基准点的稳定性进行检测。检测限差 $\leqslant 4.5\sqrt{n}$（n为测站数）。观测成果经检查各项限差符合要求后（高差应加入尺长、正高改正后）进行计算。

以上基准点、观测点及各项计算数据取值 0.1m，最后成果取 1mm。

4）地下水动态监测

人工挖孔桩在地下水位之上，雨水、地下水的汇集可能引起涌水，地下水动态监测主要是监测地下水渗水量的多少。

5）地表变形拉裂缝观测点的建立及实施

在地表变形拉裂缝稳固处设置对应的且便于量测的标桩。

地表变形拉裂缝的量测：采用经检验后的钢尺量测，精度 0.2mm。每次量测时宽度要求记录，绘出裂缝的位置、形态和尺寸并注明日期。

6）邻近建筑物沉降变形监测

在平常工作施工前，沿邻近建筑物每隔 15m 设置一个沉降观测点，各监测点用红漆涂抹，提醒现场各方注意保护。

7）桩顶、边坡沉降监测

在桩板墙的桩顶或墙顶中心设位移、沉降监测点，周边设置的道路、构建筑物的监测点与之相对应。

采用电子全站仪三角高程观测沉降，采用测斜仪观测桩顶及边坡位移。

在建网完成后，连续观测两次。观测周期与降雨期相关，旱季间隔长，雨季间隔短。

8）有毒有害气体监测

当挖孔深度超过 5.0m 时，必须进行有毒有害气体检测，每次作业前和作业过程中每 2h 进行检测，以防施工作业人员中毒。

孔底气体检测的指标有 SO_2、NO_2、CO、O_3、颗粒物（粒径小于或等于 10μm）、颗粒物（粒径小于或等于 2.5μm）、总悬浮颗粒物（TSP）、NO_x、PB、BaP。环境空气污染物基本项目浓度限值见表 5-1，环境空气污染物其他项目浓度限值见表 5-2。

环境空气污染物基本项目浓度限值　　　　　表 5-1

序号	污染物项目	平均时间	浓度限制		单位
			一级	二级	
1	二氧化硫（SO_2）	平均年	20	60	μg/m³
		24h 平均	50	150	
2	二氧化氮（NO_2）	平均年	40	40	
		24h 平均	80	80	

序号	污染物项目	平均时间	浓度限制		单位
			一级	二级	
3	一氧化碳（CO）	平均年	4	4	$\mu g/m^3$
		24h 平均	10	10	
4	臭氧（O_3）	日最大八小时平均	100	160	mg/m^3
		1h 平均	160	200	
5	颗粒物（粒径小于或等于10μm）	平均年	40	70	$\mu g/m^3$
		24h 平均	50	150	
6	颗粒物（粒径小于或等于2.5μm）	平均年	15	35	
		24h 平均	35	75	

环境空气污染物其他项目浓度限值　　　　　表 5-2

序号	污染物项目	平均时间	浓度限制		单位
			一级	二级	
1	总悬浮颗粒物（TSP）	平均年	80	200	$\mu g/m^3$
		24h 平均	120	300	
2	氮氧化物（NO_x）	平均年	50	50	
		24h 平均	100	100	
		1h 平均	250	250	
3	铅（Pb）	平均年	0.5	0.5	
		季平均	1	1	
4	苯并[a]	平均年	0.001	0.001	
		24h 平均	0.0025	0.0025	
5	芘（Bap）	平均年	0.001	0.001	
		24h 平均	0.0025	0.0025	

9）护壁及支撑监测

每次作业前均应观察护壁有无变形开裂，浇筑护壁混凝土时应观测护壁的支撑有无变形。

10）沉降观测

桩基施工将对基坑和四周建筑物造成影响，为随时掌握情况，需要在基坑四周设置观测点，开挖前埋点，埋点后五天进行第一次观测，10d 后进行第二次观测，两次观测结果不应有较明显差别，取两次观测的平均值为第一次的观测值，以后每天进行一次观测，直至桩基施工完成。

沉降观测应严格而细致，才能提供准确资料，解决施工中出现的问题。同时为设计和后续的使用、处理提供准确可信的依据。

5.3.12.5 监测数据的整理及分析

（1）监测数据的整理

每次监测结束后，应及时对观测点进行计算。

在对观测数据整理时，以各观测点的零周期观测值为初始值，以后的每次观测值为初始值及上次观测值之差，求得观测点从开始监测至此次监测期间内总的变形量和观测点每次的变形量。

（2）监测数据的分析及上报

根据整理后的观测数据，以观测点相邻两次观测值之差与最大误差（取中误差的两倍）进行比较，如观测值之差小于最大误差则可认为观测点在这一周期内没有变动或变动不显著。但要注意，即使每相邻周期观测值之差很小，当利用回归方程发现有异常观测值和呈现一定趋势时，也应视观测点有变形。

在整个监测过程中，要定期向工区技术负责人及项目经理部提交工作报告，报告中要以文字和数据通报监测情况，也可建议下期的工作安排。

（3）险情预警标准

在每次监测结束对观测点进行数据整理计算，当监测期间内总的变形量和阶段突变量发展到一定数值时，应及时向建设、监理单位进行通报。其累计总变形量和阶段突变量的标准可初定如下：在监测过程中，当发现边坡上所观测的监测点均发生位移，同时有 1/3 的监测点位移总量超过 45～50mm 时，提出监测预警预报；而当在一段时间中（可定于 5d 范围内），边坡的变形突然加剧，边坡上所观测的监测点均发生位移，同时有 1/3 的监测点位移总量超过 20mm 时，必须立即提出紧急预警预报；当护壁出现开裂、支撑系统出现变形时，必须立即提出紧急预警预报；有毒有害气体监测中发现超标，应立即提出紧急预警预报；地下水监测中发现涌水量突然增大，应立即提出紧急预警预报。

（4）提交成果资料

监测工作结束后，提交下列成果资料：控制点与观测点平面布置图标志、标志规格及埋设图仪器检查资料观测记录手簿；平差计算、成果质量评定资料及测量成果表变形过程变形分布图表，变形分析成果资料观测成果分析说明资料；技术报告，含各种应有的精度统计。

（5）监测工程施工注意事项

监测点的位置应准确、埋置深度应符合设计要求。监测仪器的类型及数量应满足监测设计的目的。

监测所设监测点的数量、位置、仪器均严格按照设计要求布设，并且其导线均应埋置一定深度；建立数据自动采集系统及机构，对其系统应进行专门的管理与维护。

监控监测工作在下雨天应进行重点关注，监测频率加密，每天至少监测两次，在上下午上班之前进行观测，发现异常情况立即停止施工，并采取相应措施消除安全隐患。

6 施工管理及作业人员配备和分工

6.1 施工管理人员

6.1.1 项目经理

项目经理是本合同段工程安全保证的第一责任人，负责建立健全安全生产保证体系，建立和实施安全生产责任制，确保交通运输、施工作业等各项安全活动的正常开展。

项目经理是本合同段工程质量保证的第一责任人，负责组织开展质量体系活动，确立本项目质量目标，组织编制实施性施工组织设计。贯彻执行国家方针、政策、法规，坚持全面质量管理，推进各项质量活动正常开展，确保产品质量稳定提高，满足业主要求，争创名牌工程。组织向业主提供质量依据，处理监理工程师、业主提出的有关质量方面的要求。负责对工程项目进行资源配置，保证质量体系在本合同段工程项目上有效运行，并满足人、财、物资源的需求。

负责施工现场全面的文明施工管理，组建施工现场的文明施工领导小组，并结合本工程特点，制定文明施工管理细则。

直接负责工程的组织指挥，传达业主、监理的指令并组织实施，对现场经理部人员任免、聘用、奖罚有批准权。

负责按批准的施工计划，全面组织实施，并根据工程进展，适时调整资源配置，确保阶段、整体工期目标的实现。

6.1.2 项目总工程师

对本合同段工程质量、施工技术、计量测试负直接技术责任，指导施工队工程技术人员开展有效的技术管理工作；提出贯彻改进工程质量的技术目标和措施。负责新技术、新工艺、新设备、新材料及先进科技成果的推广和应用。具体负责组织对本合同段工程项目施工方案、施工组织设计及质量计划进行编制及经批准后的实施。对施工中可能存在的质量通病及其纠正、预防措施进行审核。解决工程质量中的关键技术和重大技术难题。指导本合同段工程项目的验工计价。

6.1.3 项目副经理

项目副经理配合项目经理管理施工生产，在工程施工管理过程中配合项目经理贯彻实施本工程的管理方针和目标。抓好施工现场管理、质量管理、进度管理，把安全质量生产责任制落实下去。抓好施工生产计划的落实，处理施工中出现的具体问题。

6.1.4 项目安全总监

协助项目经理建立健全项目安全管理体系，组织制定项目安全管理规章制度，组织安全生产总体策划和部署，监督检查项目安全生产工作，是项目安全监督负责人。负责综合协调和监督各部门落实安全生产责任，推进全员安全生产责任体系有效运行；组织开展风险分级管控和隐患排查治理双重预防工作；负责对危大工程专项施工方案、安全技术交底的管理程序和执行情况进行监督；组织开展员工各类安全教育培训；组织开展安全检查，对大型施工设施、装备、设备、方案执行、安全防护措施、劳保用品等进行安全验收；监督安全生产费用的投入和使用；组织开展安全标准化、信息化等工作；协助召开安全生产例会，分析安全现状，提出改进建议；编制应急预案，并组织应急培训、演练。

6.1.5 技术质量管理人员

负责本合同段工程项目的施工过程控制；制定施工技术管理办法及工程项目的施工组织设计及调度工作；对测量、试验等专项技术工作负领导责任并直接指导。负责技术交底、过程监控，解决施工技术疑难问题；组织编制竣工资料和进行技术总结，组织实施竣工工程保修和后期服务；组织推广应用新技术、新工艺、新设备、新材料，努力开发新成果。负责工程图纸的接收、清点、登记、发放、归档、管理工作，负责资料的填写、会签、整理、报送、归档，对各类技术资料、往来信息实现档案化管理。

6.2 安全管理人员

6.2.1 安全管理规定

（1）建立以项目经理、技术负责人、生产经理为领导的安全生产机构。

（2）制定各级人员的安全生产责任制，签订安全承包合同，并认真实施。

（3）对新进场工人实行严格的安全教育考核制度，经考核合格后录用上岗。

（4）所有工人必须接受三级安全教育后方可进场施工。

（5）所有特殊工种人员一律持证上岗，并严格管理。

（6）坚持每月二次的安全专题检查和日常不定期检查。

（7）各分部分项安全技术交底，由各施工员针对工程的实际情况进行有针对性地交底，由技术负责人审核签字后交班组长签字。召开全体操作工人安全交底会议，经过安全交底的工人必须在安全交底会签表上签字。

（8）对施工班组必须严格管理，引导班组开展班前安全教育活动并做好记录。

（9）施工现场按安全施工组织设计要求布置足够的安全标语牌及宣传标语。

（10）对周围临近建筑和设施等，应落实好安全防护措施。

6.2.2 安全生产组织机构及职责

为确保桩基工程施工安全达标、创优，保证工程顺利进行，建立以项目经理为安全生产第一责任人安全生产责任制，由项目经理、项目技术负责人、项目生产经理、工长、专职安全员、班组长组成项目部安全生产小组。负责工程安全生产现场管理，包括安全生产培训和教育，安全生产检查，班前安全活动，安全生产的奖罚，安全技术交底，安全防护设施的搭设验收，施工机具的保养及维修，对存在的安全隐患发现、整改，事故报告调查和统计工作以及施工过程中安全生产执行落实的情况监督工作。项目经理部各负责人及职能部门安全责任见表6-1。

项目经理部各负责人及职能部门安全责任　　　　　　　　表 6-1

成员	安全责任
项目经理	对工程项目的安全工作负全面责任。是工程安全生产的第一责任者和管理者。贯彻实施国家安全生产、劳动保护法规、政策，执行上级各项安全规定、规程、标准以及企业各项规章制度和决议。依据工程特点，合理编制施工方案，科学组织施工生产；正确处理安全与进度、安全投入与经济效益的关系，摆正安全生产在施工全过程的位置，组织做好预测、预防、预控工作。 坚决克服违章指挥、急功近利、冒险蛮干的行为。在计划、布置、检查、总结、评比施工的同时计划、布置、检查、总结、评比安全工作。 协助调查、分析、处理各类事故。对因违章指挥、强令冒险作业、决策失误或不重视安全工作导致的亡人事故，承担主要领导责任
项目副经理	正确贯彻国家及地方各项政策和法令，执行业主和上级制定的有关工程施工安全规范和规定。 协助项目经理全面管理本项目的安全工作，参加重大安全事故调查。 协助项目经理分管各段安全、文明施工、标准化建设、生产进度、资源配置和队伍管理；同时作为分管段的第一负责人对管段进行全面管理
安全负责人	贯彻国家、行业、地方和企业有关安全、环境保护等法规、规范和要求，负责本工程安全生产、环保水保和文明施工工作。 组织制定管理制度，建立组织，实施例会制度，完善基础资料。 参与重难点工程的施工方案编制，并督促落实。 负责组织开展生产安全、环保水保、文明施工教育培训工作。 负责施工现场安全防范措施、安全操作规程、持证上岗作业、文明施工、环境保护等工作的检查落实，检查无边界。 负责对施工安全隐患、不安全因素、不环保行为和不文明施工等进行处置，有权要求限期整改、有权开具罚单、有权对严重危及人身和设备物资安全的施工行为进行停工制止，有责提出整改措施。 负责组织制定事故应急预案，完善抢险组织、物资设备保证、医疗救急、日常演练等控制和处置体系。 负责组织专项措施费的可控开支和有效使用

续上表

成员	安全责任
项目总工程师	协助项目经理落实安全生产法规，严格施工规范、验收标准和安全技术规则。 审定本工程项目的施工组织设计和安全技术措施标准，参加安全检查。 对事故隐患的整治提出技术措施、方案，对违反规程、标准的单位和个人，进行制止。 对存在危及劳动者生命安全和身体健康不安全因素或隐患，有权下令停工。 单位工程开工前，进行安全技术交底、安全技术培训，及时解决施工中的安全技术问题。 参加伤亡事故的调查和处理，对事故原因进行技术分析，提出技术鉴定意见及防范措施。 对因施工方案有技术方面的缺陷而导致的伤亡事故，承担领导责任
安全环保部和安全监察工程师	贯彻执行国家、地方及行业部门的安全生产、劳动保护法规政策。负责管理本项目工程的劳动安全、人身安全，监督机械设备安全、交通运输安全、消防安全、危爆物品使用安全以及尘毒防治工作，并按照相关文件依法监督检查。 负责工程项目安全规章制度、标准、规定、措施的制定和实施，并对执行情况监督检查。按规定编制安全技术措施经费计划，监督检查安全技术措施项目的实施。 定期组织安全检查，掌握施工现场的安全状况，了解作业环境的尘毒控制动态。签发《劳动安全监察通知书》和《安全隐患整改通知书》。 会同有关部门对员工进行安全教育和技术培训；对防护用品的质量和使用情况进行监督检查；监督特殊工种作业人员的考核及持证上岗。 负责伤亡事故的调查、处理、统计、报告、定性和定责工作，对事故责任者提出处理意见并监督实施
其他职能部门	确保所管辖的业务范围内安全工作，确保整体安全工作

7 验收要求

当开挖至设计高程后，进行终孔检查。质检人员先进行自检，必须做到平整、无松渣、淤泥及沉淀等软层，嵌岩深度应符合设计要求，孔桩开挖岩层与设计岩层相同，确实达到设计规定高程、桩径、垂直度，再及时通知监理，进行终孔检查。如果入岩深度与设计深度不符时，需要请设计进行确认是否需要进行桩长的调整。

挖孔桩终孔检查内容包括桩孔中心线位移偏差、桩径偏差、终孔深度、孔底沉渣以及桩底持力层等情况，各项偏差应在设计及规范允许范围内。成孔质量标准及检查表见表7-1。

成孔质量标准及检查表   表 7-1

项目		允许偏差	检查方法
孔径		不小于设计	钢尺逐段检查
孔深		不小于设计	钢尺量，设计鉴定
钢筋骨架底面高程（mm）		±50	水准仪测骨架顶面高程后反算：每桩检查
混凝土强度		在合格标准内	按规范规定的方法检查
桩位（mm）	排架桩允许	50	全站仪或经纬仪：每桩检查
	排架桩极值	100	

8 应急处置措施

8.1 应急领导小组组成与职责

项目经理部设立应急救援领导小组，项目经理为组长，项目书记为副组长，各部室负责人为组员。

应急救援领导小组下设通信联络组、救护行动组、抢险救灾组、后勤保障组四个应急救援组。

（1）应急救援领导小组组长：在遇到重大突发危害事件发生时，接到报警报告后，根据制定的应急救援预案，组织、指挥各方面的资源开展应急救援抢险工作。通知各应急救援组立即赶往现场，向其下达各种应急处理指令，及时将救援设备、物资及时送达救援现场，进行排险抢险、应急救援，并根据险情程度与应急救援领导小组的应急能力决定是否需要外部资源的援助。

（2）应急救援领导小组副组长：协助组长负责应急抢险的具体指挥工作，指挥各应急救援落实排险抢险、应急救援的具体措施，并及时向组长报告应急救援领导小组的工作情况。当组长不在现场时，自动承担组长的一切职责。

（3）通信联络组：接到组长的通知后，立即与事发现场保持畅通的联系，根据险情程度和需要与地方政府、医院、消防、公安等相关部门进行联系。如组长决定需要外部资源援助，接到指令后迅速与相关部门进行联系，报告有关情况并派人到指定地点接车、接人、接物，引导抢险救援人员、物资到事发现场。

（4）救护行动组：接到组长的通知后，应立即赶到现场组织人员抢救受伤者脱离事故危险区域，同时根据具体情况通知医疗机构前来救护，在专业医疗人员没有到达之前对受伤人员进行简单救助。或者根据伤者人数及伤情将受伤人员迅速送往医院，通知医院做好救护准备，务必使人身伤害降至最低程度。

（5）抢险救灾组：接到组长的通知后，立即赶到现场抓好事故现场的警戒和保卫工作，进行人员搜救、疏散受灾人员、现场侦察和组织救灾抢险工作。在确保人员安全的情况下，尽最大可能排险抢险、抢救物质财产，使国家和企业的财产损失减少到最低程度，把事故控制在一定的范围内。

（6）后勤保障组：接到组长的通知后，应立即组织必需的物资材料、工器具、设备等，以确保抢救现场的需要。

8.2 应急救援工作流程

施工过程中施工现场发生无法预料的需要紧急抢险处理的危险时，应迅速逐级上报，顺序为抢险领导小组、上级主管部门。由安全环保部负责收集、记录、整理紧急情况信息并向小组及时传递，由小组组长或副组长主持紧急情况处理会议，协调、派遣和统一指挥所有车辆、设备、人员、物资等实施紧急抢救和向上级汇报。

8.3 应急措施

抢救疏散组迅速对事故现场是否存在二次危险源进行确认，防止事故蔓延扩大。若事故现场存在有再次发生事故的危险源时，在采取可能的应急措施后，立即抢救疏散被困现场人员，立即组织施救。

8.3.1 发生物体打击、高空坠落事故应急预案

（1）迅速将伤员脱离危险地方，移至安全地带。

（2）保持呼吸道畅通，若发现窒息者，应及时解除其呼吸机能障碍，应立即解开伤员衣领，消除伤员口鼻、咽、喉部的异物、血块、分泌物、呕吐物等。

（3）有效止血，包扎伤口。视伤情采取报警或简单处理后去医院检查。

（4）伤员有骨折、关节伤、肢体挤压伤、大块软组织伤要进行简易固定。若伤员有断肢情况发生，应尽量用干布包裹，转送医院。记录伤情，现场救护人员应边抢救边记录伤员的受伤部位、受伤程度等第一手资料。立即拨打120向当地急救中心取得联系，应详细说明事故地点、受伤程度、联系电话，并派人到路口接应。

（5）通知有关现场负责人。维护现场秩序，严密保护事故现场。

（6）注意事项：事故发生后要组织人员进行全力抢救，视情况拨打120急救电话和通知有关负责人。重伤员运送应用担架，胸部伤者一般取半卧位，脑损伤者一般取仰卧偏头或侧卧位，以免呕吐误吸。注意保护好事故现场，便于调查分析事故原因。

8.3.2 机械伤害事故应急预案

（1）抢救疏散组安排电工立即切断事故现场电源或移出机械。

（2）保持伤者呼吸道畅通，若发现窒息者，应及时解除其呼吸机能障碍，应立即解开伤员衣领，消除伤员口鼻、咽、喉部的异物、血块、分泌物、呕吐物等。

（3）有效止血，包扎伤口。视伤情采取报警或简单处理后去医院检查。

（4）伤员有骨折、关节伤、肢体挤压伤、大块软组织伤要进行简易固定。若伤员有断肢情况发生，应尽量用干布包裹，转送医院。记录伤情，现场救护人员应边抢救边记录伤员的受伤部位、受伤程度等第一手资料。立即拨打120向当地急救中心取得联系，应详细说明事故地点、受伤程度、联系电话，并派人到路口接应。

（5）通知有关现场负责人。维护现场秩序，严密保护事故现场。

8.3.3 中毒

（1）现场人员发现有中毒人员应立即通知应急小组成员。

（2）现场人员应先用湿毛巾捂住口鼻抢救中毒人员，并将患者转移到通风良好、空气新鲜的地方，注意保暖。

（3）拨打120急救电话，详细说明中毒的症状、反应及事故地点，并派人到路口接应。

（4）确保患者呼吸道通畅，对神志不清者应将头部偏向一侧，以防呕吐物吸入呼吸道引起窒息。

（5）查找气体中毒原因，排除隐患，防止事故扩大或再发生。

（6）后勤保障组及时调派安全值班车到达事故现场，并与相关单位和部门联系抢救所需设备、器具。

（7）转送中毒人员途中，应有抢救人员相随，密切观察患者病情变化，随时采取应急救助措施。

8.3.4 触电事故应急预案

（1）发生触电事故，现场人员要迅速拉闸断电，尽可能地立即切断总电源（关闭电路），也可用现场的干燥木棒或绳子等非导电体使触电人员脱离带电体。

（2）将伤员立即脱离危险地方，组织人员进行抢救。

（3）若发现触电者呼吸或呼吸心跳均停止，则将伤员仰卧在平地上或平板上立即进行人工呼吸或同时进行体外心脏按压。

（4）立即拨打120向急救中心取得联系，送至医院就医，应详细说明事故地点、受伤程度、联系电话，并派人到路口接应。

（5）通知有关现场负责人。维护现场秩序，严密保护事故现场。

（6）注意事项：在未脱离电源时，切不可用手去拉触电者。事故发生后要组织人员进行全力抢救，视情况拨打120急救电话和通知有关负责人。心肺复苏抢救措施要坚持不断地进行，不能随便放弃。注意保护好事故现场，便于调查分析事故原因。

8.3.5　现场保护

（1）安全警戒组划定安全警戒区域并组织相关人员认真保护事故现场，凡与事故有关的物体、痕迹、状态均不得破坏，为抢救伤员需要移动现场某些物体时，须做好现场标志。

（2）成立由项目经理牵头，项目部成员组成的事故调查组，配合有关部门收集相关证据分析事故原因。

8.3.6　妥善处理善后工作

（1）做好接待调查的工作。

（2）根据国家和地区有关处理伤亡事故的规定，做好医疗和抚恤工作。

（3）待调查组基本搞清事故发生的经过、原因和责任后，项目部在调查组参与下，组织事故分析会议，从事故中找出责任者和总结教训，提高改进安全工作的措施，用以提高干部职（民）工的安全意识和自保能力。

（4）在征得有关部门同意复工的批准时，首先，组织干部、专业人员和职工参加的检查组对工地进行全面检查，并及时处理安全隐患；其次，组织全体参加施工的人员认真学习安全技术知识、规章制度、标准和操作规程，特别应从同类事故中吸取教训，把安全生产工作提高到一个新的水平。

（5）为确保安全生产，防止事故发生，要求认真编制防范措施。

9 计算书及相关图纸

9.1 计算书（见二维码）

9.2 相关图纸（见二维码）

中国铁建大桥工程局集团有限公司
CHINA RAILWAY CONSTRUCTION BRIDGE ENGINEERING BUREAU GROUP CO.,LTD.

斜拉桥主塔

专项施工方案标准范本

（以李家沱长江复线桥为例）

目 录
CONTENTS

1 工程概况

1.1 基本情况

1.1.1 工程规模

重庆轨道交通 18 号线李家沱长江复线桥设计为公轨同层非对称布置的大跨度斜拉桥，位于既有李家沱长江大桥上游，距离既有桥最小距离 16.92m。起止桩号为 DK22＋036.958～DK23＋343.158，全长 1306.2m，主桥长 991.7m，跨径布置为（5＋68.4＋150.8＋454＋161.3＋102.2＋50）m，采用主跨 454m 双塔双索面斜拉桥，主梁采用钢箱梁，梁宽 33.95m，梁高 4m。李家沱长江复线桥布置图如图 1-1 所示。

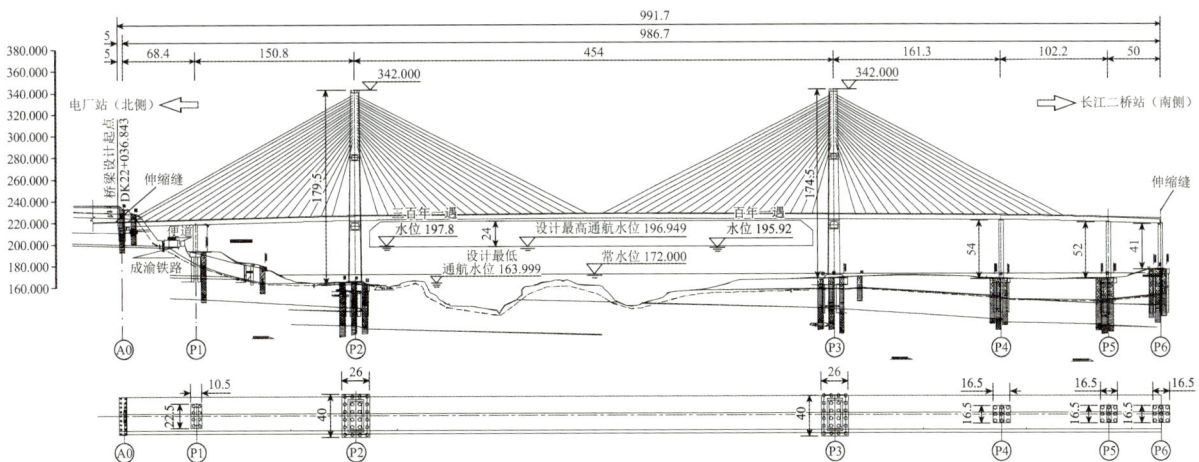

图 1-1　李家沱长江复线桥布置示意图（尺寸单位：m；高程单位：m）

桥塔形式为花瓶形结构，采用混凝土结构，P2 和 P3 桥塔均由上、中、下三个塔柱和上、下两道横梁组成，除下塔柱防撞填充素混凝土采用 C25 外，其余均采用 C50 混凝土，上塔柱（无索区）、中塔柱、下塔柱为普通钢筋混凝土结构，上横梁和下横梁均为预应力混凝土结构。

1.1.2 结构特点

P2 和 P3 桥塔顶高程均为 342.000m，塔底均设置 3m 高塔座。P2 桥塔总高为 179.5m，塔座底高程 162.500m，P3 桥塔总高 174.5m，塔座底高程 167.500m。P2 墩上塔柱高 59m，中塔柱高 56.5m，下塔柱高 47m；P3 墩上塔柱高 59m，中塔柱高 56.5m，下塔柱高 42m。

P2 和 P3 桥塔纵横向均为对称结构。横桥向上塔柱为等截面垂直结构，中塔柱向内侧倾斜，塔柱外壁倾斜斜率为 7.96：1，内壁倾斜斜率为 10.21：1；下塔柱向外侧倾斜，外壁倾

斜斜率为 4.44∶1，内壁倾斜斜率为 1.88∶1；上塔柱横桥向截面尺寸为 5m，中塔柱为 5～
6.5m，下塔柱为 8～28.7m（塔座顶）。塔柱内外侧均设置倒角，尺寸均为 50cm×50cm。桥
塔纵桥向内外壁均按照 88.75∶1 的斜率倾斜，P2 墩塔顶顺桥向全宽 8m，塔底为 11.9775m，
P3 墩塔顶顺桥向全宽为 8m，塔底为 11.864m，主塔结构如图 1-2 所示。

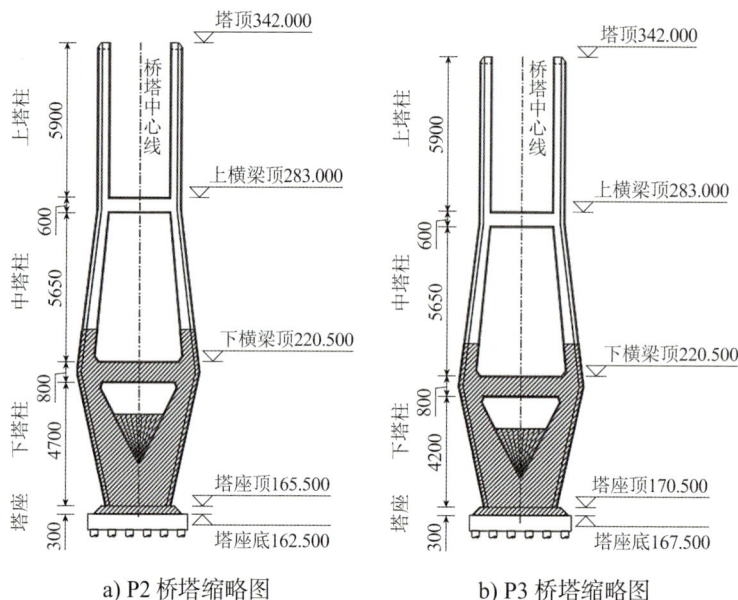

a) P2 桥塔缩略图　　　　　b) P3 桥塔缩略图

图 1-2　李家沱长江复线桥 P2 和 P3 主塔结构示意图（尺寸单位：cm；高程单位：m）

　　P2、P3 桥塔上塔柱横桥向分为两肢，为空心薄壁截面，单肢轮廓尺寸由 8m（纵桥
向）×5m（横桥向）变化至 9.3296m（纵桥向）×5m（横桥向），上塔柱纵桥向壁厚为
120cm，横桥向壁厚 80cm。

　　P2、P3 桥塔中塔柱横桥向分为两肢，为空心薄壁截面，单肢轮廓尺寸由 9.4648m（纵
桥向）×5m（横桥向）变化至 10.738m（纵桥向）×6.5m（横桥向），中塔柱纵桥向壁厚为
120cm，横桥向壁厚 80cm。

　　P2、P3 下塔柱及下横梁均采用空心截面，P2 下塔柱截面外轮廓尺寸由 10.9183m（纵
桥向）×8m（横桥向）变化至 11.9775m（纵桥向）×26.45m（横桥向），P2 下塔柱截面外
轮廓尺寸由 10.9183m（纵桥向）×8m（横桥向）变化至 11.8648m（纵桥向）×28.7m（横
桥向）。下塔柱顺桥向壁厚 120cm，横桥向壁厚 150cm，下塔柱在 182.500m 高程以下设置
中部 300cm 厚内部竖向隔板。下塔柱考虑防撞设计，底部填充 C25 混凝土至最高通航水位
以上 3m 处（199.949m）。

　　塔柱顶部设有避雷装置，为配合避雷针安装及检修，下横梁处桥塔内侧设置检修门，
并在塔顶设置人孔及不锈钢栏杆。塔柱考虑后期检修，内侧设置爬梯装置。

　　上横梁高 6m、宽 8.33～8.465m，采用单箱室结构，顶底板厚度 80cm，腹板厚度 120cm。

　　下横梁高 8m、宽 9.738～9.918m，采用单箱室结构，顶底板厚度 100cm，腹板厚度 120cm，

在支座位置各设置100cm厚隔板，下横梁采用C50预应力混凝土结构。主塔竖向配有ϕ32mm的受力主筋，采用剥肋滚轧直螺纹机械连接，箍筋、拉筋为ϕ16mm，塔柱主筋外围均设ϕ10mm钢筋网片。主塔塔身（含塔柱及横梁内）设有劲性骨架以满足塔身施工的需要。

塔柱内模拟采用常规翻模施工，塔柱外模拟采用液压自爬模系统爬模施工；横梁采用支架现浇方式施工。

1.1.3 设计标准

（1）城市道路

①道路等级：城市快速路；

②设计车速：80km/h；

③净空标准：≥5.0m；

④桥面纵坡：5‰。

（2）轨道交通

①列车最高设计运行速度：100km/h；

②横向布置：双线轨道，线间距5.2m；

③桥面设计纵坡：区间0.5‰，车站平坡；

④建筑限界：净宽13.5m，轨顶以上净高6.2m。轨顶设计高程与上层道路设计高程标准差值为12m。

（3）桥面宽度分配：1.025m（风嘴）+2.2m（检修拉索区）+15.5m（车行道）+0.4m（防撞护栏）+1.2m（防撞隔离区）+10.4m（轨行区）+2.2m（检修拉索区）+1.025m（风嘴）=33.95m。

1.1.4 地形地貌

李家沱长江复线桥横跨长江，其P2主塔行政区划为九龙坡区，P3主塔行政区划为巴南区。两岸主塔均位于长江河道浅滩范围，枯水期原地面显露。

1.1.5 工程地质

P2主塔位于长江主航道左侧，地面高程163.2～165.5m，地形平缓，一般0°～5°。上覆层为第四系冲洪积卵石土，地表靠近李家沱大桥侧散布有大块径的混凝土和孤石，土层厚度一般为0～0.6m。下基岩为侏罗系中统下沙溪庙组砂质泥岩、砂岩互层；砂质泥岩为软岩，岩体基本质量等级为IV级；砂岩为较软岩，岩体基本质量等级为IV级。场地水文地质条件简单，水量及水位受江水影响大，随季节动态变化，水量丰富，受长江江水补给，主塔范围无不良地质现象，工程地质条件简单。

P3主塔场地为长江河谷侵蚀、堆积阶地地貌区，地貌形态较简单，无区域性断裂通过。

本区海拔高程150～220m，河槽呈宽缓的"U"形河谷，河床及河漫滩宽900～1000m，河道较顺直，地面高程166.7～168.7m，地形平缓，覆盖层为卵石土，厚9.2～11.2m，下部为砂质泥岩、砂岩，承台位于卵石层中；通过搜集前人的研究成果及本次地面地质调查，本工程范围内未见断层通过，未发现崩塌、泥石流等不良地质现象。

1.1.6 水文地质

李家沱长江复线桥线路所属流域为长江上游流域，其水位受三峡影响较大，根据资料，长江百年一遇洪水位为196m，枯水期水位最低达到164m，三峡蓄水期常水位稳定在172m。目前收集李家沱2015—2018年每月最高及最低水位统计表见表1-1，最高水位统计图如图1-3所示；最低水位统计表见表1-2，最低水位统计图如图1-4所示。

李家沱大桥（2015—2018年）最高水位统计表（单位：m）　　表1-1

月份（月）	1	2	3	4	5	6	7	8	9	10	11	12
2015年最高水位	170.39	169.59	167.59	168.39	167.09	171.59	174.49	175.19	177.79	175.39	174.39	173.09
2016年最高水位	172.49	169.89	167.89	168.29	168.89	173.49	175.69	174.99	174.69	174.59	174.89	173.69
2017年最高水位	170.99	168.19	167.79	168.89	167.69	173.29	172.59	177.09	175.49	176.69	174.29	172.79
2018年最高水位	172.49	170.99	166.29	166.39	172.59	172.99	185.09	181.39	174.29	176.49	174.69	173.39

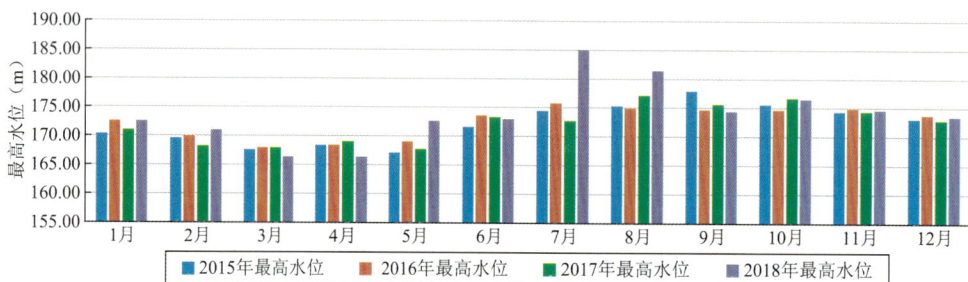

图1-3　李家沱大桥历年最高水位统计图

李家沱大桥（2015—2018年）最低水位统计表（单位：m）　　表1-2

月份（月）	1	2	3	4	5	6	7	8	9	10	11	12
2015年最低水位	169.591	167.491	165.891	166.791	165.691	165.891	168.091	167.991	170.391	172.291	172.291	172.491
2016年最低水位	169.891	167.791	166.691	166.191	166.291	167.691	170.31	169.091	168.01	169.491	172.691	170.91
2017年最低水位	168.391	167.091	166.191	164.791	165.791	165.901	169.291	169.091	169.491	170.691	172.991	171.491
2018年最低水位	171.191	165.791	104.691	164.691	165.291	166.891	173.291	171.191	169.691	173.991	172.591	172.691

图 1-4　李家沱大桥历年最低水位统计图

1.1.7 气候特征和季节性天气

根据重庆市气象局提供的重庆主城区气象资料，重庆轨道交通 18 号线李家沱长江复线桥沿线气象资料如下：

气温：多年平均气温 18.3℃，月平均最高气温是 8 月为 28.1℃，月平均最低气温在 1 月为 5.7℃。极端最高气温 43℃，出现日期：2006 年 8 月 15 日；极端最低气温−1.8℃，出现日期：1955 年 1 月 11 日。

湿度：年蒸发量 1079.2mm；最大年蒸发量 1347.3mm；年平均相对湿度 79%；年平均绝对湿度 17.7hPa；最热月份相对湿度在 70% 左右，最冷月份相对湿度在 81% 左右。

降水量：多年平均降水量在 1082.6mm 左右，降雨多集中在 5—9 月，其降雨最高达 746.1mm 左右，日降雨量大于 25mm 以上的日数占全年降雨日数的 62% 左右，每小时最大降雨量可达 62.1mm。

风：全年主导风向为北，频率在 13% 左右，夏季主导风向为北西，频率在 10% 左右，年平均风速为 1.3m/s 左右，最大风速为 26.7m/s。

1.1.8 交通运输条件

桥址区域北岸邻近成渝铁路，南岸邻近巴滨路，且桥梁处为长江主航道，有关交通运输条件便利，水运陆运皆适用。

1.1.9 施工用水条件

桥址区域生活区用水为市政自来水接入，施工用水则直接从长江中抽取至水箱，用水后排入市政排水管网。

1.1.10 施工用电条件

桥址区域用电皆从国家电网接入，项目办理相关用电手续，并在两岸各设置 1 台变压器。

1.1.11 主要工程量

主要工程数量见表 1-3。

主要工程数量表 表 1-3

部位	型号	单位	塔身及横梁	塔座	预埋钢筋及劲性骨架	垫石及人孔	合计
混凝土	C50 纤维混凝土	m³	5167.2				5617.2
	C50	m³	3079.8			19.14	30728.9
	C25	m³	12566.0				12566.0
钢筋	φ32mm	kg	3450456.2		284093.22		3734549.4
	φ28mm	kg	196100.4	165907.19			362007.6
	φ25mm	kg	237296.5	51837.02		18552.82	307686.3
	φ22mm	kg	49732.5		19024.3		68756.8
	φ20mm	kg	134359.6	41425.52			41425.5
	φ16mm	kg	1464265.3	9871.14	615517.57	114154.7	1649808.7
	φ12mm	kg	406361.4			5996.2	412357.5
钢筋网片	φ8mm	kg	196684.1				194648.1
预应力	钢绞线	kg	109887.3				109887.3
	波纹管	m	5021.0				5021.0
	锚具	套	232.0				232.0
钢材	∟100×100×14	kg			200850.0		200850.0
	∟75×75×10	kg			197402.4		197402.4
涂装面积	—	m²	9495.6				9495.6
钢纤维	—	kg	280860.0				280860.0

1.1.12 施工重难点分析及应对措施

李家沱长江复线桥设计为双塔双索面斜拉桥，P2 索塔高度 179.5m，P3 索塔高度 174.5m，施工精度要求高，高塔施工采用线性控制，钢锚梁的加工安装精度以及下横梁施工质量控制等是主塔施工的关键控制点。针对塔高、质量控制高、工期紧的特点，李家沱长江复线桥主塔施工需解决以下关键技术和施工难点。

（1）索塔施工设备的布置

主塔塔柱高度 179.5m，高塔柱施工及索导管安装定位需要克服高空作业及超高程混凝土输送中可能出现的各种问题。索塔施工过程中混凝土输送设备及大型起重设备的选型及布置是关键。

（2）索塔施工的测量监控

索塔施工精度要求高，施工过程测量监控难度大。索塔施工监控的重点、难点为：索塔线形监控，包括高程和平面位置的监控；索导管的精确定位；索塔应力及变形监控技术，包括多种工况以及日照温差、风荷载的影响下的索塔各部位的应力状态和变形情况。因此，索塔施工过程中应综合采用多种测量手段，使用高效监控工艺，同时加强施工测量监控，这是索塔施工精度要求的关键。

（3）主塔高性能混凝土施工

主塔混凝土采用 C50 混凝土，特别是索塔区塔柱混凝土采用 C50 纤维混凝土，混凝土耐久性、泵送性和外观质量要求高，在保证上述条件的情况下，混凝土配合比设计难度大，需在施工之前做好有关配合比的适配以及流程上报工作。

（4）横梁施工难度大

根据主塔结构形式，上、下横梁施工无法采用落地支架施工，必须采用预埋牛腿支架现浇方式施工。上横梁设计高度 6m，下横梁设计高度为 8m，横梁重量较大，要保证支架具有足够承载力、刚度及稳定性，支架的设计难度大，安全风险高，需在设计阶段考虑足够的安全系数，并在施工过程中严格执行检查制度。

（5）上塔柱锚固区预应力施工

索塔区塔柱设置环向预应力，该区域应力集中，预应力的张拉施工难度大，预应力施工技术及质量控制是索塔参与受力的关键所在。

（6）大型临时施工设施的布置难度大

本桥塔下塔柱倾斜度大，转角位置较多，塔柱为变截面设置，塔式起重机、电梯等附属设施的安装布置难度大。需在前期提前做好相关规划，并按照既定的内容逐一落实相关大型临时设施的施工。

1.2 施工平面及立面布置

为保证主塔施工，施工现场主要布置材料加工场地、机械设备、设施停放场地，其中主要包括钢筋存放区、模板拼装区、临时架构加工及钢锚梁拼装区、钢筋加工场、混凝土输送泵、塔式起重机、电梯等。

北岸 P2 主塔材料存放场地及钢筋加工棚位于靠岸侧施工平台上，爬模拼装、混凝土浇筑设备在钢平台上进行布置，如图 1-5 所示。

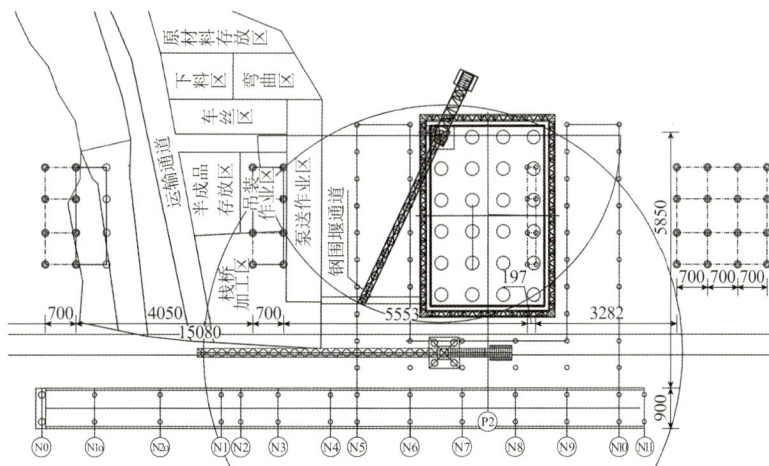

图 1-5　P2 主塔施工总平面布置示意图（尺寸单位：cm）

南岸 P3 主塔材料存放及钢筋加工工区钢筋棚及材料场地存放，爬模拼装、混凝土浇筑设备在钢平台上进行布置，如图 1-6 所示。

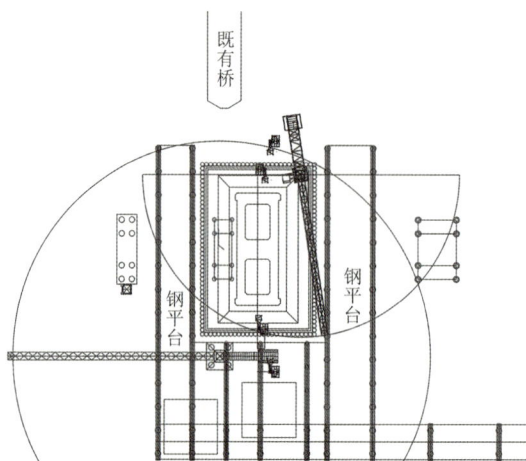

图 1-6　P3 主塔施工总平面布置示意图

1.3 周边环境条件

（1）李家沱长江复线桥位于老桥上游，北岸 P2 主塔基础距既有桥基础净距 16.92m，北岸 P2 主塔距离既有桥桥塔净距 10.62m；南岸 P3 基础距离既有桥基础净距 17.06m，P3 主塔距离主塔 10.46m，主塔施工。新桥、既有桥位置关系图如图 1-7、图 1-8 所示。

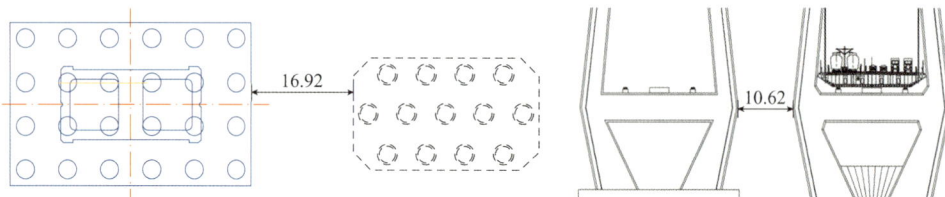

图 1-7　P2 主塔与既有桥 P2 桥塔位置关系图（尺寸单位：m）

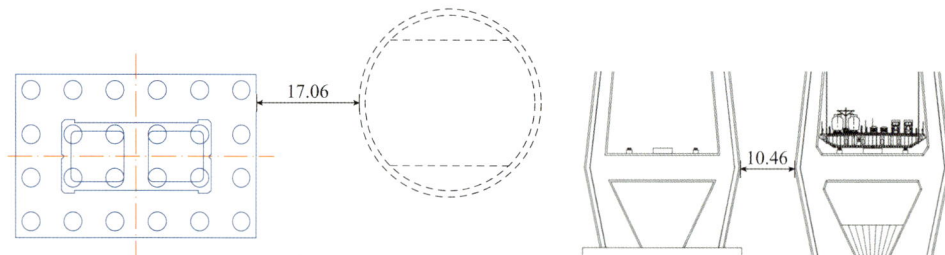

图 1-8　P3 主塔与既有桥 P3 桥塔位置关系图（尺寸单位：m）

（2）经现场调查，李家沱复线桥周边地势较空旷，除李家沱既有桥外，无其他构筑物，岸滩附近无地下及架空管线，施工条件较为良好。

（3）李家沱长江复线桥上跨长江主航道，北岸 P2 主塔承台边缘距主航道边线 228m，既有成渝铁路距承台位置约 150m；南岸 P3 承台边缘距航道边线 105m，滑坡处治工程抗滑桩结构稳定，周边环境对施工安全影响较小。P2、P3 主塔与长江主航道的关系如图 1-9 所示。

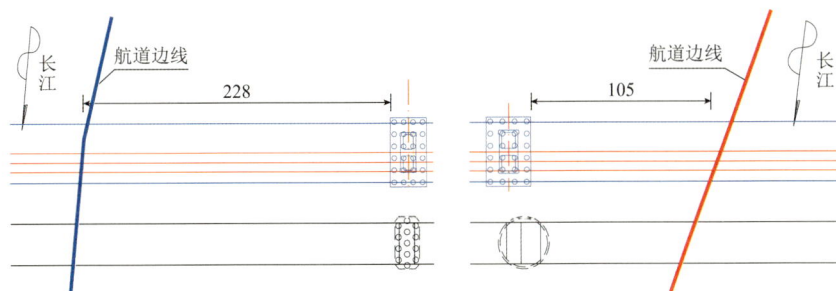

图 1-9　P2、P3 主塔与长江主航道的关系（尺寸单位：m）

（4）李家沱长江复线桥位处航道复杂，有多处礁石区域，且下游设置多处丁坝，航线为单向航道，无可调范围，水运条件复杂，安全风险高，施工中物资运输中采用水上运时需加强与航运部门的沟通联系，确保航运安全。

1.4 施工要求

1.4.1 质量目标

工程实体质量满足国家有关标准、规范、规定及设计文件要求，其施工过程或实体工程满足如下要求：

（1）各检验批、分项、分部工程质量检验合格率达到100%，单位工程一次检验合格率100%。

（2）在合理使用和正常维护条件下，桥梁工程结构的施工质量，满足设计使用寿命期内正常运营要求。

（3）杜绝工程质量等级事故。

1.4.2 安全目标

（1）杜绝死亡事故，杜绝重大机械设备、交通和火灾事故。

（2）减少轻伤事故。

（3）避免重伤事故。

（4）重大危险源得到有效控制或消除。

（5）企业负责人、项目经理和安全生产专职管理人员符合国家规定的上岗条件。

（6）特种作业人员符合上岗条件。

（7）工作环境、劳动防护符合规定，减少职业病的发生。

（8）施工前对施工人员进行技术交底和安全交底。

（9）坚持"安全第一、预防为主、综合治理的方针"，认真执行《危险性较大的分部分项工程安全管理规定》（建质〔2018〕31号）文件，提高施工现场安全生产和文明施工的管理水平，预防事故的发生，实现安全工作的标准化、规范化、制度化，根据国家有关法律、法规和规定，结合全省建设工程实际，实现安全生产零事故的目标。

1.4.3 工期目标

P2 墩工期：2021 年 2 月 27 日—2022 年 1 月 16 日。

P3 墩工期：2021 年 4 月 8 日—2022 年 3 月 2 日。

1.5 技术保证条件

（1）编制安全专项施工方案，严格执行现行的规范、标准和规程，并严格按专项施工方案进行施工，在施工前认真进行技术及安全交底。

（2）施工过程中，项目部以项目总工程师领导的技术部门及相关部门对出现的施工技术问题进行解决，并与设计、地勘保持良好联系，随时进行技术咨询或现场技术指导。

（3）采取平行组织，流水作业，科学合理安排主次施工顺序。

（4）根据基础的施工特点，结合其他工程项目施工经验，制定科学合理工艺流程，通过精细管理，提高主体施工质量，确保安全生产，并配置相应的人力、设备、材料资源。

（5）坚持专业化施工，安排经验丰富的专业化施工队伍。

（6）坚持高起点、高标准、高质量、高效率、严要求的标准化施工管理，强化工程施工质量。

（7）采用三级安全技术交底措施，保障施工管理人员和作业人员充分了解水上基础施工危险作业工序和正确施工方法，保证作业安全。

（8）按临时用电施工组织设计做好临时用电安装、调试。

1.6 风险辨识与分级

本工程易产生的事故类型有：高处坠落、物体打击、起重吊装伤害、钢结构加工焊接触电、索塔预应力张拉造成的伤害、机械伤害、溺水伤害、火灾、塔式起重机倒塌伤害、临时结构支架坍塌造成的伤害、机械倾覆等造成的伤害、交通事故以及其他伤害。

（1）主塔施工中由于施工人员未系安全带或安全带佩戴不规范导致的高处坠落伤害。

（2）主塔施工或临时支撑钢结构安装过程中材料、小型工具和机具掉落引起的物体打击、起重伤害等安全风险。

（3）由于汽车起重机、履带起重机或塔式起重机等起重设备和相配套使用的钢丝绳、卸扣等工具发生故障或者破损、断裂引起的机械伤害、起重伤害、物体打击、高处坠落、坍塌等安全风险。

（4）由于主塔施工过程中，因搭设的梯道、操作平台或者安装操作平台的设施使用不当，造成高处坠落等安全风险。

（5）主塔临时钢结构施工过程中，因临时用电不规范、用电设备或线路破损导致的触电风险。

（6）主塔临时钢结构焊接或者切割过程中，发生灼烫、爆炸等安全风险。

（7）由于结构设计不达标、施工质量不合格等因素造成的结构物坍塌安全风险。

（8）由于靠近江边施工，人员及安全防护不到位，导致人员落水，出现淹溺安全风险。

（9）夏季高温作业产生灼烫、中暑等安全风险。

（10）施工用电不规范、焊接或切割导致的现场火灾等安全风险。

（11）主塔位置毗邻主航道，由于过往船舶碰撞主塔而产生的安全风险。

（12）索塔预应力施工过程中，由于施工不规范或预应力锚具、夹具质量问题导致钢绞线弹出造成的伤害。

（13）索塔高空施工中遭遇雷暴导致的触电伤亡事故。

（14）两台塔式起重机的相互碰撞导致的伤亡以及塔式起重机与周围建筑物的碰撞导致的伤亡。

1.6.1 危险源的分级

根据《城市轨道交通地下工程建设风险管理规范》（GB 50652—2011），采用风险矩阵法对李家沱长江复线桥施工安全风险进行评估，评估结果如表1-4～表1-6所示。

李家沱长江复线桥施工风险辨识与风险描述　　　　表1-4

序号	事故风险种类	发生的可能性与等级	严重程度与等级	诱发因素及影响范围
1	火灾	较容易发生级别：C级	灾难的级别：I级	主要风险表现为现场用电不规范，私拉乱接电线，氧气、乙炔使用过程中，引发火灾事故，导致施工现场电力设备设施和其他设施损坏和人员伤亡
2	爆炸	不容易发生级别：D级	灾难的级别：I级	主要风险表现为施工过程中氧气、乙炔引发火灾爆炸事故。事故影响范围涉及施工现场及周边公共区域
3	坍塌	较容易发生级别：C级	灾难的级别：I级	在施工过程中，支架搭设不规范，违规拆除部分连接件，出现模架坍塌事故，模架坍塌事故多发生在施工过程中，极易造成群体性伤亡事件。事故发生后会造成人员伤亡或机械设备损坏。且范围大，易造成群体伤害。影响范围涉及脚手架搭设区域、基坑区域
4	设备倾覆	较容易发生级别：C级	严重的级别：II级	发生倾覆事故的设备有履带起重机、汽车起重机等，事故原因具体有：①设备基础采用软地基或基础不满足设计要求；②设备超载；③恶劣天气。事故发生时，可能会造成施工人员的生命、财产损失，并可能造成施工周围建筑（构筑物）的损毁，给施工项目造成巨大的经济损失，社会影响很大，危害程度很大

续上表

序号	事故风险种类	发生的可能性与等级	严重程度与等级	诱发因素及影响范围
5	物体打击	较容易发生级别：C级	严重的级别：II级	物体打击是指物体在重力或其他外力的作用下产生运动，打击人体造成人身伤害事故，本工程涉及的物体打击事故原因有：①立体交叉作业高处落物；②操作平台未设置挡脚板；③作业人员工具未装入工具包内；④违章作业。 物体打击事故在施工中较为普遍，占有的比例较大，属多发性事故。物体打击事故发生的范围比较广泛，极易造成人员死亡的严重后果
6	起重伤害	容易发生级别：B级	严重的级别：II级	起重作业是指在吊运钢筋、模板等生产过程中，采用相应的机械设备和设施来完成结构吊装和设施安装，其作业属于危险性作业，作业环境复杂，技术难度大。起重机械在施工过程中，因检查维修不到位、操作不当（违章违纪蛮干，不良操作习惯、操作失误）、指挥信号不明确、安全意识差和在不良工作环境（高粉尘、高温、高湿、低温、高噪声、大风天、照明不良、疲劳作业等）下，易发生重物坠落，起重机失稳倾覆、挤压、高处跌落、触电等起重设备伤害事故
7	触电	较容易发生级别：C级	严重的级别：II级	在施工过程中，可能发生触电事故，主要体现在机械设备漏电、雨天后配电箱内进水导致漏电、电气设备接线不正确、安全检查不到位等因素导致触电事故的发生
8	中暑	较容易发生级别：C级	轻度的级别：III级	高温作业、夏天露天作业环境中发生的中暑一般具有热射病症状特点，由于高温环境中从事体力劳动的时间较长，身体产热过多，而散热不足，导致体温急剧升高。发病早期有大量冷汗，继而无汗、呼吸浅快、脉搏细速、躁动不安、神志模糊、血压下降，逐渐向昏迷伴四肢抽搐发展；严重者可产生脑水肿、肺水肿、心力衰竭等。在室内通风差和室外设备的安装和维修、露天施工等高温场发生的高温中暑，尤其是从事高处作业的人员中暑，会产生高处坠落等二次伤害的危险。影响范围涉及夏季施工露天作业点
9	机械伤害	较容易发生级别：C级	严重的级别：II级	在施工过程中，因检查维修不到位、操作不当（违章违纪蛮干，不良操作习惯、操作失误）、指挥信号不明确、安全意识差和在不良工作环境（高粉尘、高温、高湿、低温、高噪声、大风天、照明不良、疲劳作业等）下，易发生碰撞、物体打击、触电、挤压、倾覆、意外启动、停机等，造成机械伤害事故
10	高处坠落	较容易发生级别：C级	严重的级别：II级	在施工过程中多处存在高处作业，现场高处作业在没有采取围蔽、护栏、系安全带等措施时，作业风险比较高，极易发生高处坠落事故。高处坠落人员通常有多个系统或多个器官的损伤，严重者当场死亡

注：风险矩阵评估等级划分标准。

表 1-5

可能性	严重程度			
	I（灾难的）	II（严重的）	III（轻度的）	IV（轻微的）
A（频繁、非常容易发生）	1	2	7	13
B（很可能、容易发生）	2	5	9	16
C（有时、较容易发生）	4	6	11	18
D（极少、不容易发生）	8	10	14	19
E（不可能、难以发生）	12	15	17	20

安全风险分级

表 1-6

序号	风险等级	风险类型	应对措施	备注
1	II	钢围堰失稳	（1）施工过程中加强围堰基坑的变形监测，对于变形超限的及时预警； （2）编制围堰内支撑的拆除方案，塔柱钢筋模板安装过程严格按照围堰内支撑拆除方案执行	
2	II	塔式起重机倒塌	（1）编制塔式起重机安装使用方案，对安装人员进行安全技术交底； （2）塔式起重机安装完成后组织验收验收合格后使用； （3）施工过程中对塔式起重机吊装人员进行安全教育培训并持证上岗	
3	II	支架坍塌	（1）编制专项施工方案并进行专家论证； （2）支撑结构搭设完成后进行预压并合格； （3）施工过程中对支架体系进行监控，防止超载及变形过大	
4	II	高处坠落	（1）对高空作业人员进行安全技术培训； （2）高空作业的设置安全防护措施； （3）正确佩戴防护用品	
5	II	物体打击	（1）对高空作业人员进行安全技术培训； （2）禁止高空抛投施工下行机具； （3）高空平台支架上的工具，施工完成后放置于指定位置	
6	II	起重伤害	（1）起重及司索工需持证上岗，并经安全技术培训； （2）起重机械设备进厂检验，满足吊装要求； （3）严格按照操作规程操作，严禁违规操作	
7	II	触电伤害	（1）编制详细的可实施性临时用电方案； （2）现场配置专业电工并持证上岗； （3）严禁非专业电工私自乱拉	
8	II	火灾伤害	（1）将易燃易爆物品单独布置，集中管理； （2）现场配专人值班	
9	III	预应力张拉	（1）编制专项施工方案，对施工人员技术交底； （2）现场设置安全防护措施及警示标志	
10	III	机械倾覆	（1）操作人员必须持证上岗，严格按照操作规规程施工； （2）现场配置专人进行指挥	
11	III	交通事故	（1）安排专人对车辆设备进行检查维修； （2）项目部配置专业司机； （3）禁止非专业司机驾驶车辆设备，禁止带病、酒后驾驶	

序号	风险等级	风险类型	应对措施	备注
12	III	机械伤害	（1）安排专人对车辆设备进行检查维修； （2）项目部配置专业司机、禁止非作业人员进入施工现场； （3）所有进入施工现场施工作业人员必须佩戴好防护措施	
13	IV	溺水伤害	（1）编制汛期施工专项方案，做好防洪防汛工作； （2）严禁施工人员进江洗澡或游泳	

1.6.2 事故发生可能性及其后果分析

1.6.2.1 施工环节的危险源分布

李家沱长江复线桥主塔施工作业危险源分布见表1-7。

李家沱长江复线桥主塔施工作业危险源分布表 表 1-7

类别	施工类别	危险源分布	分布场所
塔柱施工	凿毛	塔柱顶施工区	P2、P3 主塔施工区
	塔柱劲性骨架吊装	塔柱顶施工区	P2、P3 主塔施工区
	墩柱钢筋绑扎	塔柱顶施工区	P2、P3 主塔施工区
	主塔液压爬模	塔座顶施工区	P2、P3 主塔施工区
	混凝土浇筑	塔座顶施工区	P2、P3 主塔施工区
	拆模	塔座顶施工区	P2、P3 主塔施工区
横梁	横梁支架吊装	上、下横梁区	P2、P3 主塔施工区
	横梁钢筋安装	上、下横梁区	P2、P3 主塔施工区
	横梁模板安装	上、下横梁区	P2、P3 主塔施工区
	横梁混凝土浇筑	上、下横梁区	P2、P3 主塔施工区
	横梁预应力	上、下横梁区	P2、P3 主塔施工区

1.6.2.2 事故危害程度分析

通过对主塔施工的风险辨识，用LEC法得出各类事故的危害程度。

事故种类主要有：火灾、爆炸、设备倾覆、坍塌、机械伤害、高处坠落、物体打击、起重伤害、触电、中暑等事故。各类事故的危害程度分析结果见表1-8。

各类事故危害程度分析表 表 1-8

事故类型	危害程度分析				
	事故发生可能性（L）分值	暴露频率（E）分值	事故可能结果（C）分值	该作业危险性（D）分值	危险程度
火灾	1	1	40	40	一般危险
爆炸	1	1	40	40	一般危险
设备倾覆	3	1	40	12	显著危险
坍塌	3	1	40	12	显著危险

事故类型	危害程度分析				危险程度
	事故发生可能性（L）分值	暴露频率（E）分值	事故可能结果（C）分值	该作业危险性（D）分值	
机械伤害	3	1	7	21	一般危险
高处坠落	3	1	40	12	显著危险
物体打击	3	1	40	12	显著危险
起重伤害	3	1	40	12	显著危险
触电	3	1	7	21	一般危险
中暑	1	1	40	40	一般危险

1.7 参建各方责任主体单位

建设单位：重庆轨道交通十八号线建设运营有限公司。

勘察、设计单位：林同棪国际工程咨询（中国）有限公司联合体。

工程监理单位：重庆建筑科学研究院。

施工单位：中国铁建大桥工程局集团有限公司。

2 编 制 依 据

2.1 法律、法规及标准、规范

2.1.1 法律、法规

（1）《中华人民共和国安全生产法》；

（2）《中华人民共和国消防法》；

（3）《中华人民共和国建筑法》；

（4）《中华人民共和国特种设备安全法》；

（5）《中华人民共和国突发事件应对法》；

（6）《中华人民共和国职业病防治法》；

（7）《建设工程安全生产管理条例》（国务院令第 393 号）；

（8）《特种设备安全监察条例》（国务院令第 373 号）；

（9）《生产安全事故应急条例》（国务院令第 708 号）；

（10）《建设工程质量管理条例》（国务院令第 279 号）；

（11）《生产安全事故报告和调查处理条例》（国务院令第 493 号）；

（12）《生产经营单位安全培训规定》（国家安全生产监督管理总局令第 3 号）；

（13）《特种作业人员安全技术培训考核管理规定》（国家安全生产监督管理总局令第 30 号）；

（14）《安全生产培训管理办法》（国家安全生产监督管理总局令第 44 号）；

（15）《安全生产事故隐患排查治理暂定规定》（国家安全生产监督管理总局令第 16 号）；

（16）《安全生产事故应急预案管理办法》（国家安全生产监督管理总局令第 88 号）；

（17）《安全生产事故信息报告和处置办法》（国家安全生产监督管理总局令第 21 号）；

（18）《建设工程消防监督管理规定》（公安部令第 106 号）；

（19）《建设项目安全设施"三同时"监督管理暂行办法》（国家安全生产监督管理总局令第 36 号）；

（20）《工贸企业有限空间作业安全管理与监督暂行规定》（国家安全生产监督管理总局令第 59 号）；

（21）《建筑起重机械安全监督管理规定》（建设部令第 166 号）；

（22）《建筑施工企业主要负责人、项目负责人和专职安全生产管理人员安全生产管理规定》（住房和城乡建设部令第 17 号）；

（23）《建筑施工特种作业人员管理规定》（建质〔2008〕5 号）；

（24）《建筑工程预防高处坠落事故若干规定》（建质〔2003〕82 号）；

（25）《建筑工程预防坍塌事故若干规定》（建质〔2003〕82 号）；

（26）《危险性较大的分部分项工程安全管理规定》（住房和城乡建设部令第 37 号）；

（27）《住房城乡建设部办公厅关于实施危险性较大的分部分项工程安全管理规定有关问题的通知》（建办质〔2018〕31 号）；

（28）《危险性较大的分部分项工程专项施工方案编制指南》（建办质〔2021〕48 号）；

（29）《危险性较大分部分项工程安全管理细则（2019 年版）》（渝建安发〔2019〕27 号）。

2.1.2 设计标准、规范

（1）《工程结构通用规范》（GB 55001—2021）；

（2）《工程结构可靠性设计统一标准》（GB 50153—2008）；

（3）《建筑结构可靠性设计统一标准》（GB 50068—2018）；

（4）《建筑结构荷载规范》（GB 50009—2012）；

（5）《钢结构通用规范》（GB 55006—2021）；

（6）《钢结构设计标准》（GB 50017—2017）；

（7）《公路工程技术标准》（JTG B01—2014）；

（8）《公路钢结构桥梁设计规范》（JTG D64—2015）；

（9）《公路桥涵设计通用规范》（JTG D60—2015）；

（10）《城市桥梁设计规范》（CJJ 11—2011）；

（11）《公路桥涵地基与基础设计规范》（JTG 3363—2019）。

2.1.3 施工及验收标准、规范

（1）《建设工程项目管理规范》（GB/T 50326—2017）；

（2）《工程测量标准》（GB 50026—2020）；

（3）《工程测量通用规范》（GB 55018—2021）；

（4）《建筑物变形测量规范》（JGJ 8—2016）；

（5）《国家一、二等水准测量规范》（GB 12897—2006）。

（6）《公路工程技术标准》（JTG B01—2014）；

（7）《建筑与桥梁结构监测技术规范》（GB 50982—2014）；

（8）《钢结构工程施工规范》（GB 50755—2012）；

（9）《钢结构焊接规范》（GB 50661—2011）；

（10）《钢结构工程施工质量验收标准》（GB 50205—2020）；

（11）《公路桥涵施工技术规范》（JTG/T 3650—2020）；

（12）《铁路桥涵工程施工质量验收标准》（TB 10415—2018）；

（13）《城市桥梁工程施工与质量验收规范》（CJJ 2—2017）；

（14）《公路工程质量检验评定标准 第一册 土建工程》（JTG F80/1—2017）；

（15）《预应力筋用锚具、夹具和连接器》（GB/T 14370—2015）；

（16）《预应力混凝土桥梁用塑料波纹管》（JT/T 529—2016）；

（17）《预应力混凝土用钢绞线》（GB/T 5224—2014）；

（18）《混凝土结构工程施工质量验收规范》（GB 50204—2015）；

（19）《钢筋焊接及验收规程》（JGJ 18—2012）；

（20）《钢筋焊接接头试验方法标准》（JGJ/T 27—2014）；

（21）《钢筋机械连接技术规程》（JGJ 107—2016）；

（22）《桥梁工程防雷技术规范》（GB 31067—2014）；

（23）《城市轨道交通工程测量规范》（GB 50308—2017）；

（24）《大体积混凝土施工标准》（GB 50496—2018）；

（25）《混凝土结构工程施工规范》（GB 50666—2011）。

2.1.4 施工安全规范

（1）《施工企业安全生产管理规范》（GB 50656—2011）；

（2）《建筑施工安全检查标准》（JGJ 59—2011）；

（3）《市政工程施工安全检查标准》（CJJ/T 275—2018）；

（4）《公路工程施工安全技术规范》（JTG F90—2015）；

（5）《建设工程施工现场供用电安全规范》（GB 50194—2014）；

（6）《建筑施工高处作业安全技术规范》（JGJ 80—2016）；

（7）《高处作业吊篮标准》（GB 19155—2017）；

（8）《建筑机械使用安全技术规程》（JGJ 33—2012）；

（9）《建筑施工起重吊装工程安全技术规范》（JGJ 276—2012）；

（10）《起重机械安全规程》（GB 6067—2010）；

（11）《建筑施工模板安全技术规范》（JGJ 162—2008）。

2.2 项目文件

（1）项目招标文件及工程承包合同文件；

（2）《重庆轨道交通 18 号线李家沱长江复线桥施工图设计文件》；

（3）本单位施工工法及施工工艺标准；

（4）勘察设计单位提供的地质、气象、水文资料；

（5）工程建设法律、法规和有关规定文件；

（6）本单位类似施工项目经验资料。

2.3 施工组织设计

已批复的"李家沱长江复线桥总体施工组织设计"。

3 施 工 计 划

3.1 施工进度计划

主塔施工进度计划见表 3-1。

主塔施工进度计划　　　　　　　　　　　　　　　　表 3-1

主塔编号	部位	节段数	计划开始时间	计划结束时间	施工时间（d）	总工期（d）
P2	塔座	1	2021 年 2 月 27 日	2021 年 3 月 13 日	15	322
	下塔柱	14	2021 年 3 月 14 日	2021 年 7 月 9 日	118	
	下横梁	1	2021 年 7 月 10 日	2021 年 8 月 23 日	45	
	中塔柱	14	2021 年 7 月 10 日	2021 年 11 月 15 日	129	
	上横梁	1	2021 年 10 月 16 日	2021 年 11 月 29 日	45	
	上塔柱	13	2021 年 10 月 16 日	2022 年 1 月 16 日	93	
P3	塔座	1	2021 年 4 月 8 日	2021 年 4 月 22 日	15	329
	下塔柱	14	2021 年 4 月 23 日	2021 年 8 月 25 日	125	
	下横梁	1	2021 年 8 月 19 日	2021 年 10 月 2 日	45	
	中塔柱	14	2021 年 8 月 26 日	2021 年 12 月 1 日	98	
	上横梁	1	2021 年 12 月 2 日	2022 年 1 月 15 日	45	
	上塔柱	13	2021 年 12 月 2 日	2022 年 3 月 2 日	91	

3.2 材料计划

（1）主塔施工主要材料为钢管、型钢、钢板、钢筋、预应力材料及混凝土等。本工程所需材料原则上自行采购和向设备公司租赁，按工程施工计划的编制材料计划，进行备料、进料。

材料根据基础施工设计图与材料厂家签订材料供应合同，并根据进度，编制使用需要表，以保证施工进度需要，又要避免材料长时间积压在现场，减少资料占用和材料保管、防护费用。

材料进场应注意按程序进行检验，合格后，分次将材料送至施工现场，根据不同的要求进行堆码、保护、标识。钢材注意防潮，否则会生锈。材料计划表见表 3-2、表 3-3。

主塔施工主要材料计划表

表 3-2

序号	项目名称	单位	数量	2021年			2022年
				第二季度	第三季度	第四季度	第四季度
1	钢筋	t	2480	600	640	620	620
2	钢绞线	t	110	600	640	620	620
3	钢筋网片	t	195	—	80	80	35

施工安全防护材料表

表 3-3

序号	项目名称	单位	数量	备注
1	安全带	个	200	
2	安全帽	个	200	
3	安全网	m²	1000	
4	安全爬梯	套	4	20m 高 2 套，14m 高 2 套
5	消防灭火器	支	40	
6	反光背心	件	200	
7	急救箱	个	10	
8	防尘口罩	个	100	
9	防坠器	套	50	
10	防护栏杆	m	300	采用 φ48mm×3mm 钢管
11	探照灯	个	10	

（2）本工程所需混凝土均采用商品混凝土。

3.3 劳动力计划

按照拟定的进度计划，陆续地组织施工人员进场，以满足施工的需要。现场作业人员安排见表 3-4。

现场作业人员安排表

表 3-4

序号	作业队名称	现场施工班组人员配置数量		施工任务安排
		P2 主塔施工队	P3 主塔施工队	
1	队长	1人	1人	负责现场施工队伍的整体安排
2	塔式起重机司机	4人	4人	负责现场起重吊装

序号	作业队名称	现场施工班组人员配置数量		施工任务安排
		P2 主塔施工队	P3 主塔施工队	
3	电工	2 人	2 人	负责两岸临电管理
4	电焊工	12 人	12 人	负责临时结构焊接
5	钢筋工	20 人	20 人	负责塔柱钢筋加工安装
6	模板工	20 人	20 人	负责塔柱模板拼装
7	混凝土工	16 人	16 人	负责塔柱混凝土浇筑
8	预应力工	10 人	10 人	负责塔柱预应力的张拉压浆
9	项目部技术员	4 人	5 人	负责技术指导与质量检查
10	项目部安全员	2 人	2 人	负责技术指导与质量检查
11	合计	93 人	94 人	—

3.4 机械设备投入计划

本项工作设备投入较多，主要包含施工设备、测量设备、检测设备、监控设备、交通运输设备等。对于检测和监控设备，委托给其他具有相关资质的单位检测，以保证工程的施工需要。

根据工程的施工特点、工程量和工期要求，配备足够的施工机械、设备，并充分考虑设备的使用率因素，确保工程各项目在施工阶段中所需的设备均能得到充分的保证。

根据塔柱结构形式及施工安排，主要机具设备如表 3-5 所示。

全桥主塔施工主要机具设备表   表 3-5

序号	名称	型号	单位	数量	备注
1	液压爬模	HCB-100（ZPM-100）	套	4	
2	塔式起重机	TC630	台	2	
3	塔式起重机	QTZ125	台	2	
4	施工电梯	SC200/200	部	4	
5	混凝土输送泵	HBT80E-1813	台	2	
6	千斤顶	550T	套	4	
7	数控钢筋弯箍机	WG12D	套	2	
8	变压器	1000kW	台	2	

3.4.1 液压爬模

主塔施工采用 HCB-100（ZPM-100）液压爬模体系，主塔施工标准节段为 4.5m，模板配置高度 4.65m，模板下包 100mm 以保证新浇混凝土底口质量，模板上挑以防止混凝土浆溢出。塔柱内外模采用木工字梁体系模板。

3.4.2 塔式起重机

P2 主塔设置 1 台 TC630-32t 塔式起重机和 1 台 ZQT125-8t 塔式起重机，P3 主塔设置 1 台 TC630-32t 塔式起重机和 1 台 ZQT125-10t 塔式起重机，塔式起重机分别安装在主塔的上下游两侧。由于本桥主塔较高，在施工过程中塔式起重机需达到一定高度后设置附墙，附墙预埋件在主塔施工时预先埋设好。吊物重量与吊具见表 3-6。

吊物重量与吊具表　　　　　表 3-6

项目	下架体	模板				上架体
		MB1	MB2	MB3	MB4	
重量（kg）	8000	900	1900	1700	1800	4000
吊距（m）	24	20	20	22	22	24

塔式起重机主要性能如表 3-7 所示。

塔式起重机主要性能表　　　　　表 3-7

ZQT125-10t	幅度（m）	15	25	35	45	55	65	最大悬臂
	吊重（t）	10	5.9	3.88	2.78	2.08	1.6	46.2m
TC630-32t	幅度（m）	15	25	30	35	40	45	最大悬臂
	吊重（t）	32	29.29	23.57	19.56	16.59	14.3	40m

3.4.3 电梯

每个主塔的两个塔肢上均设置一部电梯，电梯随着塔柱的施工进度接高。电梯底部平台通过塔柱预埋牛腿固定在塔柱上，与施工栈桥同高，电梯与栈桥之间搭设人行通道。本工程采用 SC200/200 型斜置施工电梯，额定载质量 2000kg，额定提升高度 180m。

施工电梯主要性能参数如表 3-8 所示。

施工电梯主要性能参数表　　　　　表 3-8

序号	项目	单位	数值	备注
1	高度	m	180	
2	额定载质量	kg	2000	
3	额定提升速度	m/min	36	
4	额定载人	人	24	
5	电机功率	kW	2×2×11	
6	吊笼尺寸	m	3×1.3×2.2	

续上表

序号	项目	单位	数值	备注
7	吊笼质量	kg	1400	
8	标准节质量	kg	165	
9	标准节尺寸	mm	650×650×1508	
10	配重质量	kg	1200	
11	吊杆额定起质量	kg	200	
12	底笼外形尺寸	mm	3100×4200	

图 3-1　混凝土泵管的布置示意图

3.4.4 混凝土输送泵

下塔柱及下横梁施工采用混凝土汽车输送泵进行混凝土浇筑，中塔柱以上采用拖式高压混凝土输送泵。输送泵布置在施工栈桥上（图 3-1），通过栈桥和主塔之间的托架铺设管道到达主塔，为方便施工拟在两个塔肢内各布置一套泵管，通过在塔柱井筒内设置预埋件，将泵管安装在塔柱井筒内。塔柱混凝土输送泵拟采用 HBT80EE-1813 型拖式混凝土输送泵（表 3-9）。该泵理论混凝土输送量 86m³/h，垂直最大输送距离可达 180m，满足本桥主塔施工。

HBT80E-1813 拖式混凝土泵主要性能参数　　　表 3-9

序号	项目	单位	参数	备注
1	理论混凝土输送量（低压）	m³/h	86	
2	理论混凝土输送量（高压）	m³/h	51	
3	理论混凝土输出压力（低压）	MPa	6.7	
4	理论混凝土输出压力（高压）	MPa	12.5	
5	电动机	kW	110	
6	料斗容积	m³	0.6	
7	外形尺寸	mm	6685×2085×2072	
8	整机质量	kg	7100	
9	理论最大输送距离（φ125mm）	m	水平600、垂直180	
10	理论最大输送距离（φ150mm）	m	水平700、垂直200	

4 施工工艺技术

4.1 技术参数

（1）下塔柱

P2 墩下塔柱高度为 51m，内侧斜率为 1.87 : 1，外侧斜率为 4.44 : 1，共分为 13 个节段进行施工，节段高度分别为 4×4.25m、7×4.0m、2×3.0m。P3 墩下塔柱高度为 46m，内侧斜率为 1.87 : 1，外侧斜率为 4.44 : 1，共分为 12 个节段进行施工。

（2）中塔柱

P2 墩中塔柱高度 56.5m，共分为 14 个节段，分节高度分别为 4.4m 和 4.5m，中塔柱向内倾斜，内侧斜率为 10.21 : 1，外侧斜率为 7.96 : 1，采用液压爬模逐段施工至上横梁位置；P3 墩中塔柱高度 56.5m，共分为 14 个节段，中塔柱向内倾斜，内侧斜率为 10.21 : 1，外侧斜率为 7.96 : 1。

（3）上塔柱

上塔柱为等截面垂直结构，共分为 14 个节段，分节高度分别为 4.5m 和 4.6m。

4.2 塔柱施工工艺流程

主塔总体施工工艺流程图如图 4-1 所示。

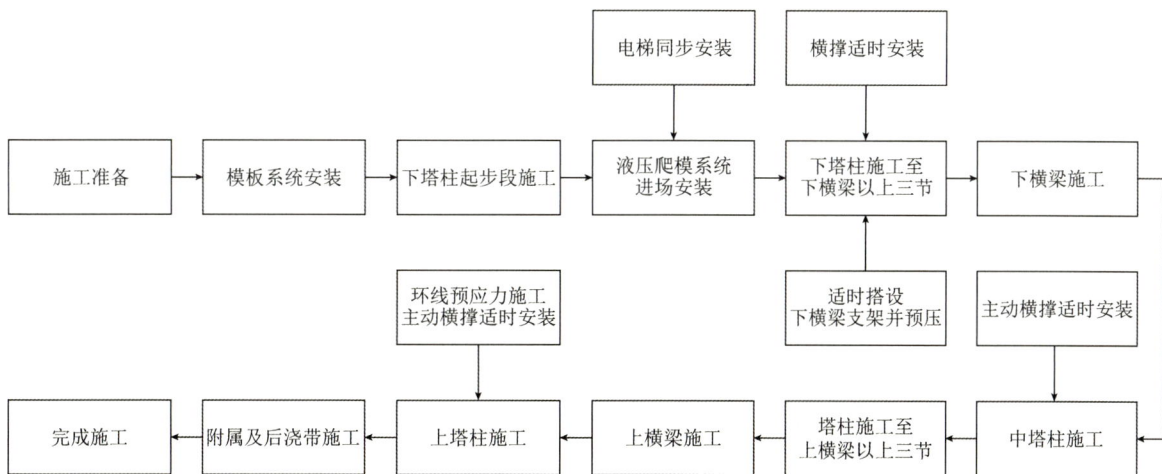

图 4-1 主塔施工工艺流程图

4.3 塔柱施工方案

4.3.1 下塔柱施工方案

1）下塔柱施工

塔座施工完成后对混凝土面进行凿毛处理，接长劲性骨架，安装下塔柱第一节段钢筋，仅利用液压爬模末端部分完成下塔柱第一节段施工，并预埋液压爬模附着固定所需的拉杆及锚栓；施工完成后采用塔式起重机拆除模板安装劲性骨架，绑扎第二节段钢筋，并预埋液压爬模附着固定所需的拉杆及锚栓，然后安装爬模架腿及三脚支撑架，吊装爬模模板与架体连接，进行第二阶段下塔柱施工；施工完成后采用塔式起重机拆除模板安装劲性骨架，绑扎第三节段钢筋，并预埋液压爬模附着固定所需的拉杆及锚栓，安装液压爬模爬架及三角支撑架，液压爬模爬升完成第三阶段塔柱施工，液压爬模依次循环施工完成整个下塔柱施工。P2、P3下塔柱分节布置分别如图4-2、图4-3所示。

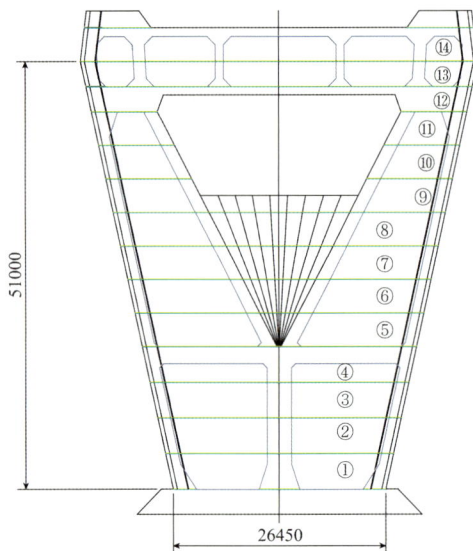

图 4-2　P2墩下塔柱分节布置示意图
（尺寸单位：mm）

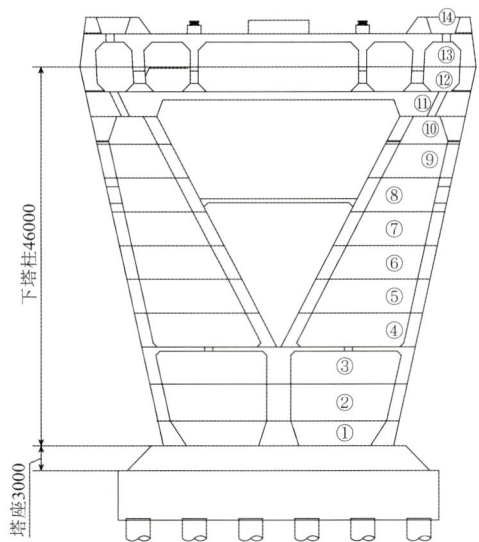

图 4-3　P3墩下塔柱分节布置示意图
（尺寸单位：mm）

2）下塔柱回填混凝土施工

为提高下塔柱的抗撞能力，在下塔柱空腔199.949m以下回填C25混凝土。为保证回填混凝土不参与受力，采取以下措施：

（1）在回填混凝土浇筑之前，在已浇筑塔柱内壁粘贴一层油毛毡，起隔离作用。

（2）在每节塔柱施工节段达到90%设计强度后，分层回填C25混凝土，每层厚度不超过1m，待先填混凝土达到80%设计强度后，再填筑下一层。

3）下塔柱后浇装饰带施工

后浇装饰带采用与主塔相同强度等级的C50钢筋混凝土；后浇装饰带在主塔及主梁二

期施工完成后，选择在枯水期施工，以避免洪水影响。

下塔柱施工过程中预留后浇带接茬钢筋；后浇带外模采用定型钢模板，内模采用竹胶板，支撑结构采用承插式盘扣支架。

4.3.2　中塔柱施工方案

中塔柱采用液压爬模逐段施工至上横梁位置，整体施工流程同下塔柱相同。

中、下塔柱施工工艺流程图如图 4-4 所示。

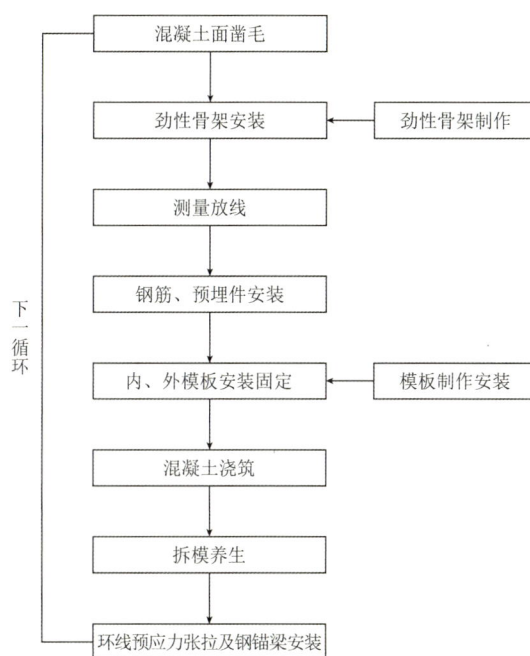

4.3.3　上塔柱施工方案

上塔柱采用节段高度 4.75m 液压爬模逐段施工，施工过程中两塔肢之间采用主动支撑结构进行支撑，索塔区钢锚梁安装采用塔式起重机吊装。上塔柱施工工艺流程如图 4-5 所示。

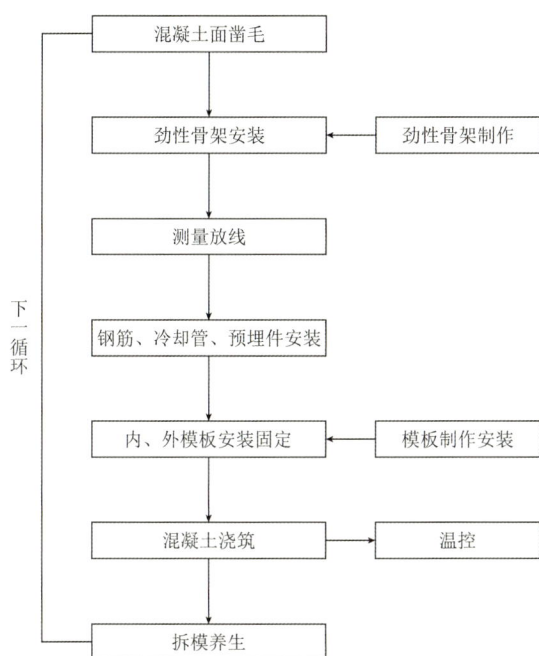

图 4-4　中、下塔柱施工工艺流程图　　图 4-5　上塔柱施工工艺流程图

上、下横梁与塔柱异步施工。横梁全部采用预埋牛腿支架＋贝雷梁支架的现浇支架施工。为防止横梁钢筋在塔柱衔接面处同一截面截断，在施工衔接面时此面爬模模板改为木胶板作为模板，木胶板上按横梁钢筋的位置钻孔，横梁钢筋按规范的要求进行错茬通过木胶板安装，塔柱混凝土浇筑完成后把木胶板拆除。

4.4　劲性骨架施工方案

4.4.1　劲性骨架加工

劲性骨架的主要作用是支撑钢筋、临时调整、固定模板及定位复测，塔柱劲性骨架总高度与主塔同高，考虑到钢筋模数及方便施工，采取分节加工安装，劲性骨架根据塔柱钢筋的预埋深度，劲性骨架底距离承台底 45cm，劲性骨架设置长度 9m，直至主塔全部完成。劲性骨架竖向角钢、定位均采用∠80mm × 80mm × 8mm 角钢，连接系采用∠50mm × 50mm × 5mm 角钢制作。主塔劲性骨架节段如图 4-6 所示。

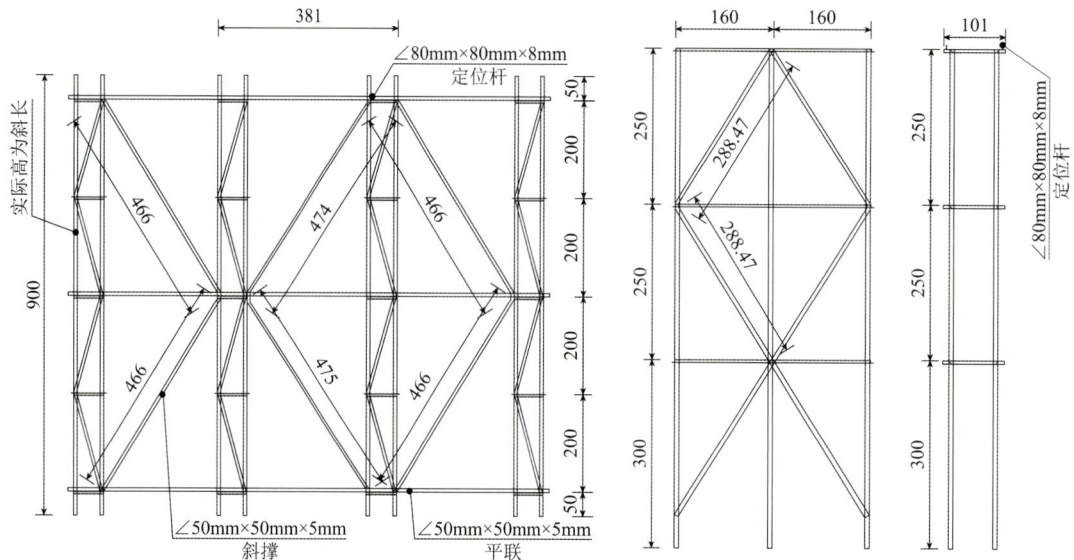

图 4-6　劲性骨架图及联系图（尺寸单位：cm）

P2、P3 墩劲性骨架加工均在两岸钢平台上进行，根据设计图纸进行加工，加工过程中为保证劲性骨架桁架解结构加工精度，在施工过程中可设置加工"胎架"进行精确定位。

4.4.2 劲性骨架运输和安装

劲性骨架运输：劲性骨架吊运采用汽车起重机或履带起重机吊装，平板车装运，起吊过程应缓慢平稳，运输过程中，劲性骨架底部用型钢或道木垫平，整个过程中要尽量避免劲性骨架桁架结构发生变形。

安装：劲性骨架安装前由测量人员根据塔柱设计位置及钢筋保护层，详细精确的放出劲性骨架定位架位置，将劲性骨架吊装安装至设计位置，采用角钢焊接加固并将劲性骨架与主塔钢筋连接；塔柱施工过程随塔柱混凝土节段的升高，依次逐节接高劲性骨架。两节劲性骨架采用对接焊连接，连接焊缝为三面围焊，并采用钢板或角钢进行补强；对接时，塔式起重机吊起劲性骨架至设计位置，并利用手拉葫芦调整劲性骨架位置，施工过程中，测量跟踪校核，焊接牢固达到要求后，松开塔式起重机吊钩。

4.4.3 加工及安装精度

（1）加工精度

长、宽尺寸允许误差：±5mm；对角线允许误差：±6mm；轴线允许误差：±2mm。

（2）安装精度

中轴线允许偏差：±H/1500mm；高程允许偏差：±5mm；外形尺寸允许偏差：±5mm。

4.4.4 索导管施工工艺及控制要点

（1）根据测量定位点先用塔式起重机将索导管调至大概位置后，用仪器进行精调，索导管利用劲性骨架进行固定。

（2）索导管外侧设置直径 20mm 的圆钢螺旋筋，螺旋筋自索导管两端向内侧缠绕 14 圈间距为 60cm，若两端的螺旋筋出现重合段，将重合部分截去，使螺旋筋沿导管通长布置。

（3）索导管安装分两个阶段进行：

①第一阶段（初定位）：在施工场地拼装索导管定位架（劲性骨架），在验收合格的索导管定位架上测量放线，确定索导管位置（相对高程、中心线），依此焊接可调装置，并临时固定。各鞍板与定位架横杆及导管之间临时点焊，在较高支点索导管管底部焊接阻挡角钢，将抄垫挂靠在横杆上以防滑落。

②第二阶段（精定位）：将已初定位的索道管与定位架单元起吊至塔顶预留骨架对位、调整至位置、高程满足要求后焊接（平面位置偏差不大于 5mm，垂直度偏差不大于 1/100），测量检查索导管顶口及底口位置，根据测量结果，利用可调螺栓微调索道管至满足坐标要求（进出口中心坐标误差 ≤ 3mm），经监理检查合格后索道管与定位架牢固焊接，以防混凝土浇筑时导管上浮。定位架单元吊装前需先进行已安装定位架的顶面高程及位置的测量，偏差较大时需进行调整，其后再进行定位架单元的安装。锚固区预应力筋与定位架斜杆不能避开时，待索道管精确定位并焊接牢固后，可先在不冲突的位置焊接斜杆，再将位置冲突的斜杆切除。

施工过程中要严格按设计反馈的预抬量进行控制。

4.5 主塔钢筋施工方案

4.5.1 索塔钢筋分类及特点

（1）塔柱钢筋

塔柱钢筋主要型号有ϕ32mm、ϕ28mm、ϕ25mm、ϕ22mm、ϕ20mm、ϕ16mm、ϕ12mm 钢筋和ϕ8mm@10cm×10cm 带肋钢筋网。直径 ≥ 16mm 的钢筋连接采用机械连接，其余钢筋采用焊接。ϕ8mm@10cm×10cm 带肋钢筋网搭接附在ϕ16mm 钢筋上。

塔柱钢筋施工特点：塔柱ϕ32mm竖向主筋接长时悬臂较长，施工时安装、固定困难；与横梁交叉处预埋钢筋多，尺寸各异、布置密，定位、安装较难，施工难度大。

（2）横梁钢筋

横梁钢筋主要型号有ϕ32mm、ϕ25mm、ϕ16mm钢筋和ϕ8mm@10cm×10cm带肋钢筋焊网。ϕ32mm主筋采用直螺纹接头，其余钢筋采用焊接或绑扎连接。ϕ8mm@10cm×10cm带肋钢筋焊网搭接附在ϕ16mm钢筋上。

横梁钢筋施工特点：横梁较高，钢筋层数多，定位较难；预应力管道多，与横梁钢筋相互干扰大。

钢筋安装原则：预应力管与主筋冲突时，适当调整钢筋位置。

4.5.2 施工工艺流程

钢筋安装施工工艺流程为：钢筋安装之前测量定位→钢筋定位架施工→塔柱竖向钢筋安装→水平钢筋安装→拉勾筋安装→其他钢筋安装→钢筋验收。

4.5.3 钢筋加工

钢筋加工按照《公路桥涵施工技术规范》（JTG/T F50—2020）、《铁路混凝土工程钢筋机械连接技术暂行规定》（铁建设〔2010〕41号）执行。

（1）主筋直筋加工连接接头

塔柱主筋按9m定尺长度下料，在钢筋加工场地车丝焊接。

钢筋套丝在钢筋螺纹套丝机上进行。在受力钢筋中，端头有弯勾的采用加长型丝头，其余采用标准型丝头。

滚轧直螺纹钢筋丝头检验标准见表4-1。

滚轧直螺纹钢筋丝头检验标准表　　　　　　表4-1

检验项目	检验方法及要求
螺纹塞通规检测	检验螺母应能顺利拧入，螺纹环规拧入不得超过3个丝距
丝头长度	丝头有效数量不得少于设计要求
钢筋接头扭矩	ϕ32mm钢筋安装时最小拧紧扭矩值不得少于320N·m

（2）其余钢筋加工

钢筋加工在后场加工组进行，根据设计图纸下料并考虑接头错开，在同一截面接头数量不超过钢筋数量的50%，不同层钢筋接头也要按规范错开，错开间距不小于35d（d为钢筋直径）。钢筋加工检查标准见表4-2。

钢筋加工检查标准表 表 4-2

项次	检验项目	允许偏差（mm）	检验方法和频率
1	受力钢筋顺长度方向加工后全长	±10	钢卷尺 2 点
2	弯起钢筋各部分尺寸	±20	钢卷尺 2 点
3	箍筋、水平筋各部分尺寸	±5	钢卷尺 2 点

4.5.4 钢筋运输和安装

（1）钢筋运输

钢筋水平运输采用板车，由 25t 起重机按钢筋安装的先后顺序吊到平车上，转运、堆放在现场临时堆场内。

钢筋垂直运输采用塔式起重机，用专用吊具逐捆吊装至塔柱或横梁上安装。

（2）钢筋安装

塔柱钢筋安装顺序为：主筋→箍筋→拉筋→防裂网钢筋。主筋依靠劲性骨架上的定位框精密定位，逐根就位后进行直螺纹接头连接，箍筋和拉筋利用主筋定位绑扎。

安装钢筋前测出准确位置，然后用红油漆在钢筋定位框架上标出钢筋的位置，按画线依次绑扎，以确保钢筋间距、位置、顺直。钢筋安装时要注意错开接头，钢筋同一断面受力筋接头面积不大于 50%。

（3）钢筋安装允许偏差

钢筋安装允许偏差见表 4-3。

钢筋安装允许偏差表 表 4-3

检查项目			允许偏差（mm）
受力钢筋间距	两排以上排距		±5
	同排	梁、板、拱肋	±10
		基础、锚碇、墩台、柱	±20
	灌注桩		±20
箍筋、横向水平钢筋、螺旋筋间距			±10
钢筋骨架尺寸	长		±10
	宽、高或直径		±5
弯起钢筋位置			±20

续上表

检查项目		允许偏差（mm）
保护层厚度	柱、梁、拱肋	±5
	基础、墩台	±10
	板	±3

4.5.5 钢筋施工注意事项

（1）钢筋下料时，切口端面应与钢筋轴线垂直，不得有马蹄形或挠曲。

（2）钢筋头头不得有与钢筋轴线相垂直的横向裂纹。对于不合格的钢筋头，应切去后重新检查，检查合格后方能使用。

（3）钢筋加工完成后，根据不同型号堆放，堆放时用枕木垫高并做好标识牌（标明型号、数量）。存放的钢筋用彩条布覆盖，避免钢筋长时间受日晒雨淋产生锈蚀和遭受污染。

（4）丝头用胶盖护住，避免损伤。

（5）受力钢筋焊接或绑扎接头应设置在内力较小处，并错开布置，对于绑扎，两接头间距离不小于 1.3 倍搭接长度。

（6）电弧焊接和绑扎接头与钢筋弯曲处的距离不应小于 10 倍钢筋直径，也不宜位于构件最大弯矩处。

（7）钢筋与模板之间应设置垫块，垫块应与钢筋扎紧，并相互错开，确保混凝土保护层厚度。

4.6 主塔模板施工方案

4.6.1 液压爬模施工方案

1）液压爬模系统简介

液压爬模的动力来源是本身自带的液压顶升系统，液压顶升系统包括液压缸和上下换向盒，换向盒可控制提升导轨或提升架体，通过液压系统可使模板架体与导轨间形成互爬，从而使液压爬模稳步向上爬升，液压爬模在施工过程中无须其他起重设备，操作方便，爬升速度快，安全系数高。

液压爬模系统主要分为模板系统、架体系统、埋件系统、液压系统及安全防护平台等。模板系统由面板和工字梁等组成；架体系统主要由三脚支撑架、后移装置、中平台、吊平台、导轨、附墙装置、主背楞组成；液压系统主要由液压泵站控制台、液压缸、调速阀、胶管、液压阀及配电装置；预埋件主要由埋件板、高强螺杆、受力螺栓、爬锥组成。

液压爬模系统可根据施工对象的特点进行相应的配置，形成适应各种断面形状、各种高度的自动爬模系统。如：根据塔的外形，爬模可调整为垂直或倾斜状态；根据不同的施工节段高度及混凝土浇筑强度等技术参数，可选配相应规格的组合模板、导轨及架体高度；根据截面形状和尺寸，通过爬模承载力及变形控制的计算可确定爬模机位、模板及上架体的数量及布置形式。

液压爬模配置如下：爬模从塔座以上第一节开始安装。标准节段垂直高度 4.75m。首节浇筑高度 4.5m。模板设计高度 4.65m，其中模板下口包住已浇混凝土面 10cm，上口挑出 5cm 防止混凝土溢出。塔柱内外模采用木工字梁模板系统。架体采用 CB-100（ZPM-100）型液压爬模。

液压爬模平面布置图及施工工艺流程图如图 4-7～图 4-13 所示。

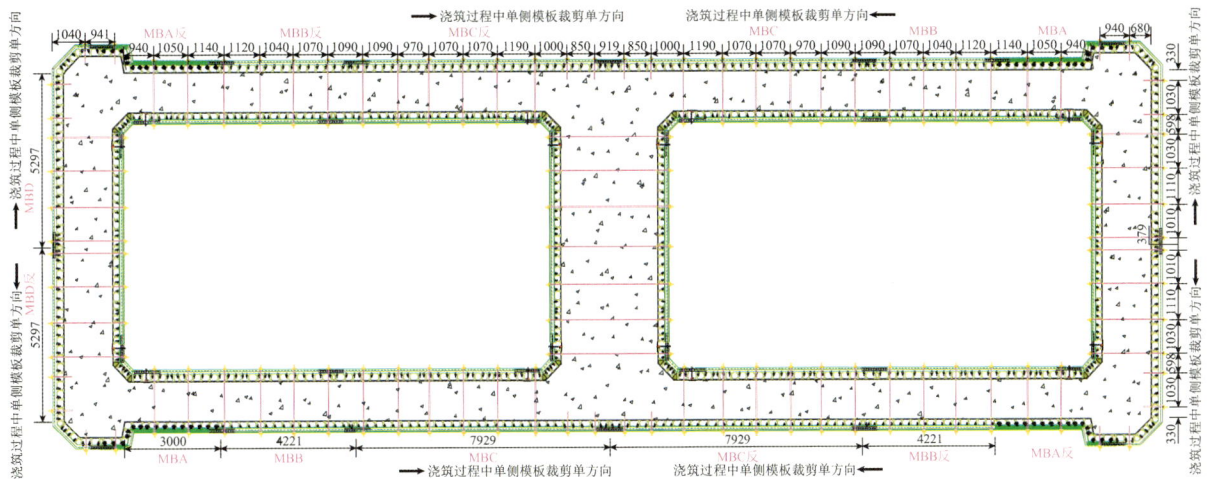

图 4-7 下塔柱模板平面示意图（尺寸单位：mm）

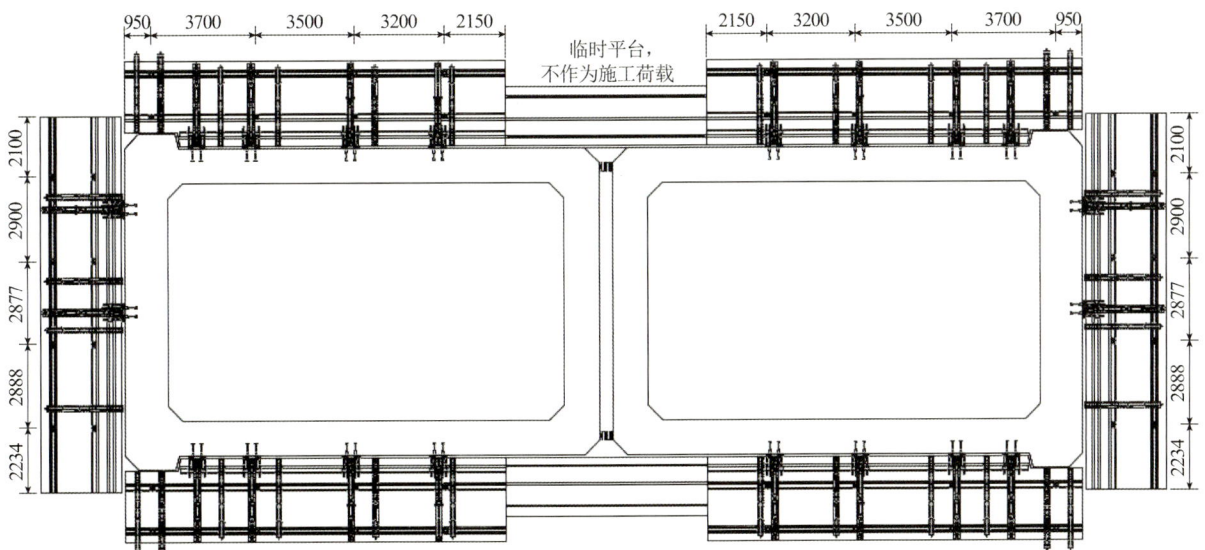

图 4-8 下塔柱模板爬架平面示意图（尺寸单位：mm）

图 4-9　中塔柱模板平面示意图
（尺寸单位：mm）

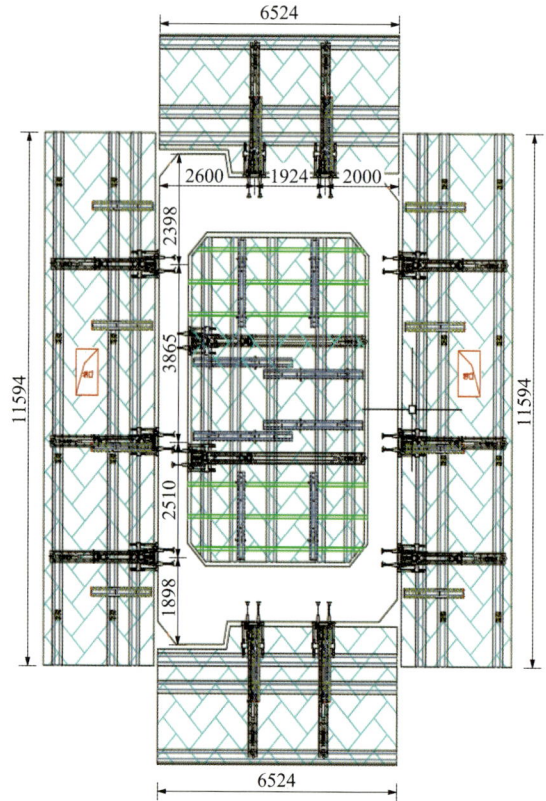

图 4-10　中塔柱模板爬架平面示意图
（尺寸单位：mm）

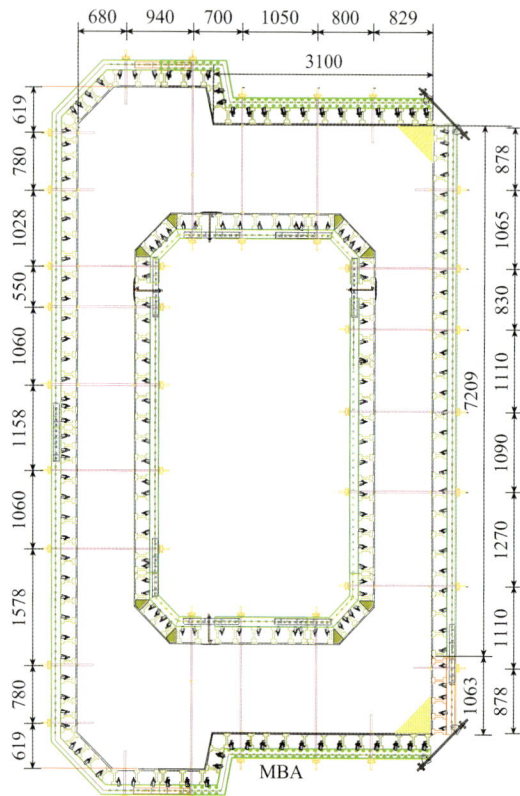

图 4-11　上塔柱模板平面示意图
（尺寸单位：mm）

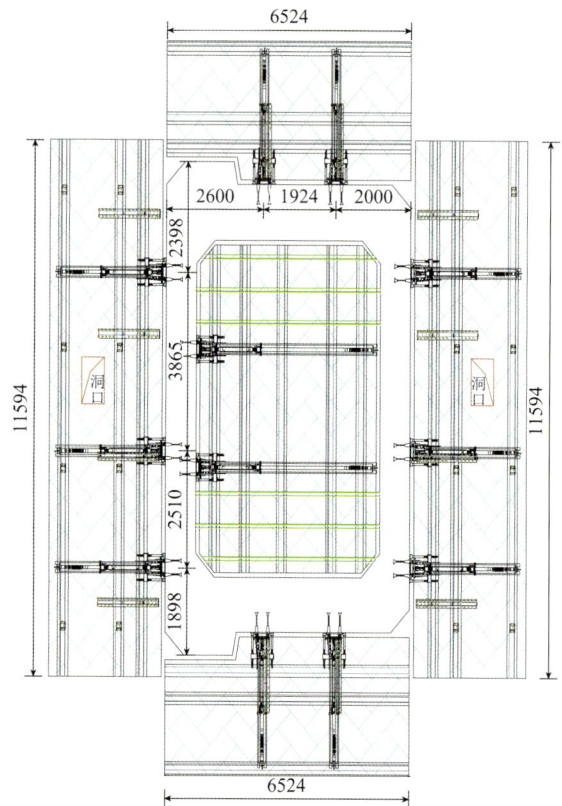

图 4-12　上塔柱模板爬架平面示意图
（尺寸单位：mm）

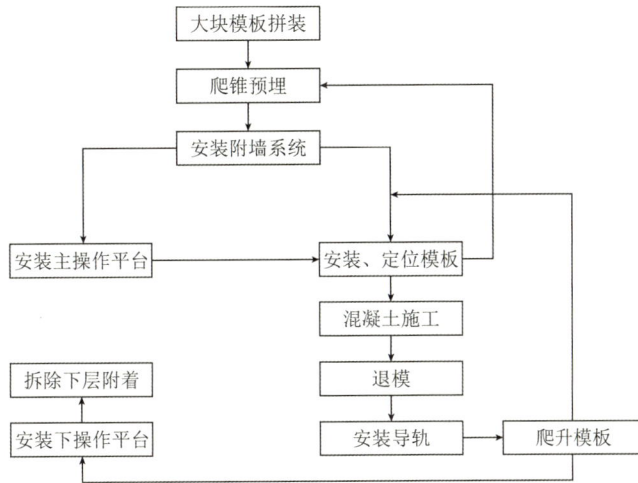

图 4-13 液压爬模施工工艺流程图

2）模板拼装

（1）模板拼装前准备好拼装工具，选择好拼装场地，场地内安置 20 号槽钢做模板拼装工作平台。模板拼装示意如图 4-14 所示。

a) 第一步：按设计位置安放钢围檩

b) 第二步：按设计位置安放木工字梁

c) 第三步：安装面板限位装置

d) 第四步：按设计安放木面板

e) 第五步：固定面板、钻拉杆孔

f) 第六步：拼装好的模板

图 4-14 模板拼装示意图

（2）模板的拼装标准及主要节点处理

拼装成型后，需达到以下标准：板面对角线误差值小于 3.0mm；相邻模板高低差 ±0.5mm，两块模板拼缝间隙±0.5mm；板面平整度±0.5mm，模板局部变形不应大于1.0mm；21mm 的进口扳倒用 35～40 次。

（3）模板吊运及码放

组装完成的模板，需要有规律的吊运、堆放在一起。首先，选用一块平坦、坚实的场地，确保模板堆放时不会发生倾斜。将第一块模板面朝上并保持离开地面净高 300mm 以上，背楞朝下放置平稳，确保水平，不能有晃动余量。然后在面板上放置 2～3 根长条方木（一般间距为 2m），木条长度与模板长边相近即可，接着放第二块模板，一般 5～6 块为一堆。注意保护面板，防止受雨淋和暴晒，储存期超过一周的应用帆布遮盖起来。如图 4-15、图 4-16 所示。

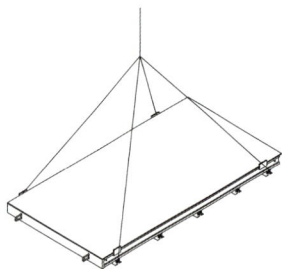

图 4-15　模板的吊运　　　图 4-16　模板的堆放

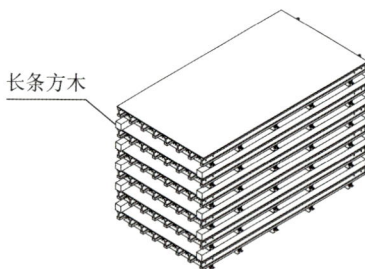

（4）合模

合模前，模板用洗衣粉水清洗面板，清洗面板宜用中等硬度的毛刷刷洗，板面要擦干净，否则模板上的灰尘会沾到混凝土的表面。必须确保本工序在混凝土冲毛之后进行。模板干后，用刷子或干净的毛巾，将模板表面刷上脱模剂。不要刷太多，严禁流淌，以有油光而无油痕为最佳。保证脱模剂均匀，雨后可再刷一遍脱模剂。

检查钢筋是否与模板拉杆孔、埋件系统相冲突，有冲突的须调整钢筋位置。

按照施工测量点，焊牢在钢筋上，控制模板间距的定位支撑，一般采用钢筋两侧加混凝土保护层作内撑。

检查钢筋四周是否有入模障碍物，进行清理。

吊模：起重机吊钩挂好两根钢丝绳，头带卡环，拴在木梁吊钩上。起重机要缓慢起动，在模板没离开地面时，起动一定要慢。起重机转到指定的位置，缓慢落钩，模板落稳后，将模板临时拴好，解开吊钩卡环，继续吊下一块模板。

合模校正：先将模板边缘用仪器或线坠校正模板的垂直度，并用角尺调整阴阳角模板的角度，确保垂直度与角度达到设计要求。然后穿好套管、拉杆，拧紧螺母。复查模板，调整至符合浇筑混凝土要求。注意，套管不宜过长，伸出模板背面 20mm 为佳。

（5）拆模

浇筑完混凝土后，当混凝土强度达到 6MPa 时，可以松动对拉螺杆 1～2 扣，当混凝土强度达到 15MPa 时可以进行拆模。拆模时先卸下拉杆螺母，抽出拉杆，堆放在适当位置。卸下芯带，将模板后移或者吊走。如模板内有定位的埋件系统，应先拆卸安装螺栓。

3）预埋件及附墙系统施工

预埋件及附墙系统施工工序图如图 4-17、图 4-18 所示。

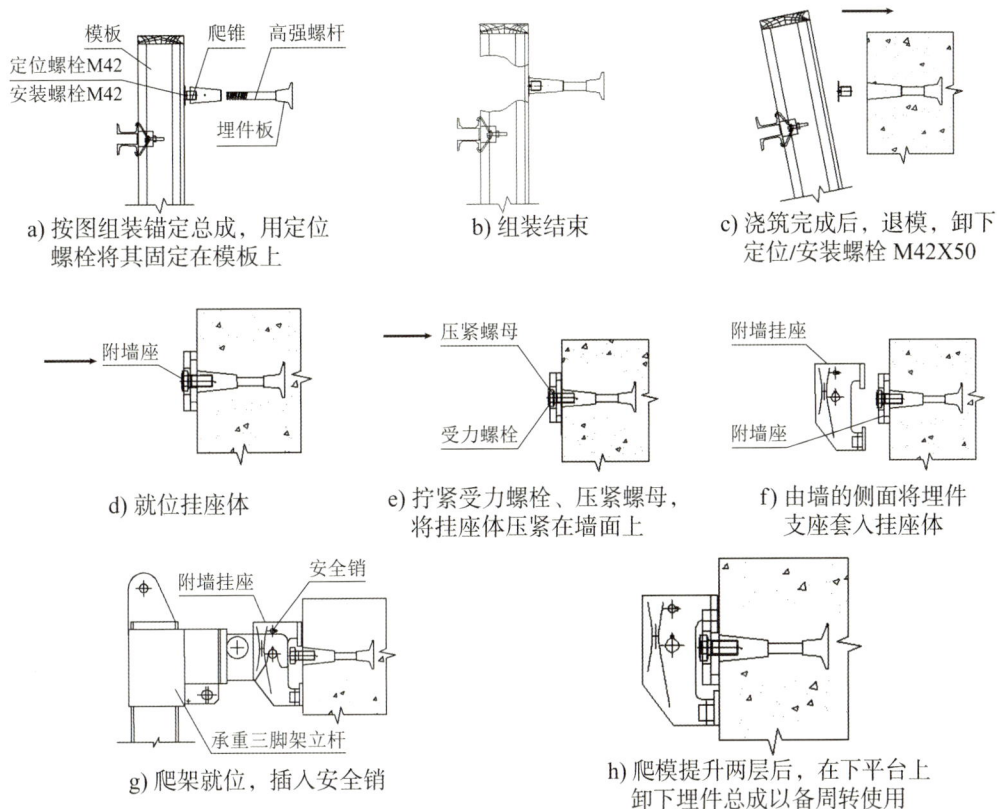

图 4-17 预埋件及附墙系统施工工序图

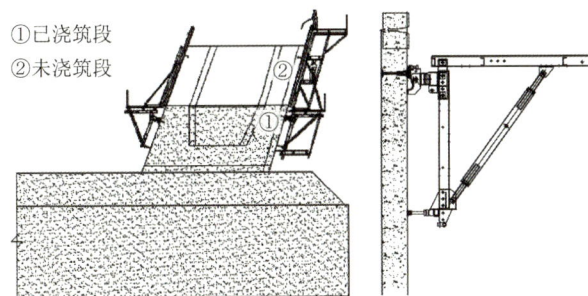

图 4-18 液压爬模施工及爬锥预埋示意图

4）液压爬模吊装

（1）吊装准备

①爬模吊装条件：第一层埋件安装好，混凝土浇筑完毕，混凝土强度达到 15MPa，即

可对爬模进行吊装。爬模的吊装必须经项目生产经理、总工程师签字后方可进行。

②爬模安装埋件、挂座时必须系好安全带并佩戴必要防护用品。高强螺杆和爬锥连接必须要拧紧，爬锥面顶到模板面板且不能转动即可。爬锥上均匀涂脱模剂，防止爬锥拆卸困难。

③机械设备：由现场提供塔式起重机配合爬模的吊装作业。

④人员组织：专业公司提供专人负责爬模吊装过程中的技术指导和安全培训工作，总包方负责爬模的吊装工作，应配专业架子工。爬模吊装前，工长应向施工人员进行书面安全交底，交底接收人应签字。

⑤在雷雨、大风（8级以上）、大雾、大雪等恶劣天气情况下，不得进行爬模作业。

⑥严禁夜间光线不足时进行爬升作业。

⑦吊装架体时除爬模操作人员外，其他人员一律离开爬模架，爬升到位后方可进行其他作业。

⑧吊装架体时，下端四周3m用警戒线维护，所有人员不得进入警戒区，以防高空有物体坠落。

（2）吊装分区

液压爬模吊装分区图如图4-19所示。

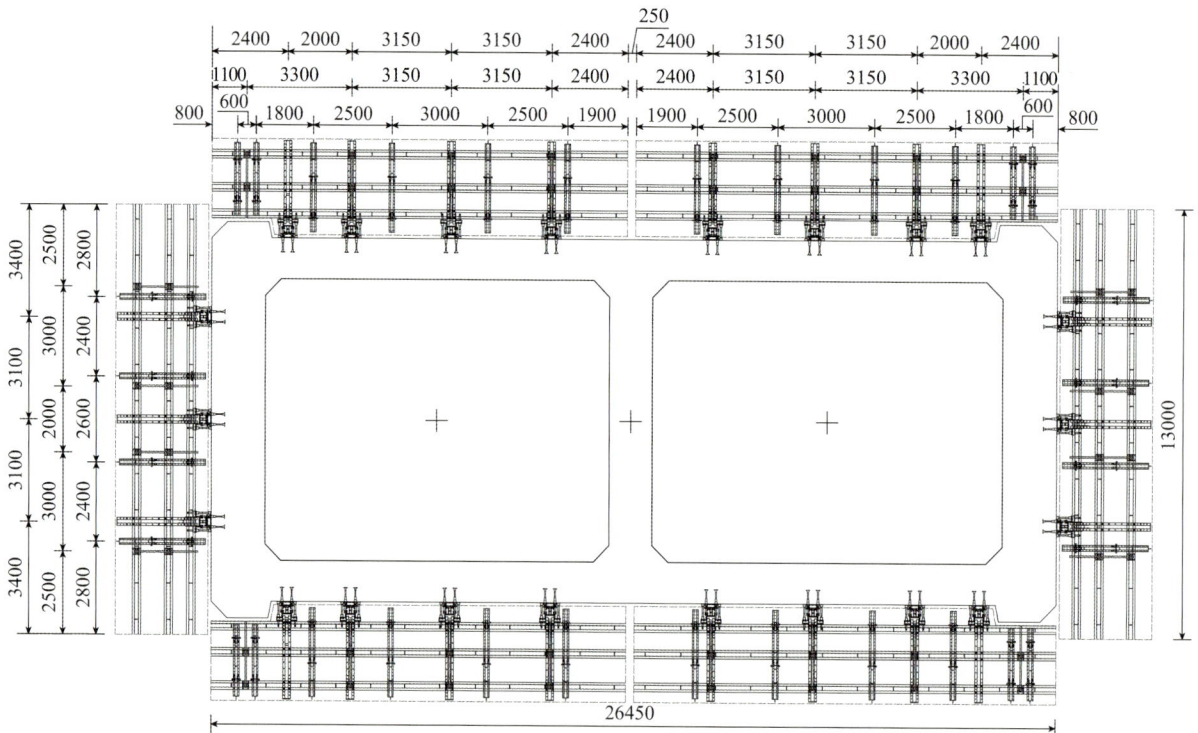

图4-19 液压爬模吊装分区图（尺寸单位：mm）

液压爬模模板平面布置图如图 4-20 所示。

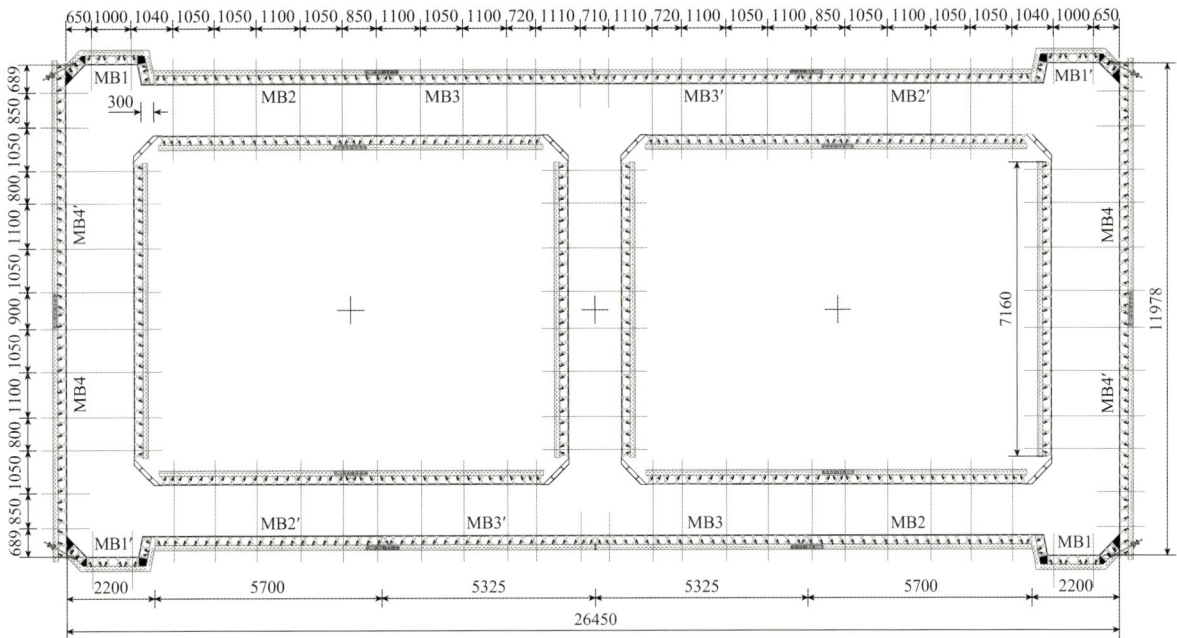

图 4-20　液压爬模平面布置图（尺寸单位：mm）

（3）吊装流程

吊装准备→在专门划分的场地组装好承重三脚架→安装主平台液压平台横梁→安装主平台液压平台板→吊装→安装主平台液压平台防护钢管→安装主平台液压平台防护网→地面组装好后移装置和模板→吊装模板及后移装置→固定安装好后移→地面组装好上桁架→吊装上桁架→安装上桁架防护钢管→安装上桁架防护网，如图 4-21 所示。

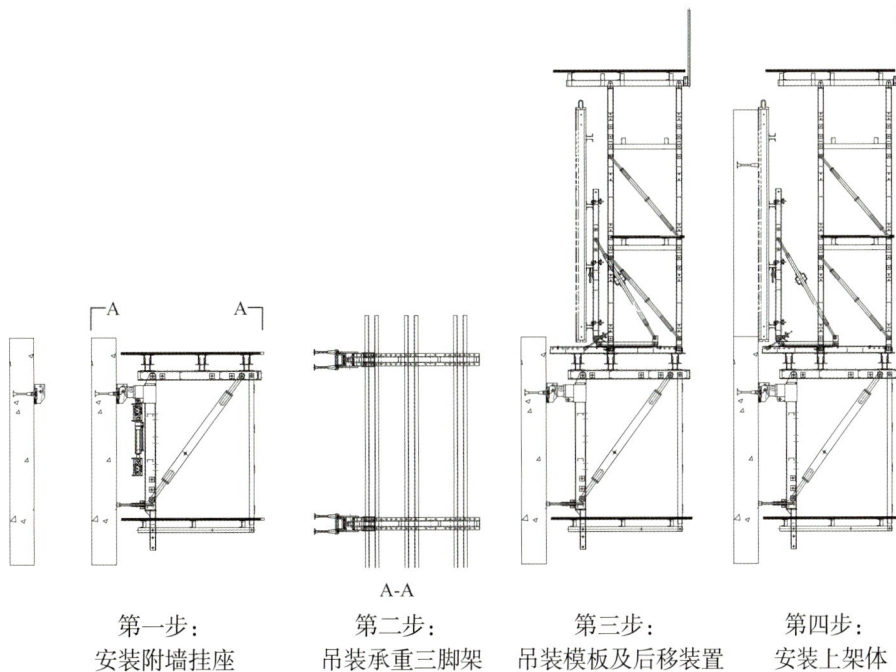

| 第一步：
安装附墙挂座 | 第二步：
吊装承重三脚架 | 第三步：
吊装模板及后移装置 | 第四步：
安装上架体 |

图　4-21

a) 组装架体

b) 安装挂座

c) 吊装架体

d) 悬挂到位

e) 安装钢管及防护网

f) 液压安装

g) 整理管线

h) 吊平台安装

图 4-21　液压爬模吊装步骤图

爬升准备→混凝土浇筑→拆模后移→安装附着装置→提升导轨→爬升架体→绑扎钢筋→

模板清理，刷脱模剂→埋件固定模板上→合模→浇筑混凝土→安装吊平台。如图 4-22 所示。

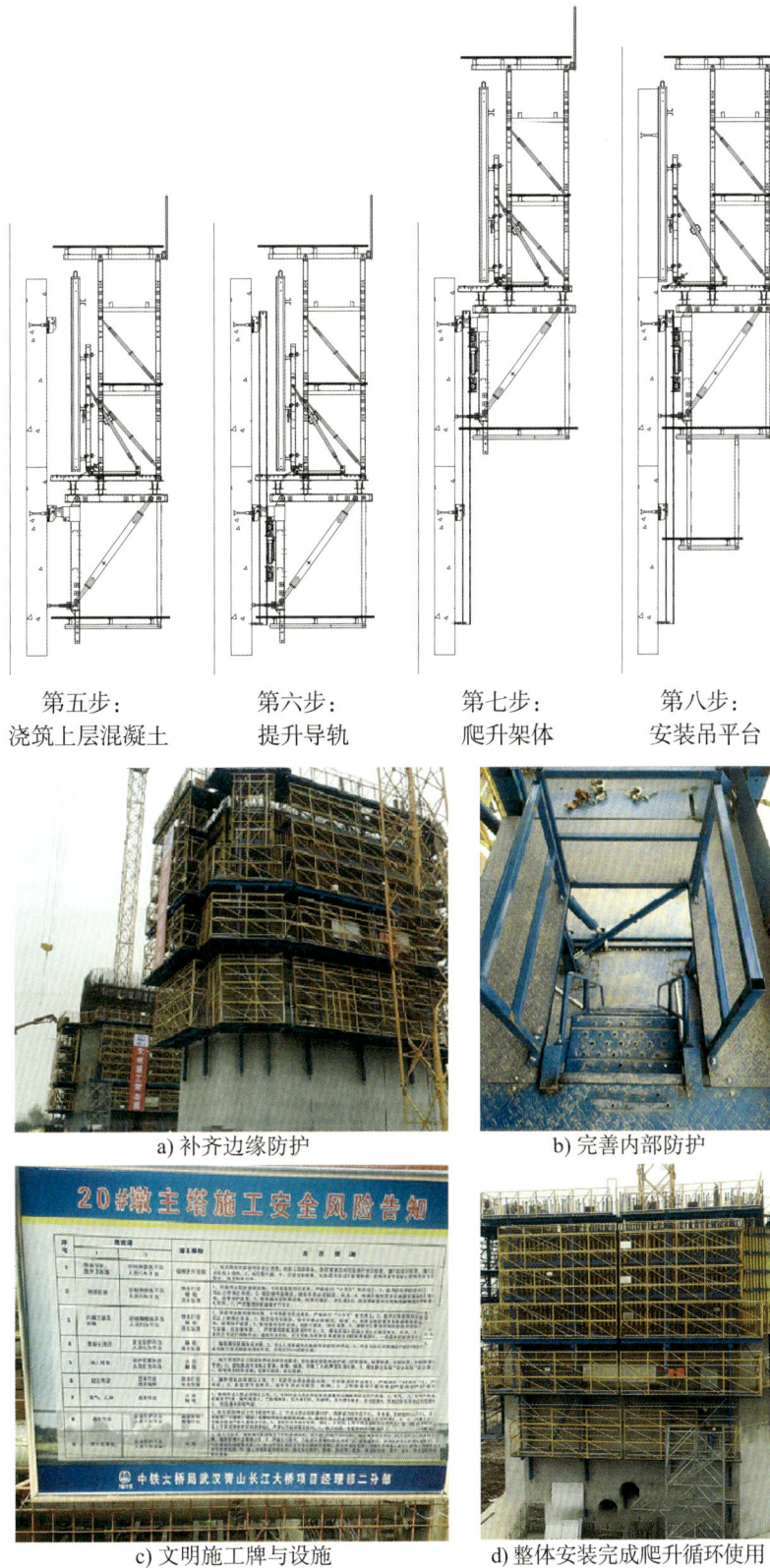

第五步：浇筑上层混凝土　　第六步：提升导轨　　第七步：爬升架体　　第八步：安装吊平台

a) 补齐边缘防护

b) 完善内部防护

c) 文明施工牌与设施

d) 整体安装完成爬升循环使用

图 4-22　液压爬模吊装步骤图

（4）各单元吊装部分吊重

各单元吊装部分吊重见表 4-4。

各单元吊装部分吊重   表 4-4

分区单元	吊重（kg）						
	下架体	模板				上架体
		MB1	MB2	MB3	MB4	
单元 A（横桥向）	8000	900	1900	1700	1800	4000
单元 B（顺桥向）	7000					4000

①上表为塔式起重机主要吊装吊次的理论重量，三脚架、导轨、泵站等单独吊装部件重量在此未列出。

②模板吊重不包括后移三脚架部分，模板吊装之后单独吊装单榀后移三脚架。

③下架体吊重不包括导轨部分，导轨单独提升之后吊装。

④考虑塔式起重机吊重以及现场操作方便，上述吊装分块可按分解后的构件单元依次吊装，在塔柱上拼装成整体。

（5）吊装吊点选择及要求

①严禁单侧起吊，严禁带附属重物起吊。

②对称布置吊点，个别吊重较大的吊次，可以布置对称 4 吊点，吊点位置尽量选择在纵向 1/4 附近，保证吊装的整体平衡。

③下架体单元吊装吊点选择在承重三脚架横梁处（注意不要吊在主平台分配梁处）。

④模板吊装吊点选择在模板吊钩位置。

⑤上架体吊装吊点选择在固定桁架上平台横梁处（注意不要吊在平台分配梁位置，以防吊装晃动过程中连接螺栓松动脱落）。

上、下架体及吊点布置如图 4-23～图 4-27 所示。

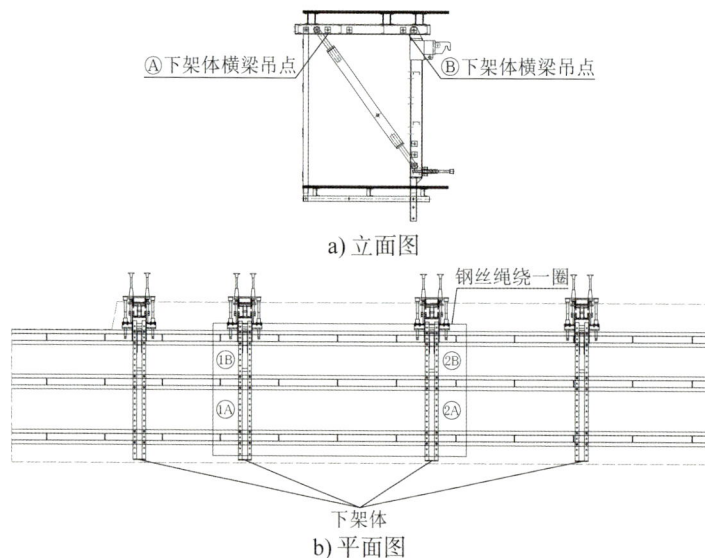

a) 立面图

b) 平面图

图 4-23　横桥向下架体

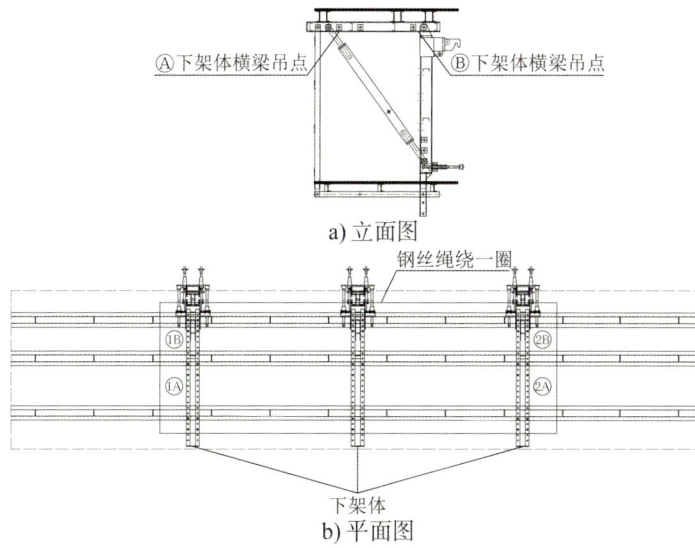

a) 立面图

b) 平面图

图 4-24　顺桥向下架体

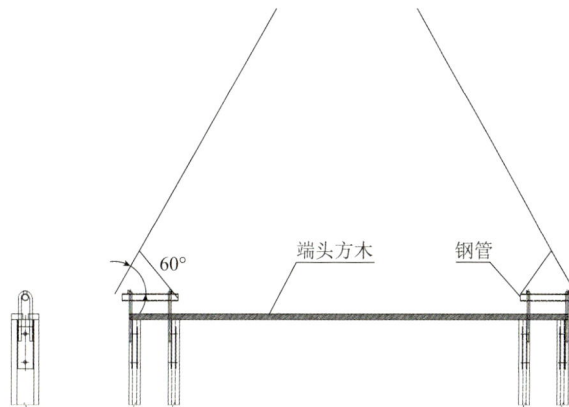

图 4-25　吊点布置图

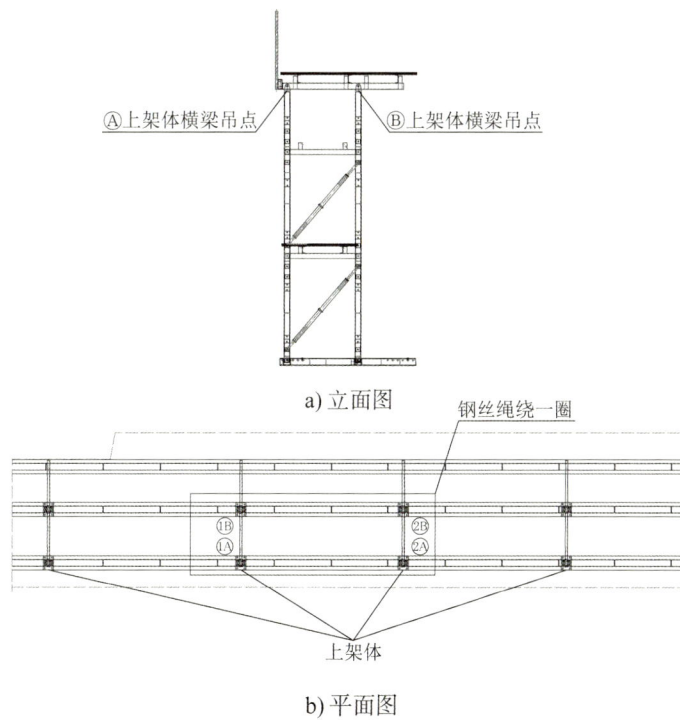

a) 立面图

b) 平面图

图 4-26　横向上架体

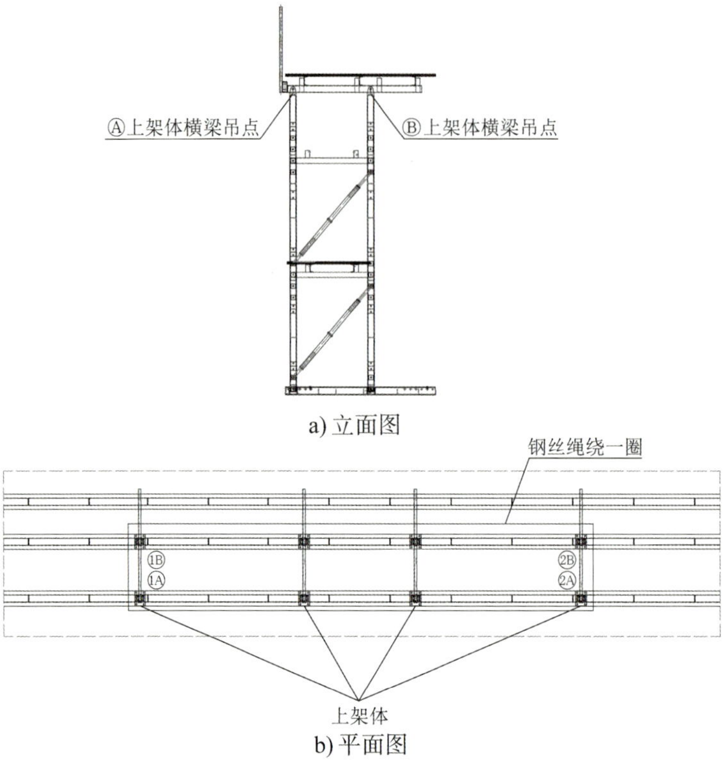

a) 立面图

b) 平面图

图 4-27 顺桥向上架体

4.6.2 横梁模板施工工艺

横梁与塔柱异步施工。详见"第 4.8 节横梁施工"。

4.6.3 塔柱内模施工工艺

塔柱内模采用液压爬模施工，下塔柱异形段内模使用 1.22m × 2.44m 的竹胶板和 10cm × 10cm 方木背肋的方式，内外模间采用对拉螺杆联结，其他标准段内模使用液压爬模施工。液压爬模顺序为：先用普通立模方法立第二节塔身模板 4.25m（只用液压爬模模板部分），按预埋设计图安装预埋件，浇筑第二节塔身混凝土，拆除模板安装三角爬架，从第三阶段开始采用液压爬模爬升施工，在变截面段或异形断面，通过对液压爬模模板进行切割改装，保证塔柱断面形状。施工工艺同外模。

4.6.4 模板的安装和验收标准

1）模板的安装

（1）安装前的准备工作：清理施工缝、检查钢筋保护层垫块和预埋件、清理模板表面及涂刷脱模剂。

（2）模板采用塔式起重机安装，手拉葫芦调位，手拉葫芦悬挂于劲性骨架上。模板临时固定在劲性骨架上，塔柱模板就位后，相邻模板用螺栓固定，内外模板用对拉螺杆固定。

（3）模板安装应在测量精确定位后固定。

（4）横梁底模安装时根据预压情况得出数据后，对高程进行相应调整。

2）模板安装质量标准

模板安装质量标准见表4-5。

模板安装质量标准 表 4-5

序号	项目	允许偏差（mm）
1	模板高程	±10
2	模板内部尺寸	±20
3	轴线偏位	8
4	模板相邻两板表面高低差	2
5	模板表面平整	3

4.6.5 模板的拆除

（1）当混凝土达到规定强度时开始拆模。模板拆除前，应有防摆动措施。

（2）拆除的模板应及时修复和清理，以便周转使用。

（3）拆模后塔柱混凝土表面留下排列整齐的拉杆预埋锥形小孔，应及时进行修补。

4.7 主塔混凝土施工

4.7.1 混凝土设计要求

塔座混凝土强度等级C50，桥塔塔柱、横梁混凝土采用C50混凝土，上塔柱采用C50纤维混凝土。

4.7.2 混凝土搅拌

本桥主塔施工所用混凝土全部采用商品混凝土，由于主塔混凝土质量要求较高，为保证原材料及混凝土的质量，项目部安排一名试验人员专门驻守监督混凝土生产。混凝土浇筑时，根据砂石料的含水率，试验人员在浇筑混凝土过程中每盘混凝土测坍落度，在保证水灰比不变的前提下，随时调整水量，混凝土拌制时应严格控制水灰比和搅拌时间，搅拌时间不得少于90s。

4.7.3 混凝土浇筑工艺

混凝土采用泵送工艺，下横梁以下采用汽车泵泵送，中塔柱以上采用拖泵泵送，软管布料，串筒入仓。

（1）混凝土输送泵设置

下塔柱以下混凝土采用汽车泵泵送，施工前期汽车泵停靠在钢围堰旁边，后期汽车泵停靠在钢平台上施工，混凝土拖泵安装在钢平台上。

（2）泵管沿中、上塔柱在塔腔内壁附着，随塔柱施工面的上升而接高。

（3）入仓混凝土按规范分层浇筑，用ϕ50mm和ϕ30mm插入式振捣棒振捣。

4.7.4 混凝土施工要点

（1）根据塔柱段节分层划分，单节段塔柱浇筑高度3.0～4.6m，混凝土浇筑时，为了减小混凝土自由落体高度，需要悬挂溜筒下料进行混凝土浇筑。溜筒布置间距为1.5m，溜筒单节长度1.0m，根据浇筑高度，在浇筑过程中接长或缩短溜筒长度，从而保证混凝土自由落体高度不大于2.0m。

（2）混凝土浇筑对称下料、分层振捣，分层高度控制在30～40cm。

（3）混凝土振捣时分区定块、定员作业，混凝土振捣应密实，无漏振、过振现象。

（4）振捣采取快插慢拔方式，严格控制棒头插入混凝土的间距、深度与作用时间，并密切观察振捣情况，在混凝土泛浆、不再冒出气泡视为混凝土振捣密实，防止混凝土表面出现蜂窝、麻面甚至空洞等缺陷。

（5）混凝土振捣间距小于40cm，振捣上层混凝土时要插入下层混凝土5cm以上。每个振动点振捣时间控制在35～45s。

（6）在劲性骨架矩形小断面桁架处，振捣人员需进入桁架内部，保证桁架处混凝土的振捣质量。

（7）振捣过程中振捣棒严禁接触模板。并在混凝土浇筑期间内，派专人检查模板对拉螺杆松紧情况，防止出现爆模、漏浆等现象；专人检查预埋钢筋和其他预埋件的稳固情况，对松动、变形、移位等情况，及时进行处理。

4.7.5 混凝土凿毛与养护

1）混凝土的养护

为保证混凝土质量，防止或减少混凝土表面开裂，浇筑完成的混凝土必须及时进行养护。混凝土拟选用养护剂养护，当模板拆除后，立即将预先配制好的养护剂用喷浆泵或用刷子涂刷在混凝土表面上，喷洒时确保均匀、适量，勿漏喷，勿流淌，养护剂一般喷洒两道，并随配随用。养护剂的品种或配方经严格试验选取，避免养护剂对混凝土表面颜色产生不良影响。养护时间不少于7d。混凝土养护由专人负责，并签订责任状，以提高养护人员的责任心。同时，现场值班技术员随时检查、监督养护实施情况；质检员不定期抽检养护效果。

2）施工缝处理

拟采取以下措施确保塔柱与塔座、塔柱节段间接缝处混凝土的内在和外观质量：首节起步段模板安装前用铝合金条作靠尺,在塔柱轮廓线内设置水泥砂浆带,防止漏浆,并作为模板底口限位装置。模板下用木板调平。在模板安装后,用水泥砂浆将模板与承台接触处封闭,严防漏浆。每次混凝土浇筑完毕后,以模板顶口线为基准,对靠近模板、宽约1.5cm的混凝土顶面内外接缝作修正、压实、抹平处理,在进行施工缝凿毛时,严禁破坏这条接缝,以确保上下层混凝土接缝顺直。凿毛由人工完成,当处理层混凝土强度达到2.5MPa时,由人工开始凿除混凝土表面的水泥砂浆和松软层,经凿毛处理的混凝土面用压缩空气清理干净。由于索塔模板底口无接口模,为防止混凝土浇筑时漏浆以及上下两节段混凝土结合部出现过大的错台,待浇节段的模板底部应压紧已浇节段的混凝土顶部外表面(顶部外表面应先清理平整,然后粘贴双排憎水黏胶带),不得留有空隙,并用胶泥或腻子将模板底口与已浇混凝土结合部封闭,确保模板底口不漏浆。

混凝土浇筑前,再次对接缝表面进行检查清理(若有杂物,应清理干净,以防夹渣);混凝土浇筑过程中,经常观察模板与下节段混凝土面的贴紧情况,若出现漏浆,紧相应部位的对拉杆螺母及支撑螺旋;接缝两侧的混凝土应充分振捣,以使缝线饱满密实。

3)预埋件处理、螺栓孔及缺陷修补

(1)施工用预埋螺栓孔修补

当模板及提升架向上爬升一节段后,及时取出预埋螺母或锥形套头,修补留下的螺栓孔。修补可分三次进行,即先用水泥砂浆填充,待凝固干缩后视情况再用水泥砂浆或水泥浆补填,最后用调好色泽的白水泥浆抹面(必要时,可用角磨机打磨),水泥砂浆和水泥浆里应掺一定量的黏胶。

施工用的螺栓埋件在使用期间应进行防锈处理;当使用完成后,先对其螺栓孔洞进行清洗,然后按照修补螺栓孔的方法处理预留螺栓孔。

每一个螺栓孔在修补完成后,及时养护,并加强保护。

(2)缺陷修补

在索塔混凝土施工过程中,尽可能地避免或减少蜂窝、麻面、气泡、接缝不齐、裂缝以及其他缺陷的出现,若有细小缺陷出现,在分析出现原因、制定预控措施的同时,及时进行修补修饰。

对于混凝土表面的局部细小突瘤、接缝不齐等缺陷的修补,采用角磨机打磨,使其与周边混凝土顺平。

对于混凝土表面出现的少量气泡的修补,先用与索塔混凝土同标号、同品种的水泥掺入定量白水泥和黏胶水配成专用腻子堵塞小气泡,并进行打磨,以上步骤可重复进行,直到修补的部位与周围混凝土的颜色一致为止（必要时可用白水泥净浆修饰）。

对于蜂窝、麻面等缺陷的修补，若存在松软层则应先行凿除，再用钢丝刷清理干净、用压力水冲洗及润湿后，再用较高强度的水泥砂浆填塞捣实抹平，并用白水泥浆修饰表面，为确保黏结效果，水泥砂浆里可掺入黏胶，有必要时，进行打磨，使其与结构混凝土的颜色一致；若不存在松软层（属小蜂窝、小麻面），先将缺陷部位清洗干净，然后进行修补，其修补修饰的方法同气泡处理。

对于只影响混凝土外观质量的表面细小裂缝，可用水泥浆（或环氧胶泥等其他材料）封闭处理，再用白水泥浆修饰，水泥浆里可掺入黏胶，修补的表面应用细砂纸打磨平整，并使该部位与周围混凝土的颜色一致。若裂缝较宽较深较长，则应根据实际情况，按要求封闭灌浆，并用白水泥浆修饰表面。

缺陷修补完成后，及时养护，并加强保护。

（3）修补修饰材料选用

为了保证修补的部位与周围混凝土表面颜色一致，所有使用的修补修饰材料统一经试验室严格试配，试配合格并在试验段试验成功后方可使用。试配应结合实际施工条件展开，并根据同龄期混凝土试块色泽的具体情况进行。

4.7.6 主塔塔肢成品保护

由于索塔混凝土施工节段多、工序繁杂、经历的时间长，因而导致已浇混凝土外观受损的机会随之加大、破坏的因素随之增多，为了确保索塔在施工完成时其混凝土的外观完好如初，在施工期间，需特别加强对混凝土外观的保护。

索塔施工期间，制定混凝土成品保护责任制，对已完成的混凝土表面进行规范化管理。

不得用重物随便撞击及敲打混凝土面，尤其是刚拆模的混凝土面。

不得在混凝土表面乱写乱画，不得用尖利的硬物刮刻混凝土面，严禁用脏手或其他污物擦摸混凝土面。

对于塔柱下部实心段，由于人员、施工设备及材料的影响，其混凝土外表面极易被污染，应采取措施重点防护，如实心段混凝土外表面用土工布或其他材料覆盖保护，人员上下、进出人孔的爬梯及混凝土泵管尽量不要靠近混凝土表面，钢材不要在塔肢附近堆存等。

拆模后的混凝土表面若粘有浮灰及留有模板痕迹，应立即用细砂纸打磨，直到浮灰及模板痕迹清除干净、混凝土表面色泽一致为止。

浇筑混凝土时，应采取措施防止浆液污染已浇混凝土面；预应力施工时，应采取必要的防护措施，并且不得使用破损的灌浆管、油管，管接头应密封，油泵、灌浆设备及千斤顶应完好，以防止张拉和灌浆过程中水泥浆及液压油污染混凝土表面。混凝土表面一旦出现浆液及其他污物，应立即清洗干净。

采取措施防止塔式起重机及其他机械设备用油污染混凝土面，易污染处应预先用土工布或其他材料围护。

塔式起重机、横梁支撑架、临时用爬梯及其他易锈蚀的铁件在使用期间进行防锈处理，并定期进行检查，混凝土表面应经常检查，发现问题应及时处理。

4.8 横梁施工

横梁为箱形结构，下横梁截面高 8m，底宽 9.907m，顶宽 9.749m，壁厚 1.2m；上横梁高 6m，底宽 8.4554m，顶宽 8.341m，横梁高度 6m。上、下横梁和塔柱异步施工，待爬模施工过横梁位置后，再进行横梁的施工。

4.8.1 横梁支架设置

（1）下横梁支架

下横梁支撑结构基础为下塔柱，通过在下塔柱上埋设预埋件，将横梁支撑桁架片同预埋件焊接连接，横梁支撑桁架采用 HM588×300 型钢焊接，连接系采用 I40a 工字钢；支撑架上部分配梁使用 HM588×300 型钢组焊而成。承重主梁使用贝雷梁，分 21 组搭设在分配梁上，贝雷梁在横梁腹板位置加密。贝雷梁上横桥向按间距 500mm 布置 I16b 工字钢，工字钢上顺桥向铺设方木作底模主梁，方木间距 300mm，方木上按横梁底面形状铺设竹胶板底模板，如图 4-28 所示。

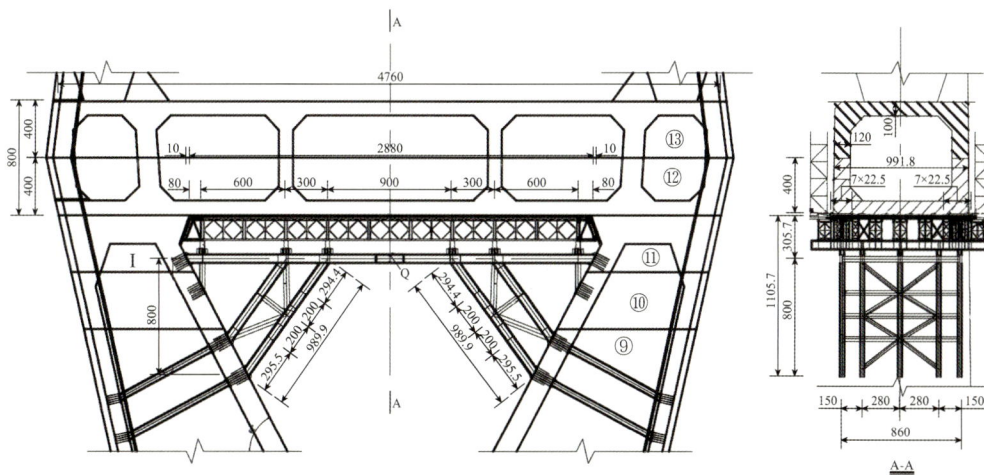

图 4-28　下横梁支撑结构设置示意图（尺寸单位：mm）

下横梁支架在下塔柱施工时可同时进行施工。

（2）上横梁支架

上横梁支撑结构基础为中塔柱，在塔身施工时，在单个塔肢内顺桥向上、下分别预埋5个牛腿和5套预埋件，横梁支撑托架下部同牛腿焊接，上部同预埋件焊接，托架上部设4道HM588×300型钢焊接纵梁，纵梁下部设置卸荷块，卸荷块采用HM588×300型钢焊接，贝雷梁放置纵梁上；横梁支撑桁架采用HM588×300型钢焊接，连接系采用I40a工字钢；支撑架上部纵梁采用HM588×300型钢组焊而成。承重主梁使用贝雷梁，分21组搭设在分配梁上，贝雷梁在横梁腹板位置加密，横梁底部倒角位置采用自制非标准贝雷梁。贝雷梁上横桥向按间距500mm布置I16a工字钢，工字钢上顺桥向铺设方木作底模主梁，方木间距300mm，方木上按横梁底面形状铺设竹胶板底模板，如图4-29所示。

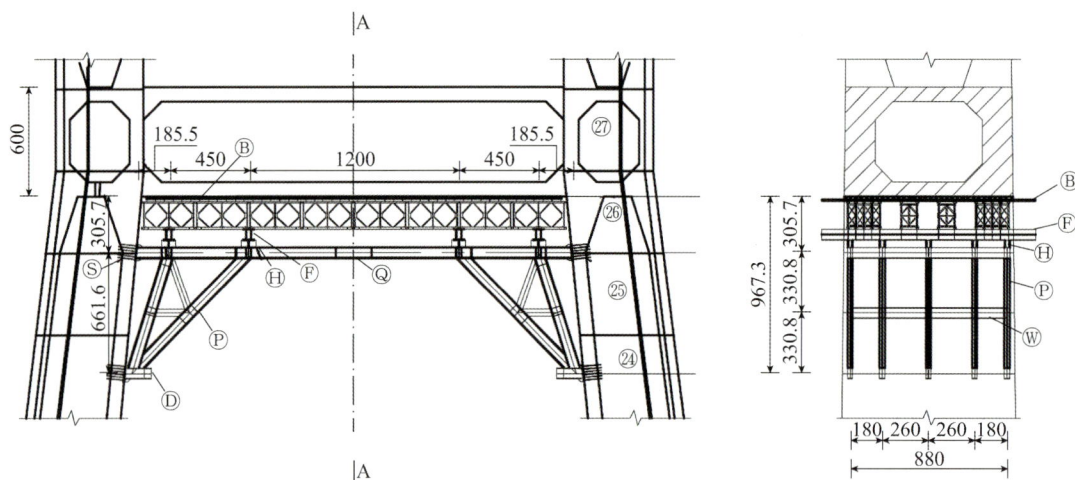

图4-29　上横梁支撑结构设置示意图（尺寸单位：cm）

上横梁支架在中塔柱施工时可同时进行施工。

4.8.2　横梁支架预压

（1）支架预压的目的：横梁支架预压的目的主要为消除其非弹性变形，测量计算出支架弹性变形量，为立模高程提供依据，同时验证支架结构的稳定性，在保证支架结构处于安全状态的情况下，才能进行混凝土浇筑作业。

（2）预压材料：采用1m×1m×0.8m混凝土块。

（3）预压荷载：依据横梁钢筋混凝土重量分布情况，由工程技术部计算出横梁在支撑结构每个部位的荷载情况，然后在搭好的支架上堆放与梁跨荷载等重的混凝土块（梁跨荷载统一考虑安全系数为1.1）。

（4）起重设备：预压吊装设备利用主塔施工上、下游塔式起重机进行吊装，人工配合堆码。

（5）荷载分布：横梁侧墙、底板位置按各自重量进行分配，模拟混凝土浇筑后的荷载分布，由工程技术部根据横梁结构设计图计算。

（6）加载顺序：预压重量为设计荷载的110%，混凝土块的堆积高度按梁体自重分布变化取值，从而使预压荷载的分布与梁体荷载的分布相吻合。加载时按照 60%、100%、110%预压荷载分三级加载。压重顺序理论应按照混凝土的浇筑顺序进行，先浇筑混凝土的部位先压重，后浇筑混凝土的部位后压重，根据混凝土浇筑顺序，压重的顺序应为：

①先压靠近塔柱倒角处，再依次加载向远离塔柱的位置排列。第一层堆放完毕后再堆放下一层，直至达到设计顶、底板钢筋混凝土重量。

②在侧墙位置继续分层堆放混凝土块，直至达到设计侧墙的压载重量。预压布置图如图 4-30 所示。

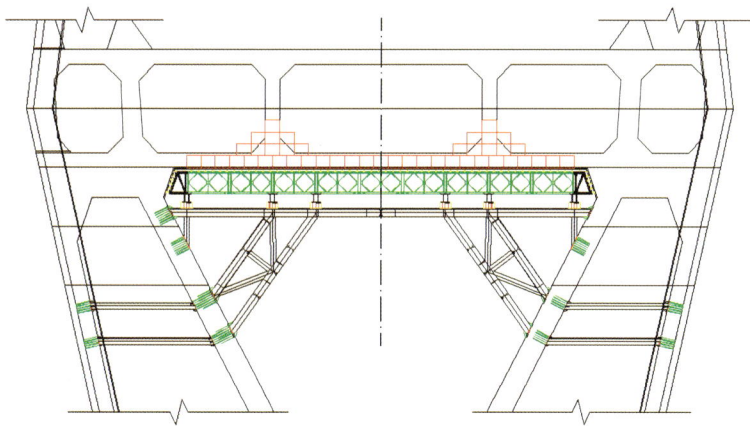

图 4-30　预压布置示意图

（7）测点布设：根据底模板的实际情况，测点布置6个，分别位于横梁的大、小里程侧，每侧按左、中、右三个位置进行布设。

（8）卸载：全部预压荷载施加完成后，应间隔6h监测记录个监测点的位移量；连续2h监测位移平均值只差不大于2mm时，方可卸掉钢板，卸载时要分层卸，后堆码的先卸载，先堆码的后卸载。

（9）监控测量：测量班安排专人进行监控测量，按照压载前、压载30%、压载60%、压载110%、卸载前、卸载后进行测量并采集数据，同时监控支架的变形量，保证压载过程的安全监控。

（10）支架检查、调整：全部卸载完后，再次检查支架和模板是否牢固，并根据预压成果调整支架的高程。

4.8.3 横梁施工工艺流程

横梁工艺流程图如图 4-31 所示。

```
┌─────────────────┐
│   安装支撑托架    │
└────────┬────────┘
         ↓
┌─────────────────┐
│ 安装卸荷垫块及分配梁 │
└────────┬────────┘
         ↓
┌─────────────────┐
│  安装贝雷片承重梁  │
└────────┬────────┘
         ↓
┌─────────────────┐
│  安装分配梁及底模  │
└────────┬────────┘
         ↓
┌─────────────────┐      ┌──────────────────┐
│ 钢筋绑扎、波纹管安装 │←─│ 钢筋制作及波纹管下料 │
└────────┬────────┘      └──────────────────┘
         ↓
┌─────────────────┐      ┌──────────────────┐
│   侧模及内模安装   │←─│   侧模及内模加工    │
└────────┬────────┘      └──────────────────┘
         ↓
┌─────────────────┐
│ 浇筑底板及侧墙混凝土 │
└────────┬────────┘
         ↓
┌─────────────────┐
│ 组装顶板支架、铺顶模板 │
└────────┬────────┘
         ↓
┌─────────────────┐      ┌──────────────────┐
│ 钢筋绑扎、波纹管安装 │←─│ 钢筋制作及波纹管下料 │
└────────┬────────┘      └──────────────────┘
         ↓
┌─────────────────┐
│   浇筑顶板混凝土   │
└────────┬────────┘
         ↓
┌─────────────────┐
│  混凝土养护强度90% │
└────────┬────────┘
┌──────────┐  ↓
│ 钢绞线下料 │→─┤
└──────────┘  ↓
┌─────────────────┐
│  钢绞线穿束、张拉  │
└────────┬────────┘
         ↓
┌─────────────────┐
│    压浆、封锚     │
└────────┬────────┘
         ↓
┌─────────────────┐
│   拆除、模板支架   │
└─────────────────┘
```

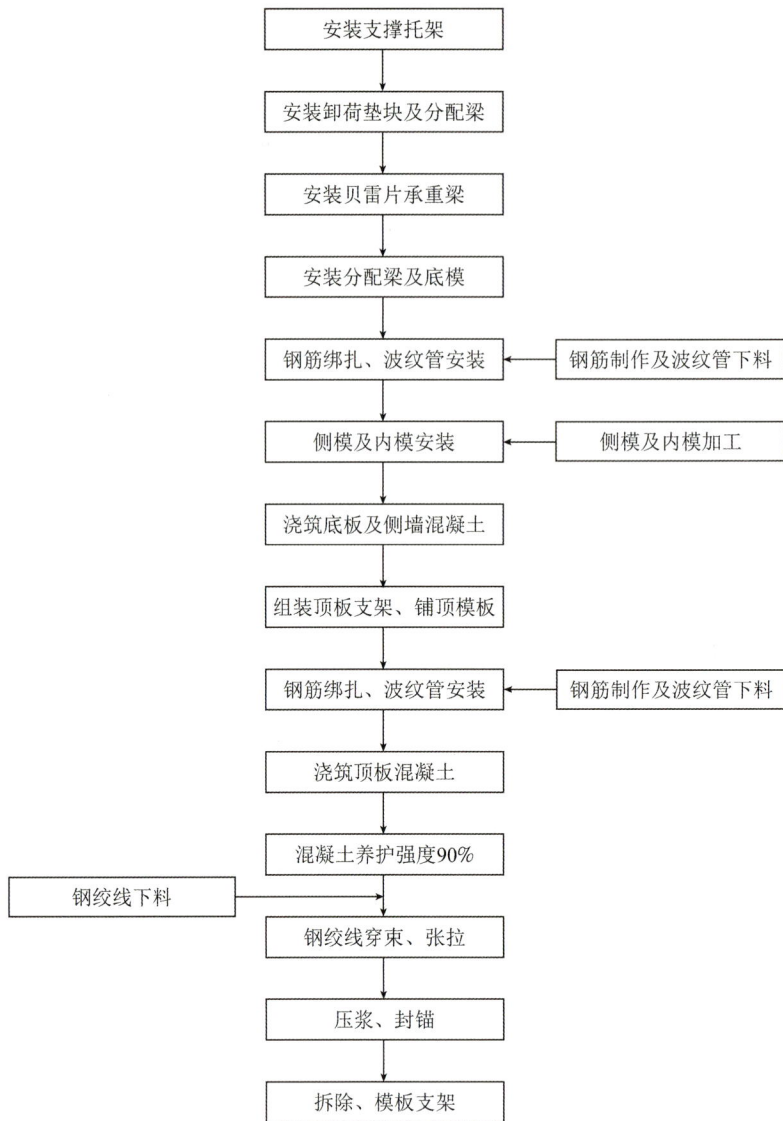

图 4-31 横梁施工工艺流程图

4.8.4 横梁施工工艺

4.8.4.1 横梁模板安装

（1）横梁底模安装

横梁底模采用方木加竹胶板，铺设前先根据预压的结果调整分配梁顶高程，达到设计要求后将底模铺设在贝雷梁顶面分配梁上，底模拼装时注意接缝严密，模板变形及错台的坚决禁止使用，底模及倒角模板可根据现场实际情况将标准模板进行修改，使模板的尺寸及拼缝符合要求。

（2）侧模及内模安装

横梁侧模采用大块钢模板，以承台钢模板改制，异形模板安装在横梁两侧，标准模板尺寸为 2.0m×2.5m。钢模面板厚度为 6mm，横竖向背肋为 6mm 扁钢，间距 50cm，连接螺栓为 M18。横梁内模倒角较多，且箱室高度变化较大，采用木模板进行施工，采用 48mm 钢管及木方进行支撑。

横梁钢筋绑扎完成后，根据测量放样结果，分块安装侧模。模板对拉螺杆直径为 20mm，材质为 Q235，竖向间距为 0.9m，水平间距为 1.0m，横梁顶、底板处对拉螺杆拉在结构钢筋上，腹板、隔板处对拉螺杆设置通长杆，与内模横向围檩对拉。外侧模用斜撑固定在横向分配梁上，内侧模用钢管支撑在支架上以保证横向稳定性，顶板底模采用承插盘扣式脚手架。内腔模板拆除后，通过横隔梁上及顶板上设置的人孔运出并将内腔室清理干净。横梁内模支架示意如图 4-32 所示。

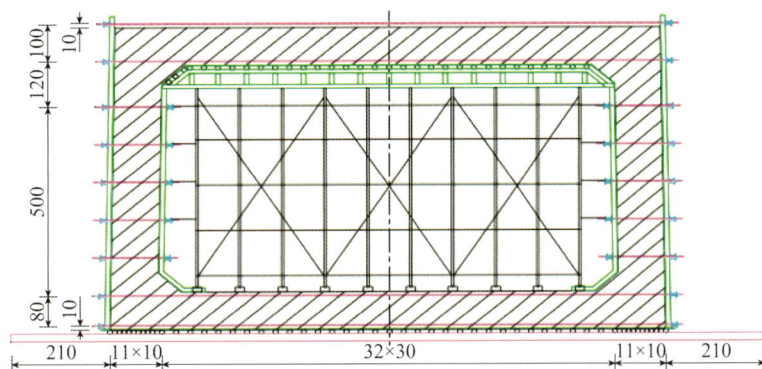

图 4-32　横梁内模支架示意图（尺寸单位：cm）

钢模板安装前要进行除锈，均匀涂刷脱模剂，模板组拼后的位置、尺寸、平整度等满足规范要求，连接螺栓和对拉杆必须紧固到位。下横梁内模采用大块竹胶板，背肋采用 10cm × 10cm 方木，模板的安拆同下塔柱施工。

4.8.4.2　横梁钢筋安装

根据塔梁异步施工工艺要求，在塔柱施工时需在塔柱内预埋钢筋，横梁部分塔柱施工时塔柱和横梁的衔接面模板改用木模板，在木模板上按横梁设计位置钻孔并通过孔洞，按规范要求错茬安装横梁预埋筋，横梁施工时，采用套筒接长钢筋，结合面采用泡沫板加胶带保护钢筋接头。其余横梁钢筋预埋时与模板紧贴。横梁钢筋的搭接均采用直螺纹套筒连接，钢筋均在后场下料弯曲，按钢筋编号成捆运至施工现场。横梁钢筋根据施工图进行配料，在加工场加工成型，编号堆放，现场绑扎。

绑扎顺序一般为：底板钢筋→腹板竖向、水平钢筋→隔板钢筋→顶板钢筋，钢筋长度、间距、接头等均严格按规范施工。

1）钢筋施工工艺流程

横梁钢筋安装流程如图 4-33 所示。

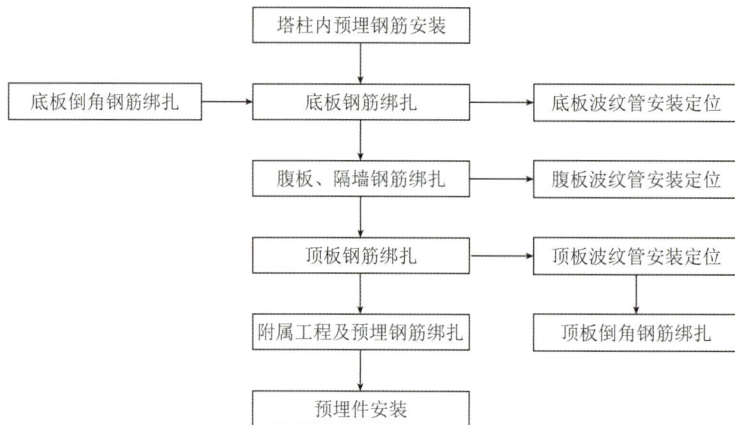

图 4-33 横梁钢筋安装流程图

2）钢筋配料、加工及运输

钢筋按施工图纸在确保保护层厚度、转角半径、绑扎搭接长度等要求下下达钢筋配料通知单，据此进行配料。钢筋下料前应将钢筋调直并清理污垢，根据设计图纸要求，钢筋连接采用机械连接。

钢筋的套丝及螺纹套筒的一端套接均在后场完成，螺纹套筒的另一端套接则利用管子钳在安装现场完成，为保证钢筋连接的顺利进行，加工好的钢筋在运输及吊装过程中加强保护，钢筋的外露螺纹必须戴塑料保护套。各种型号钢筋下料完成后，把每一层需要的钢筋进行分类堆放，前场施工需要时用平板车运至现场。

3）横梁钢筋安装

横梁钢筋分为塔柱内和横梁内两部分钢筋，根据塔梁异步施工工艺要求，在塔柱施工时需在塔肢内预埋钢筋。施工横梁时与横梁内钢筋进行对接。

（1）下倒角筋绑扎

底模铺设完成后，将塔梁结合面的倒角筋凿出后拉直，与下横梁倒角内的钢筋进行焊接，其他倒角筋按图纸绑扎。

（2）底板钢筋绑扎

底板主筋分为顺桥和横桥两个方向，首先绑扎底板顺桥向钢筋，绑扎前由测量人员放出钢筋的位置，钢筋工再根据放出的钢筋位置安装定位钢筋，在定位钢筋上标出钢筋间距，钢筋在定位钢筋上进行固定，并在底部安装保护层垫块，间距50cm。

当顺桥向主筋施工完成后，开始绑扎横桥向主筋。主筋从塔梁结合面接出前，首先清理干净结合面上的钢筋直螺纹套筒。接长时按全断面50%错头接出，相邻钢筋错头大于1.2m。主筋分层绑扎，每层钢筋间使用短钢筋支撑。

（3）腹板及隔墙钢筋绑扎

腹板及隔墙主筋绑扎方法与底板主筋绑扎方法相同，首先由测量人员放出钢筋的位置，钢筋工再根据放出的钢筋位置安装定位钢筋，在定位钢筋上标出钢筋间距，钢筋固定在定位钢筋上。

（4）顶板钢筋绑扎

顶板钢筋绑扎工艺与底板钢筋绑扎工艺相同。

（5）上倒角筋绑扎

顶板钢筋绑扎完后，将塔梁结合面的倒角筋凿出后拉直，与下横梁倒角内的钢筋进行焊接，其他倒角筋按图纸绑扎。

（6）钢筋施工的检查标准

下横梁钢筋分两次绑扎完成，施工完毕后需经监理工程师检查合格后，才能进行下步工序施工。

钢筋加工的允许偏差如下：

①受力钢筋长度方向加工后全长偏差不大于±10mm；

②弯起钢筋各部分尺寸允许偏差不大于±20mm；

③箍筋及螺旋劲允许偏差不大于±5mm。

钢筋安装的允许偏差如下：

①受力钢筋间距两排偏差不大于±5mm；

②受力钢筋间距同排偏差不大于±20mm；

③箍筋横向水平筋允许偏差0，−10mm；

④钢筋骨架长度方向允许偏差±10mm；

⑤钢筋骨架宽、高方向允许偏差±5mm；

⑥弯起钢筋位置允许偏差±20mm；

⑦保护层厚度允许偏差±10mm。

4.8.4.3 预应力管道及锚垫板预埋

横梁预应力采用深埋锚工艺即锚垫板栓接一段套筒。锚垫板应按要求对螺栓孔进行车丝，施工塔柱时预先用泡沫塑料封堵套筒，严禁施工时混凝土进入套筒内。预应力张拉时应使用特制的工具式过渡板在塔柱外壁进行张拉。波纹管安装时由钢筋定位架定位，定位间距为0.8m，以防止浇筑混凝土时上浮。接头管两端以胶带缠包，以防漏浆。波纹管的安装误差要满足设计和规范要求。由于塔梁异步施工，通过索塔的预应力管道在塔柱施工时进行预埋，内侧表面采用接头波纹管与塔壁齐平，采用胶带包封严密，以免混凝土进入管道内。

在波纹管就位过程中，防止电焊火花烧伤管壁，并检查有无破损，接头是否密实，若有则及时修补。同时，按设计要求设置排气孔和压浆孔。

4.8.4.4 横梁预埋件安装

横梁预埋件主要包括箱梁顶推预埋件、下横梁附属工程预埋件、防雷扁铁、通风孔、电梯、下横梁检修通道、支座垫石、阻尼器等。横梁所有外漏预埋件使用前都必须进行防锈处理，施工前进行汇总，安装完消项检查，避免遗漏。

4.8.4.5 横梁混凝土施工

横梁混凝土分两次浇筑：第一次浇筑底板，浇筑到侧墙上倒角位置；第二次浇筑顶板，内膜采用竹胶板。

（1）混凝土的运输

混凝土由罐车送至前场，再用拖泵输送至施工部位。泵管顶部接软管，以利于混凝土的布送。浇筑侧墙时采用串筒下料防止混凝土离析。

（2）混凝土浇筑

浇筑顺序：先把两侧塔肢倒角部分浇筑平，然后从中间向一侧浇筑，而后再从中间向另一侧浇筑。浇筑过程中分层厚度为30cm。振捣必须密实，直至混凝土不再下沉、不再冒出气泡，表面呈现平坦、泛浆。

4.8.4.6 横梁预应力施工

1）横梁预应力钢筋的布置

横梁预应力钢筋布置如图4-34、图4-35所示。

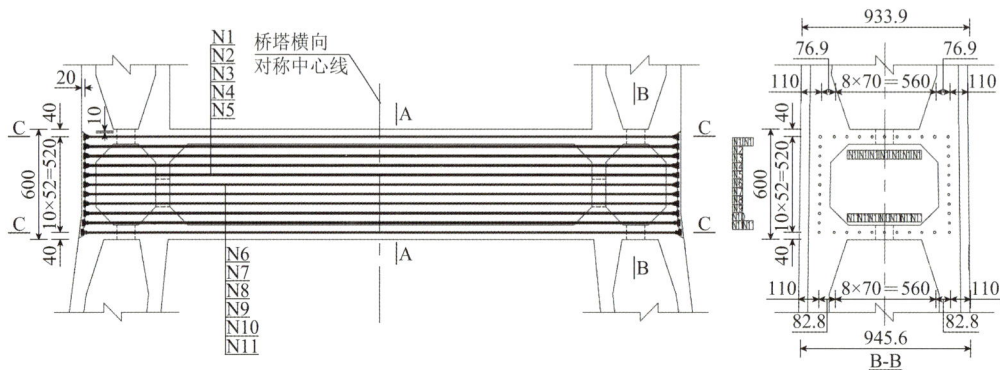

图4-34　上横梁预应力钢筋布置示意图（尺寸单位：cm）

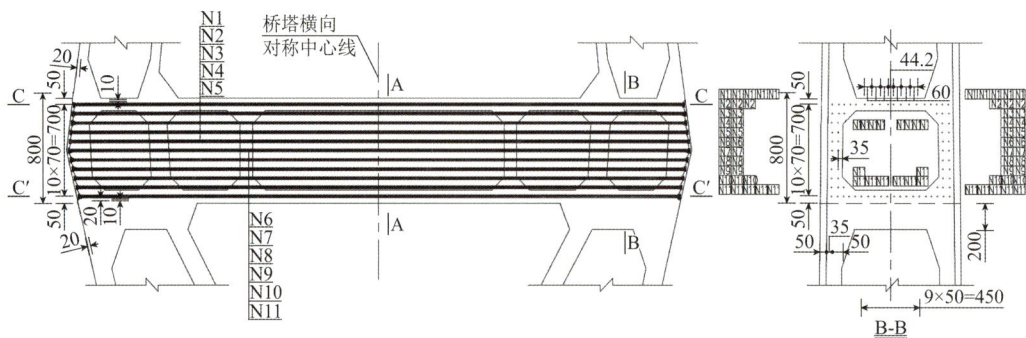

图4-35　下横梁预应力钢筋布置示意图（尺寸单位：cm）

2）预应力总体施工顺序

第一次混凝土浇筑完成后，为改善横梁整体受力及结构整体稳定先张拉部分预应力，待第二次预应力全部施工完成后对剩余预应力进行补张拉。预应力整体张拉至设计张拉应力后对端头钢绞线进行割除及完成封锚施工。

3）预应力施工工艺流程

横梁预应力施工工艺流程如图 4-36 所示。

4）钢绞线下料、人工穿束

钢绞线经检查合格后，通过计算确定下料长度，用砂轮切割机分批下料，编号成捆，运输至现场进行人工穿束。穿束前应检查锚垫板位置是否正确，采用空压机清除杂物，确保孔道畅通。

5）张拉

（1）张拉前准备工作

张拉千斤顶、配套油泵、压力表标定；张拉平台搭设；检查千斤顶、锚具安装位置是否正确。

（2）张拉注意事项

张拉设备设专人保管使用，并定期检验、标定、维护；锚具应保持干净，不得有油污。张拉人员须经过专业培训，持证上岗并具有一定的实际操作经验，张拉时要注意安全。

（3）预应力张拉控制及顺序

横梁预应力钢绞线，标准强度为 1860MPa，张拉控制力为上横梁 3562.272kN/束，下横梁 3562.272kN/束，采用 YCW-400c 型千斤顶张拉。

预应力束张拉程序：$0 \rightarrow$ 初应力（$10\%\sigma_{con}$）$\rightarrow \sigma_{con}$（持荷 2min 后锚固），σ_{con} 为设计张拉控制应力。

张拉应做到对称、均匀，张拉时以张拉应力和伸长量进行双控，并以应力控制为主，伸长量应控制在 ±6% 范围内，张拉过程中应做好记录，对张拉中出现的滑丝、断丝等异常现象应及时报告，进行处理以确保质量。

张拉顺序：严格按设计图进行。

6）孔道压浆

预应力张拉后 24h 内进行管道压浆，压浆采用真空辅助压浆工艺。首先在孔道一端采用真空泵对预应力管道抽真空，施工孔道达到负压 0.1MPa 左右的真空度，然后在孔道的另一端用压浆泵将优化后的水泥浆灌入，直至充满整条孔道，并加以不大于 0.7MPa 的正

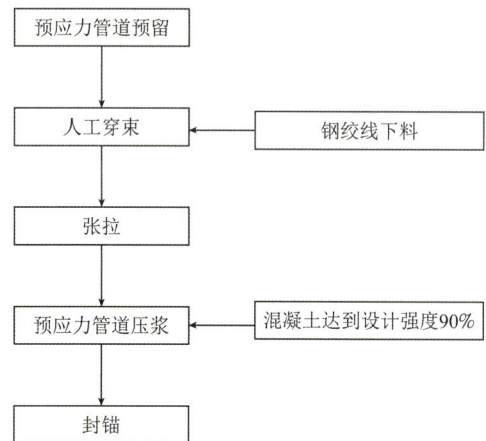

图 4-36 横梁预应力施工工艺流程图

压力，提高孔道灌浆的饱和度及密实度，减少因气泡及水分造成对预应力筋锈蚀的影响，提高后张法预应力混凝土的结构安全度和耐久性。

7）封头

预应力束封头须分两步进行：第一步，预应力钢筋张拉完后，按常规办法用水泥浆封头，待水泥浆初凝后，割断预应力钢绞线，再用水泥浆进行第二次封头；第二步封头水泥浆应超出钢绞线端3cm，封头好后，应不出现裂缝，以免漏气。

4.8.5 横梁支架的拆除

1）横梁模板支架的拆除方案

横梁混凝土施工完毕，混凝土强度达到设计强度的100%，横梁预应力系统张拉压浆施工作业完成后方进行横梁支架拆除施工。

2）横梁模板支架的拆除方案

总体拆除顺序为：采用气割设备割除横梁模板系统卸落块→拆除横梁底模→拆除分配梁→吊除贝雷梁→拆除支架顶横梁→割除支架连接系→逐片割除支撑桁架。

在横梁支架两侧设置操作平台，施工人员采用氧气乙炔割除模板支撑体系卸落块使模板系统整体下落，然后采用两台施工塔式起重机逐层吊出横梁底模、分配梁及贝雷梁。

模板系统施工完毕后逐条割除支撑结构横梁连接系，割除过程中由塔式起重机全程吊着，直至割除吊装至存放位置。

横向连接系割除后逐片割除支撑架主桁架片，采用塔式起重机吊装割除，割除位置如图4-37所示。

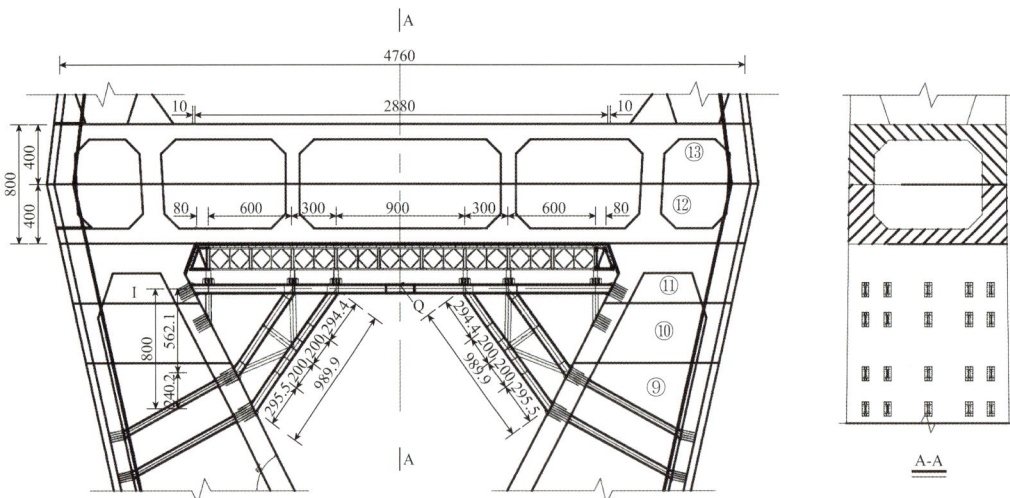

图 4-37　横梁支撑架及支撑架割除位置示意图（尺寸单位：cm）

3）横梁支架拆除安全技术措施

（1）横梁支架拆除之前对割除人员及吊装人员进行安全教育培训，并逐层进行安全技术交底。

（2）参与施工的气割必须取得安全考核合格证书，持证上岗。

（3）施工中在支架两侧设置操作平台，并与横梁两侧施工平台通过爬梯连接，严禁采用起重机吊人。

（4）施工人员严格按照相关要求佩戴安全防护用品。

（5）起重吊装严格遵守相关操作规程。

4.9 索塔环线预应力施工

上塔柱索塔范围斜拉索锚固区采用预应力钢筋混凝土，锚固区预应力钢束采用 15φ15.24mm 钢绞线，标准强度为 1860MPa，两端张拉，双线对称布置，每束张拉控制应力 2925.5kN。所有预应力锚固点均设在塔柱外侧，采用深埋工艺。预应力管道采用塑料波纹管、真空压浆工艺。在索塔施工过程中预埋锚具及预应力波纹管并定位准确。预应力施工采用"后穿法"施工，张拉、压浆等相关施工工艺与下横梁预应力施工相同。索塔区预应力设置如图 4-38 所示。

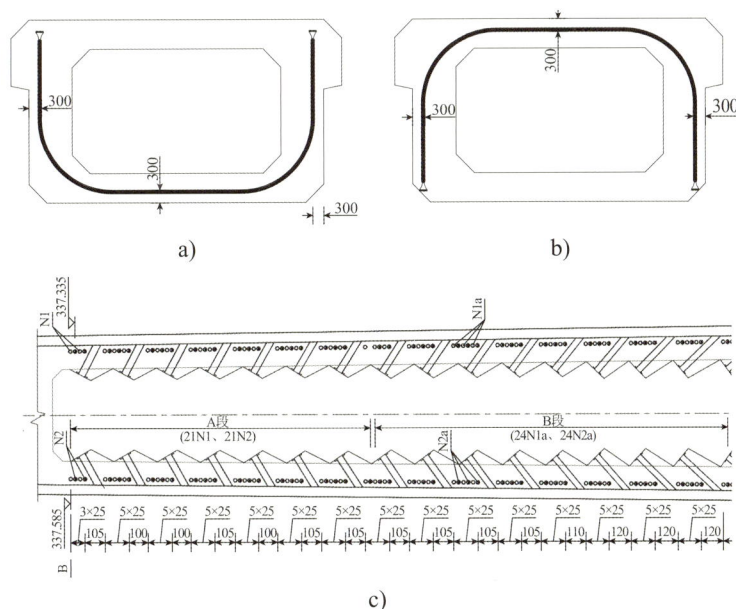

图 4-38　索塔区预应力设置示意图（尺寸单位：mm）

1）预应力施工工艺流程

横梁预应力施工工艺流程如图 4-39 所示。

2）钢绞线下料、人工穿束

钢绞线经检查合格后，通过计算确定下料长度，用砂轮切割机分批下料，编号成捆，运输至现场进行人工穿束。穿束前应检查锚垫板位置是否正确，采用空压机

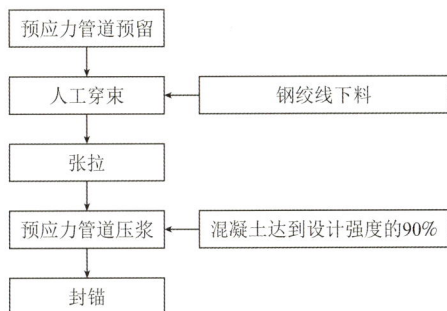

图 4-39　横梁预应力施工工艺流程图

清除杂物，确保孔道畅通。

3）张拉

（1）张拉前准备工作

张拉千斤顶、配套油泵、压力表标定；张拉平台搭设；检查千斤顶、锚具安装位置是否正确。

（2）张拉注意事项

张拉设备设专人保管使用，并定期检验、标定、维护；锚具应保持干净，不得有油污。张拉人员须经过专业培训，持证上岗并具有一定的实际操作经验，张拉时要注意安全。

（3）预应力张拉控制及顺序

横梁预应力钢绞线，标准强度为 1860MPa，预应力束张拉程序：$0 \rightarrow$ 初应力（$10\%\sigma_{con}$）$\rightarrow \sigma_{con}$（持荷 2min 后锚固）。

张拉应做到对称、均匀，张拉时以张拉应力和伸长量进行双控，并以应力控制为主，伸长量应控制在 ±6% 范围内，张拉过程中应做好记录，对张拉中出现的滑丝、断丝等异常现象应及时报告，进行处理以确保质量。

张拉顺序：严格按设计图进行。

4）孔道压浆

预应力张拉后 24h 内进行管道压浆，压浆采用真空辅助压浆工艺。首先在孔道一端采用真空泵对预应力管道抽真空，施工孔道达到负压 0.1MPa 左右的真空度，然后在孔道的另一端用压浆泵将优化后的水泥浆灌入，直至充满整条孔道，并加以不大于 0.7MPa 的正压力，提高孔道灌浆的饱和度及密实度，减少因气泡及水分造成的对预应力筋锈蚀的影响，提高后张法预应力混凝土的结构安全度和耐久性。

5）封头

预应力束封头须分两步进行：第一步，预应力钢筋张拉完后，按常规办法用水泥浆封头，待水泥浆初凝后，割断预应力钢绞线，再用水泥浆进行第二次封头；第二步封头水泥浆应超出钢绞线端 3cm，封头好后，应不出现裂缝，以免漏气。

6）施工保证措施

（1）施工过程中在预应力张拉位置设置施工平台及通道。

（2）施工过程中对施工人员做好质量教育培训及技术交底，使施工人员熟悉关键工序施工工艺流程及质量控制要点。

（3）做好应力钢绞线及混凝土原材料的质量检测及验收工作，保证预应力施工质量满足要求。

（4）做好钢筋及钢绞线安装隐蔽工程验收，保证预应力施工质量满足要求。

4.10 横撑施工

因主塔中塔柱向内存在一定倾斜度且横梁施工与塔柱异步施工,为保证主塔线形控制,在主塔施工过程中分别在下塔柱设置 1 道对拉横撑,中塔柱安装 3 道主动横撑,在上塔柱安装 1 道主动横撑。

4.10.1 横撑位置和预顶力

主塔施工横撑设置位置及预顶力设计值如表 4-6 所示,每道支撑由两根钢管及预埋件组成。

主塔横撑设计位置及顶撑力 表 4-6

序号	节段数	水平横撑中心高程(m)	主动顶撑力(kN)	材料
1	8	+201.000	2740	预应力钢绞线
2	15	+261.635	2730	ϕ1020mm × 12mm 钢管
3	19	+279.500	2050	ϕ1020mm × 12mm 钢管
4	24	+301.401	1170	ϕ800mm × 10mm 钢管
5	32	+337.401	760	ϕ800mm × 10mm 钢管

4.10.2 施工方法步骤流程

(1)在施工塔柱时,在主动横撑的设计位置预埋预埋钢板。

(2)施加主动支撑时并排用两根支撑钢管,每根钢管的预顶力为设计预顶力的二分之一。为施工加载方便,将钢管裁成两节,预留 0.5m 用千斤顶加顶撑力。

(3)预顶到设计力后,采用型钢垫梁将支撑钢管及预埋支座焊接到一起支撑。

(4)该水平顶撑与横梁支架体系的搭设综合考虑,避免与横梁支撑体系相互冲突。

(5)待上横梁施工完成后,混凝土强度达到设计强度的 85% 时,方能拆除水平支撑,拆除时采用千斤顶预顶,割断型钢后千斤顶卸载。第一层预应力钢绞线支撑,采用单顶放张,每个循环每根钢绞线卸载 200kN。

(6)横撑施工流程图及具体工序如表 4-7 所示。

主塔横撑施工流程图及具体工序 表 4-7

步骤	流程图	具体工序
1		(1)主塔 8 节段施工时,安装完成相应预应力及预埋件; (2)主塔 13 节段混凝土浇筑前,根据相应数值张拉完成 9 节段第一道横撑预应力并锚固; (3)张拉力 2740kN; (4)恒温状态下测量塔肢偏位

续上表

步骤	流程图	具体工序
2		（1）主塔16节段施工时，安装完成相应预埋件； （2）主塔19节段混凝土浇筑前，安装完成相应垫梁、千斤顶与第二道横撑； （3）横撑焊接完成后，根据相应数值顶推千斤顶并保压，顶推力2730kN； （4）记录端头位移数据，恒温状态下测量实时跟踪塔肢变化情况，形成监控数据； （5）确认后焊接桩帽锚固，取出千斤顶，完成后方可浇筑
3		（1）主塔20节段施工时，安装完成相应预埋件； （2）主塔23节段混凝土浇筑前，安装完成相应垫梁、千斤顶与第三道横撑； （3）横撑焊接完成后，根据相应数值顶推千斤顶并保压，顶推力2050kN； （4）记录端头位移数据，测量实时跟踪塔肢变化情况，形成监控数据； （5）确认后焊接桩帽锚固，取出千斤顶，完成后方可施工下横梁； （6）下横梁施工完成后拆除第一道对撑
4		（1）主塔24节段施工时，安装完成相应预埋件； （2）主塔28节段混凝土浇筑前，安装完成相应垫梁、千斤顶与第四道横撑； （3）横撑焊接完成后，根据相应数值顶推千斤顶并保压，顶推力1170kN； （4）记录端头位移数据，测量实时跟踪塔肢变化情况，形成监控数据； （5）确认后焊接桩帽锚固，取出千斤顶，完成后方可浇筑

步骤	流程图	具体工序
5		（1）主塔 29 节段施工时，安装完成相应预埋件； （2）主塔 33 节段混凝土浇筑前，安装完成相应垫梁、千斤顶与第五道横撑； （3）横撑焊接完成后，根据相应数值顶推千斤顶并保压，顶推力 760kN； （4）记录端头位移数据，测量实时跟踪塔肢变化情况，形成监控数据； （5）确认后焊接桩帽锚固，取出千斤顶，完成后方可浇筑

4.11 索塔预埋件及施工平台通道安装

4.11.1 索塔预埋件安装

索塔预埋件分为工程预埋件和施工预埋件两种，工程预埋件有限位支座预埋钢板、塔内检修楼梯预埋钢板、门洞预埋钢板、预埋通风孔、照明灯座埋件、航空障碍灯灯座埋件；施工预埋件主要有塔式起重机附着埋件、电梯附着埋件、液压爬模预埋件、泵管、水管附着埋件、横梁支撑牛腿埋件、横梁牛腿对拉体系预埋件、横梁支撑钢管埋件、主动横撑预埋件、施工平台及通道预埋件等。

埋件按设计要求的材料和尺寸加工，在加工场完成，由专人负责加工。加工、安装严格按照设计图纸进行。埋件加工完成后，运至现场用塔式起重机吊装，安装时埋件向混凝土内缩 2cm，以便将来修补。在施工前将每个节段的预埋件进行统计、分类列表，并对施工队伍进行技术交底。混凝土浇筑前必须按照表格清单进行逐一核对，保证埋件的数量和位置。

4.11.2 施工通道施工

主塔施工过程中在电梯口、横梁位置、横撑安装位置设置施工平台及通道。塔柱及横梁施工过程中根据平台及通道设计位置，由测量人员对预埋件位置进行精确放样，混凝土浇筑过程中应对预埋件加以保护，防止发生位移。平台支架在场内加工成型后运输至现场吊装，支架安装完成后对支架的焊接质量及安全防护措施进行验收，符合要求后方可使用。平台及通道必须经过结构设计计算，保证承载力、刚度、稳定性满足要求。

4.12 索塔防雷设施

主塔防雷结构为利用主塔主筋传到承台内，在承台内通过环形钢筋与各桩基主筋连接，桩基主筋底部设置 200mm × 100mm × 20mm 的镀锌钢板将雷电导入大地。塔柱主筋外围沿高度每个 6m 设置一圈 100 × 4 的扁钢带，扁钢带和主筋焊接成整体。

为了保证避雷系统的施工质量，防止机械连接处出现导电性能下降的情况，每个塔柱选择 2 根固定主筋，使用钢筋在机械连接套筒处进行桥接，桥接钢筋施工时作出标记，保证每节段桥接的钢筋为同一根。

4.13 主塔施工检查测量

主塔施工测量重点是保证塔柱、下横梁、索导管等各部分结构的倾斜度、外形几何尺寸、平面位置、高程满足规范及设计要求。主塔施工测量难点是在有风振、温差、日照等情况下，确保高塔柱测量控制的精度。其主要控制定位有劲性骨架定位、钢筋定位、塔柱模板定位、下横梁定位、索导管安装定位校核、预埋件安装定位等。

4.13.1 主塔施工测量控制主要技术要求

（1）塔柱倾斜度误差不大于塔高的 1/3000，且不大于 30mm，同时满足设计要求。

（2）塔柱轴线偏差不大于 10mm，断面尺寸不大于 20mm，塔顶高程偏差不大于 10mm。

（3）承台处塔柱轴线偏差不大于 10mm。

（4）斜拉索锚固点高程偏差不大于 10mm，斜拉索锚具轴线偏差不大于 5mm。

（5）下横梁高程偏差不大于 10mm。

4.13.2 测量施工工艺流程

测量施工工艺流程如图 4-40 所示。

4.13.3 测量基点及测量仪器

因全桥的施工测量控制点离河岸较近，强制对中点设置在两岸，每岸设置 2 个，以控制主塔施工精度。全桥所用测量仪器全站仪 2 台，水准仪 2 台，50m 钢尺 2 把。

4.13.4 主塔中心点测设控制

设置于承台、下横梁以及塔顶等的塔中心点，采用全站仪三维坐标法校核。

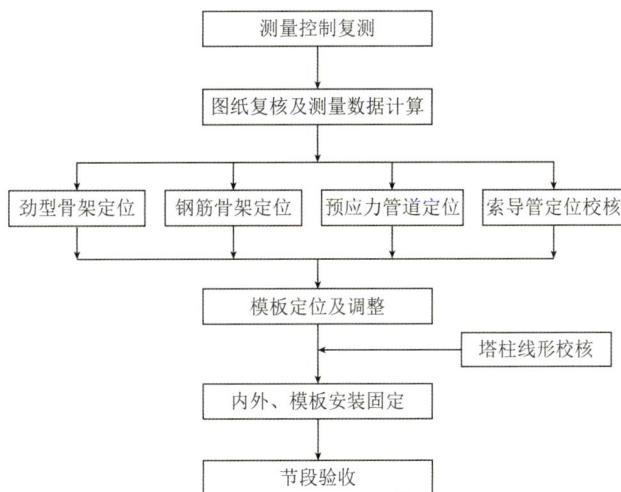

图 4-40　测量施工工艺流程图

4.13.5　主塔高程基准传递控制

由承台上的高程基准向上传递至塔身、下横梁、桥面及塔顶。其传递方法以全站仪悬高测量法和精密天顶测距法为主，以水准仪钢尺量距法作为校核。

（1）全站仪悬高测量法

该法原理是采用全站仪三角高程测量已知高程水准点至待定高程水准点之高差。悬高测量要求在较短的时间内完成，觇高程精确量至毫米，正倒镜观测，使目标影像处于竖丝附近，且位于竖丝两侧对称的位置上，以减弱横线不水平引起的误差影响，六测回测定高差，再取中数确定待定高程水准点与已知高程水准点高差，从而得出待定高程水准点高程。

（2）精密天顶测距法

该法原理是采用全站仪，垂直测量已知高程水准点至垂直方向棱镜之距离，得出高差，再采用水准仪将棱镜高程传递至塔身、塔顶等。

（3）水准仪钢尺量距法

该法首先将检定钢尺悬挂在固定架上，测量检定钢尺边温度，下挂一个与检定钢尺检定时拉力相等的重锤，然后由上、下水准仪的水准尺读数及钢尺读数，通过检定钢尺检定求得的尺长方程式求出检定钢尺丈量时的实际长度（检定钢尺长度应进行倾斜改正），最后通过已知高程水准基点与待定高程水准点的高差计算待定水准点高程。为检测高程基准传递成果，至少变换三次检定钢尺高度，取平均值作为最后结果。

4.13.6　塔柱施工测量控制

塔柱施工首先进行劲性骨架定位，然后进行塔柱钢筋主筋边框架线放样，最后进行塔柱截面轴线点、角点放样及塔柱模板检查定位与预埋件安装定位，各种定位及放样以全站仪三维坐标法为主。

（1）主塔截面轴线点、角点以及特征点坐标计算

根据施工设计图纸以及主塔施工节段划分，建立数学模型，编制数据处理程序，计算主塔截面轴线点、角点以及特征点三维坐标。

（2）劲性骨架定位

塔柱劲性骨架是由角钢、槽钢等加工制作，用于定位钢筋、支撑模板。其定位精度要求不高，其平面位置不影响塔柱混凝土保护层厚度即可，塔柱劲性骨架分节段加工制作，分段长度与主筋长度基本一致。在无较大风力影响情况下，采用重锤球法定位劲性骨架，定位高度大于该节段劲性骨架长度的 2/3，以靠尺法定位劲性骨架作校核。如果受风力影响，锤球摆动幅度较大，则采用全站仪三维坐标法定位劲性骨架。除首节劲性骨架控制底面与顶面角点外，其余节段劲性骨架均控制其顶面四角点的三维坐标，从而防止劲性骨架横纵向倾斜及扭转。

（3）塔柱主筋框架线放样

塔柱主筋框架线放样即放样竖向钢筋内边框线，确保混凝土保护层厚度，其放样精度要求较高。采用全站仪三维坐标法放样塔柱同高程截面竖向主筋内边框架线及塔柱截面轴线，测量标志尽可能标示于劲性骨架，便于塔柱竖向主筋分中支立。

（4）塔柱截面轴线及角点放样

首先采用全站仪三角高程测量劲性骨架外缘临时焊的水平角钢高程，然后按塔柱倾斜率等要素计算相应高程处塔柱设计截面轴线点、角点三维坐标，最后于劲性骨架外缘临时焊的水平角钢上放样塔柱截面轴线点及角点，单塔柱同高程截面至少放样三个角点，从而控制塔柱外形，以便于塔柱模板定位。

（5）塔柱模板检查定位

因塔柱模板为定型模板，故只需定位模板就能实现塔柱精确定位。根据实测塔柱模板角点及轴线点高程，计算相应高程处塔柱角点及轴线点设计三维坐标，若实测塔柱角点及轴线点三维坐标与设计三维坐标不符，重新就位模板，调整至设计位置。对于不能直接测定的塔柱模板角点及轴线点，可根据已测定的点与不能直接测定点的相对几何关系，用边长交会法检查定位。塔柱壁厚检查采用检定钢尺直接丈量。

（6）塔柱预埋件安装定位

根据塔柱预埋件安装定位的精度要求，分别采用全站仪三维坐标法与轴线法放样定位。

（7）塔柱预偏

为保证预应力钢束张拉完成后两塔柱在下横梁处及其他高程处的间距符合设计要求，塔柱施工放样时要有一向外侧的预偏量（横桥向），并按设计、监理及控制部门要求进行

调整。

（8）索塔变形实时调整

索塔施工过程中，按设计、监理及控制部门的要求，在索塔上埋设变形观测点，随时观测因基础变位、混凝土收缩、弹性压缩、徐变、温度、风力等对索塔变形的影响。采用全站仪三维坐标法监测主塔变形，绘制主塔变形测量图，并按设计、监理及控制部门的要求进行相应实时调整，以保证塔柱几何形状及空间位置符合设计及规范要求。

4.13.7 索导管定位校核

（1）索导管的定位

索导管安装定位是测量控制难度最大、精度要求最高的部分。索导管安装定位采取以全站仪三维坐标法。

索导管的定位关键在于锚固齿块空间位置的控制，施工之前对锚固齿块控制点、塔上锚点的空间坐标、预埋管的倾斜角度进行复核计算，严格控制锚固齿块的定位坐标，拉索锚固点高程允许偏差±10mm。其他局部尺寸精度应符合相关规范要求。施工过程中，在索塔劲性骨架上设置索导管定位框，以此固定索导管空间位置。

（2）索导管的校核

索导管定位校核：索导管安装完成后，在浇筑混凝土之前根据索导管三维坐标对索导管进行校核，确保索导管的水平倾角、横向偏角、偏距及中心位置正确，避免因为风力、施工荷载发生变化使劲性骨架变形，从而使索导管位置发生变化。

4.14 检查要求

4.14.1 材料进场检验要求

（1）自行采购的材料，必须在供货质量、信誉、供货能力等方面进行评价，在有保证持续供货能力的厂方采购。

（2）原材料按技术质量要求由专人负责采购与管理，采购人员和施工人员对各种原材料认真做好交接记录。

（3）做好材料进货的检验和标识工作。按质量体系标准和要求，在进货、检验、试验、进仓、登记、标识、使用等全过程中，都必须严格执行"进货检验和试验控制程序"文件要求，从采购的第一程序开始，层层把关，确保材料质量。

（4）原材料进场后，对原材料的品种、规格、数量以及质量证明书等进行验收核查，并按有关标准的规定取样和复验。经检验合格的原材料方可进场。对于检验不合格的原材料，按有关规定清除出场。

（5）原材料进场后，及时建立"原材料管理台账"，内容包括材料名称、品种、规格、数量、生产单位、供货单位、"质量证明书"编号、"复试检验报告"编号、检验结果以及进货日期等。"原材料管理台账"应填写正确、真实、齐全。

（6）对原材料建立符合工厂化生产的堆放地点和明确的标识，标明材料名称、品种、生产厂家、生产日期和进厂（场）日期。原材料堆放时应有堆放分界标识，以免误用。集料堆场应进行硬化处理，并设置必要的排水设施。

（7）带肋、光圆钢筋及盘圆，性能应分别符合相关规范及标准的规定。同时在存放时，下部架空，上部覆盖防雨布。

4.14.2 验收检查要求

4.14.2.1 钢筋工程检查验收

（1）进入现场的钢筋必须有出厂合格证及试验报告、标牌，由材料员和质检员按照规范规定标准分批抽检验收，合格后方能加工使用，钢筋表面必须清洁，不锈蚀。

（2）钢筋的规格、数量、品种、型号均应符合图纸要求，绑扎成形的钢筋骨架不得超出图纸规定的允许偏差范围，绑扎钢筋网片缺扣松扣数不得超过应绑扣数的 3% 且不应集中。钢筋绑扎中对钢筋钢号、直径、根数、尺寸、位置和接头数量、焊接质量、机械连接质量以及钢筋的调直、保护层厚度等薄弱环节要重点检查，其中钢筋间距、保护层厚度满足 97% 的合格率。

（3）钢筋接头焊接必须严格按设计要求和规范标准进行焊接和搭接，钢筋焊接质量应符合《钢筋焊接及验收规范》（JGJ 18—2016）的规定，钢筋机械连接质量应符合《钢筋机械连接技术规范》（JGJ 107—2016）的规定。

（4）竖向钢筋焊接时，注意清理钢筋端头表面，焊接后要留有充分时间使接头处焊接液凝固，避免接头处弯折。

（5）电弧焊：电弧焊时，应选择合适的调伸长度、烧化留量、顶锻留量以及变压器电流等焊接参数。在电弧焊生产中，当出现异常现象或焊接缺陷时，应查找原因，采取措施，及时消除。在同一台班内，由同一焊工完成的 300 个同一牌号、同直径钢筋焊接接头应作为一批。当同一台班内焊接的接头数量较少，可在一周之内累计计算；累计仍不足 300 个接头时，应按一批计算；力学性能检验时，应从每批接头中随机切取 6 个接头，其中 3 个做拉伸试验，3 个做弯曲试验；同时外观应符合下列要求：

①接头处不得有横向裂纹。

②与电极接触处的钢筋表面不得有明显烧伤。

③接头处的弯折角不得大于3°。

④接头处的轴线偏移不得大于钢筋直径的0.1倍，且不得大于2mm。

⑤焊工必须持证上岗。

⑥钢筋套筒连接：钢筋丝头螺纹有效丝扣长度不得小于1/2套筒长度，公差为+2P（P为螺距）。连接完毕后，外露量不得超过+2P。

⑦钢筋安装完毕后，由监理工程师检查验收合格后方可进行下步工序。

⑧受力钢筋同一截面的接头数量、搭接长度、焊接和机械接头质量应符合施工技术规范要求。

⑨受力钢筋应平直，表面不得有裂纹及其他损伤。

4.14.2.2　混凝土工程检查验收

（1）地材选择优质砂子、石子，使用前必须取样按照砂、石配合比配料过程投料，以确保混凝土的质量。

（2）原材料、半成品必须有出厂合格证（材料证明）或检验报告，不允许不合格产品投入工程使用。

（3）混凝土配合比，应由试验室先试配，经监理审核合格后才能使用。

（4）混凝土浇筑若遇雨天时，应经常测定砂石含水率，及时按实际情况调整混凝土配合比，并做好已浇筑混凝土的保护。

（5）要在混凝土搅拌站指派专职试验员检查、监督、试验，遇施工现场有特殊情况不能浇筑时，利用通信设备，及时通知停止送出混凝土。

（6）混凝土的浇筑应连续进行，如因故必须间断时，其间断时间应小于前层混凝土的初凝时间或能重塑的时间。混凝土的运输、浇筑及间歇的全部时间不得超过施工规定。

（7）混凝土现场检验及试件制作

混凝土出厂前，应对混凝土的和易性进行检验。为了控制到达现场的质量，还必须在现场进行质量检验，检验的项目如下：

①混凝土的流动性是否满足要求，采用坍落度仪器检测；

②混凝土是否均匀，最大粒径是否满足要求；

③混凝土是否离析、是否泌水。

如果上述任何一条不满足，现场值班人员必须及时将混凝土退回。

按照《公路桥涵施工技术规范》（JTG/T　F50—2011）的规定数量及要求进行试件制作，试件必须在现场制作，制作时要贯穿整个浇筑过程，不得集中一台罐车制作。试件制作完成后必须要有不少于3组的同条件养护试块，作为质量评定的依据。

4.14.2.3 墩身检查与验收

（1）混凝土所用的水泥、砂、石、水、外掺剂及混合材料的质量和规格，必须符合有关技术规范的要求，按规定的配合比施工。

（2）不得出现空洞和露筋现象。

（3）混凝土表面平整，施工缝棱角线平直，外露面色泽一致。

（4）蜂窝麻面面积不得超过该面面积的 0.5%，深度超过 1cm 的必须处理。

（5）裂缝宽度超过设计规定或设计未规定时超过 0.15mm 必须处理。

为保证高墩施工质量，检查验收参照《公路桥涵施工技术规范》（JTG/T F50—2011）执行。

5 施工保证措施

5.1 组织保障措施

5.1.1 施工安全组织管理措施

（1）建立健全严密的安全生产责任制和安全管理制度，成立以项目经理为首的安全领导小组，形成有效的安全生产管理体制，建立健全以项目经理为首的职能人员安全上岗责任制，做到分工明确，责任明确。

（2）严格执行国家颁布的《安全生产法》《文明施工十二条》和公司有关安全生产的具体规章制度，现场实行安全责任制，层层落实到人。

（3）建立安全管理网络图和消防安全管理图。项目经理应对施工现场的安全工作负全面责任。

（4）坚持三级安全技术交底，落实到人，并做好记录。

（5）施工现场的专职安全员负责对操作工人进行安全交底，并做好记录，每天安全员必须对现场所有安全设施进行检查，并做好记录。安全员深入工地进行安全检查，监督安全措施的执行，发现不安全因素和隐患因素及时报告施工员，并进行整改、纠正，发现违章作业有权制止。安全设施不经安全员检查合格不准工人进行操作。

（6）对所有参加施工的人员必须进行技术培训和安全教育，熟悉和掌握施工有关安全技术知识和平共处规范，合格后上岗。施工人员应相对固定。

（7）经常进行安全教育，牢固树立"安全第一，预防为主"的观念。

（8）工人变换工种前应进行工种安全教育并登记入册，未经安全教育不得上岗作业。

（9）分部分项工程施工前必须进行书面安全技术交底。交底的内容应有较强的可行性和针对性，并履行所有接受交底人员的签字手续。

5.1.2 项目部安全生产领导小组

为确保本工程的安全施工，实现安全目标。项目部成立安全生产工作领导小组，设立安全管理部及专职安全员，施工队同时成立安全工作领导小组设专职安全员和兼职安全员，形成自上而下的安全管理机构，做到纵向到底、横向到边的安全管理体系。

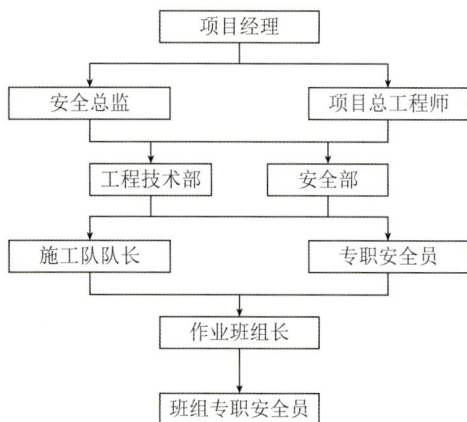

图 5-1　安全保管理组织机构图

安全生产组织机构图如图 5-1 所示。

5.1.3 安全生产保证体系

为了加强安全生产工作的管理，保证安全组织机构的正常运转，促进项目安全管理工作规范有序地开展，确保工程项目安全管理目标的落实，结合本项目工程的特点，建立项目安全保证体系，从思想上、组织上、制度上、技术上、经济上进行全面管理。

（1）以项目经理为核心，安全工作由项目总工程师和安全总监具体主管，具体负责安全生产全面工作；建立安全领导小组，设立专职安全员，全面负责安全事故预防工作。为保证施工安全，所有施工作业人员都必须佩戴安全帽。开工前，做好现场施工安全技术交底工作，交底对象具体至每个施工人员和作业人员。

（2）主塔施工，切实做好安全保障措施，是现场施工中的重点，由于现场作业、环境多变，有时受环境、场地因素的限制，各施工作业队在施工中切实做好安全防护工作。注意提高本作业队人员的安全意识，切忌松懈及疏忽大意。切实贯彻落实"安全第一，预防为主，综合治理"的方针，把安全放在首位。施工中各施工作业队将切实做好以下几点：

①建立健全安全管理组织机构和安全生产规章制度。

②进入施工现场人员，必须正确佩戴安全防护用品。

（3）现场施工机械停放位置必须满足安全要求。

（4）临时支撑结构必须经计算，必须满足结构承载力、刚度、稳定性要求。

（5）主塔施工中配备专职安全员全程跟踪检查，对作业区随时可能出现的安全隐患进行观察及排除、处置、报告。

（6）做好现场的安全防护设施的搭设，专职安全员检查、指导。

（7）严格上下班交接制度，做好现场施工记录。

（8）检查监督本作业队人员劳保用品的佩戴情况，并做好记录备查，负责检查施工现场的安全防护措施，发现隐患，督促作业队长及时排除，并做好记录。

（9）组织夜间施工，现场的灯光布置一定要清晰明亮，要能达到一定的能见度。水上夜间作业还要开设警示灯方可施工。在施工过程中，要互相配合、相互照应。

（10）现场施工各道工序要严格把关，保证了质量和安全，才能保证施工的顺利进行。

项目安全保证体系如图 5-2 所示。

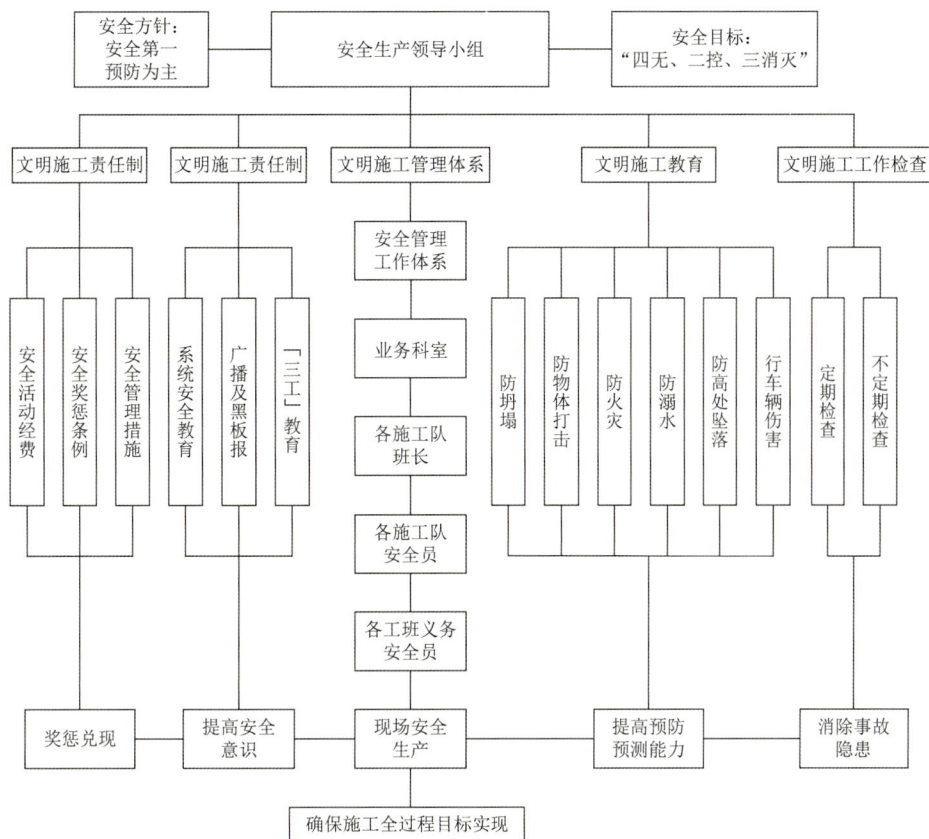

图 5-2　安全保证体系图

注：1. "四无"即无因公死亡事故、无交通死亡事故、无火灾、压力容器及锅炉爆炸事故、无行车险情；"二控"即重伤率控制在 0.5% 以内，轻伤率控制在 3‰ 以内；"三消灭"即消灭违章指挥、消灭违章作业、消灭惯性事故。

　　2. "三工"教育即工前动员、工中指导、工后讲评。

项目部安全管理流程如图 5-3 所示。

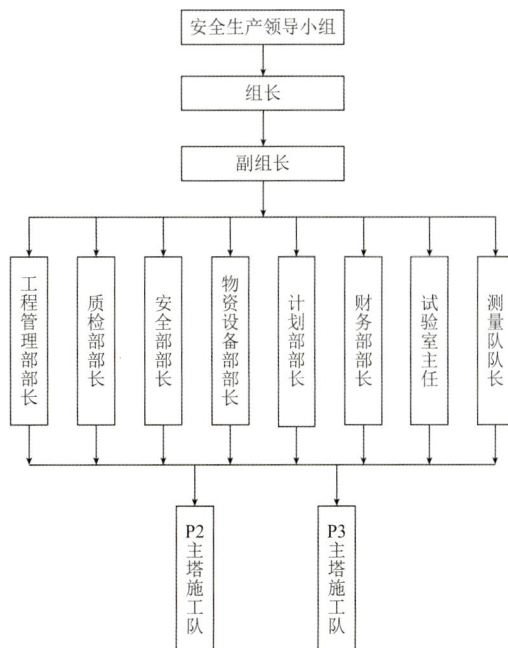

图 5-3　安全管理流程图

5.1.4 安全生产领导小组职责

（1）负责安全生产职责分工，并按时检查其安全生产职责履行情况，积极组织开展安全生产工作；分析研究项目部安全生产形势。

（2）计划、布置、检查、总结、评比安全生产工作。

（3）组织领导安全生产大检查，做到检查有记录、隐患有通知、整改有回单、复查有结论。危险性较大的关键设备和操作场所、重大隐患要组织人员现场研究，及时整改。重大隐患未整改以前，应有可靠的临时安全生产措施。领导、协调各单位的安全生产工作。认真贯彻"安全第一、预防为主"的方针，落实国家、集团公司以及地方政府有关安全生产的政策、法令、法规、标准、指示和规定等。

（4）督促项目部各部室、工段认真执行上级各阶段部署的有关安全生产的具体工作要求，并按要求收集、汇总情况上报；发生影响、损失较大的生产事故，组织力量按"四不放过"的原则进行调查处理。

5.1.5 安全施工人员职责

1）项目经理

（1）对本标段工程安全生产的组织和实施负责，为安全生产第一责任人，全面履行一岗双责制度。

（2）组织审批安全技术措施、计划，贯彻实施组织并参加定期和不定期安全生产大检查，确保安全生产万无一失。

（3）组织对事故隐患进行认真仔细的调查研究，及时组织整改并制定防范措施。

（4）负责组织召开安全生产交接班会。

2）总工程师

（1）对本标段工程的安全生产负有技术、教育方面的直接责任，履行一岗双责。

（2）认真组织编制和审查施工组织设计及施工方案，采用新技术、新工艺、新设备时要贯彻"安全第一、预防为主"的思想，安全措施渗透到施工组织设计和施工方案各个环节中，使施工组织方案成为科学全面指导施工的依据，并检查执行情况。

（3）负责项目经理部安全培训计划的制定和实施。

（4）负责编制提高改善劳动条件实施措施，并付诸实施。

（5）参加安全生产大检查，参加安全交接班会，对发现的事故隐患提出改进措施。

3）安全总监

（1）对本标段工程的安全管理制度、安全管理措施和特殊过程安全生产措施的落实、检查工作负主要责任。

（2）负责进行本标段工程沿线施工现场施工生产安全的检查，对存在安全隐患的部位和违反安全操作规程的行为有权处置，按安全处罚条例给施工作业队和个人予以处罚，并负责检查改正情况。在施工生产全过程中负责组织和实施对参建管理人员及职工进行的安全培训和考核，填写培训表并签认，考核试卷存档备查。

（3）参与本标段工程的施工组织设计的编制工作，负责施工方案安全技术措施的审批工作，并在实际工作中积极检查各项措施实施情况。

（4）负责安全生产状况报告、事故调查处理意见等安全部门文件的编制工作。

4）作业队安全主管

（1）贯彻执行项目经理部制定的安全生产管理制度和安全管理措施，对所管辖施工现场的安全管理负全责。

（2）加强对本施工队施工区域的安全检查，发现存在的安全隐患和违反操作规程的行为及时制止，并在需要时及时向上级领导汇报。

（3）定期或不定期组织召开本施工队安全专题会议，总结前期安全生产工作，分析不稳定因素，布置近期安全生产工作。

（4）关键工序及易出安全事故的工序必须亲临现场指挥，严格执行各种安全操作规程。

（5）落实监督班前安全交底制度的执行。

5）施工安全员

（1）认真执行安全生产规章制度，对班组施工人员的安全生产和健康负责。

（2）经常组织班组人员学习操作规程，督促穿戴好个人防护用品，不断提高施工人员的个人自我保护能力。

（3）认真落实班前安全交底制度，工中检查、工后讲评，不违章指挥。

（4）认真收集施工过程中的各种原始资料，全面提高班组管理水平。

5.2 技术措施

5.2.1 拆装作业安全技术

（1）塔式起重机的拆装作业必须在白天进行，如需加快进度，可在具备良好照明条件的夜间做一些拼装工作，不得在大风、浓雾和雨雪天气进行。

（2）在安装或拆卸作业过程中，必须保持现场的整洁和秩序，不得堆存杂物，以免妨碍作业并影响安全。对塔式起重机的金属结构下面必须垫放方木，防止损坏结构或造成结构变形。

（3）安装架设用的钢丝绳及其固定必须符合标准和满足安装上的要求。地锚等临时设施必须构筑牢固，特别是拆卸作业前必须仔细检查，确保安装时所使用过的地锚仍然牢固可靠。

（4）在进行逐件组拼或部件安装之前，必须对部件各部分的完好情况、连接情况和钢丝绳穿绕情况、电气线路等进行全面检查。

（5）在架设过程中，结构和钢丝绳的受力以在立塔初始阶段最为不利，随着塔架起升则逐渐减小。在拆塔过程中，以塔架即将完全卧倒时受力最大。因此，在塔架开始起升或即将卧倒时，必须缓慢进行，并加强各主要部位的检查和观察。

（6）在拆装起重臂和平衡臂时，要始终保持起重机的平衡，严禁只拆装一个臂就中断作业。

（7）在拆装作业过程中，如突然发生停电、机械故障、天气骤变等情况不能继续作业，或作业时间已到需要停休时，必须使起重机已安装、拆卸的部位达到稳定状态并已锁固牢靠，所有结构件已连接牢固，塔顶的重心线处于塔底支承四边中心处，再经过检查确认妥善后，方可停止作业。

（8）安装时应按安装要求使用规定的螺栓、销轴等接件，并要有可靠的防松或保护装置。螺栓紧固时应施加一定的预紧力。钢丝绳安装应严格执行《起重机械用钢丝绳检验和报废实用规范》（GB 5972—1986）。

（9）在安装起重机时，必须将大车行走限位装置和限位器碰块安装牢固可靠，并将各部位的栏杆、平台、护链、扶杆、护圈等安全防护装置装齐。

（10）在拆除因损坏而不能用正常方法拆卸的起重机时，必须有经技术安全部门批准的确保安全的拆卸方案。

（11）安装作业的程序，辅助设备、索具、工具以及地锚构筑等，均应遵照该机使用说明书中的规定或参照标准的安装工艺办理。

5.2.2 顶升接高作业的安全技术

1）液压系统

（1）液压油必须符合原厂说明书规定的品种、标号。如代用时，其各项性能必须与原品种、标号相同或相近，不得随意代用，也不得两种不同品种的液压油掺合使用。

（2）必须保证液压油和液压系统的清洁，不得有灰尘、水分、金属屑和锈蚀物等杂质。油箱中的油量应保持正常油面。换油时应彻底清洗液压系统，加入新油必须过滤。盛装液压油的容器必须保持清洁，容器内壁不得涂刷油漆。

（3）液压油管接头应牢固避震，软管应无急弯或扭曲，不得与其他管道或物体相碰和摩擦。

（4）液压泵的出入口和旋转方向应与标牌一致。拆装联轴器时不得敲打。

（5）液压缸的软管连接不得松弛，各阀的出入口不得装反，法兰螺丝按规定预紧力拧紧。

（6）在液压泵起动和停止时，应使溢流阀卸荷，溢流阀的调整压力不得超过液压系统的最高压力。

（7）液压系统的各部连接密封必须可靠、无渗漏，必须校准联锁装置。

（8）当开启放气阀或检查高压系统泄漏时，不得面对喷射口的方向。

（9）高压系统发生微小或局部喷泄时，应立即卸荷检修，不得用手去检查或堵挡喷泄。

（10）液压系统发生故障或事故时，必须在卸荷后方可检查和调整。

2）顶升作业

（1）顶升前必须检查液压顶升系统各部件连接情况，并调整好顶升套架导向滚轮与塔身的间隙，然后放松电缆，其长度略大于顶升高度，并紧固好电缆卷筒。

（2）顶升作业，必须在专人指挥下操作，非作业人员不得登上顶升套架的操作台，操作室内只准一人操作，严格听从信号指挥。

（3）顶升应在白天进行，特殊情况需在夜间作业时，应有充分的照明。

（4）风力在四级以上时，不得进行顶升作业。如在作业中风力突然加大时，必须立即停止作业，并使上下塔身连接牢固。

（5）顶升时，必须使起重臂和平衡处于平衡状态，并将回转部分制动住。严禁回转起重臂及其他作业。顶升中如发现故障，必须立即停止顶升进行检查，待故障排除后方可继续顶升。如短时间内不能排除故障，应将顶升套架降到原位，并及时将各连接螺栓紧固。

（6）在拆除回转台与塔身标准节之间的连接螺栓（销子）时，如出现最后一处螺栓拆装困难，应将其对角方向的螺栓重新插入，再采取其他措施。不得以旋转起重臂动作来松动螺栓。

（7）顶升时，必须确认顶升撑脚稳妥就位后，方可继续下一动作。

（8）顶升工作中，随时注意液压系统压力变化，如有异常，应及时检查调整。还要有专人有经纬仪测量塔身垂直度变化情况，并做好记录。

（9）顶升到规定高度后，必须先将塔身附着在建筑物上，方可继续顶升。

（10）拆卸过程顶升时，其注意事项同上。但锚固装置不允许提前拆卸，只有降到附着节时方可拆除。

（11）安装和拆卸工作的顶升完毕后，各连接螺栓销轴应按规定的预紧力紧固，顶升套架导向滚轮与塔身吻合良好，液压系统的左右操纵杆应在中间位置，并切断液压顶升机构的电源。

5.2.3 附着作业的安全技术

（1）塔式起重机附着在建筑物上，其受力强度必须满足塔式起重机的附着要求。

（2）根据本工程建筑施工的总高度以及建筑结构特点、施工进度要求安排如下附着方案：布设两道锚固，附着支座的间距为1500m，采用角钢附相应的附着工艺。

（3）在装设附着框架和附着杆件时，要用经纬仪进行观测，并通过杆系及过附着杆件的调整来保证塔身的垂直度满足要求。

（4）附着框架应尽可能设置在塔身标准节的节点连接处，箍紧塔身，塔架对角处应设斜撑加固。

（5）随着塔身节的顶升和接装而增设的锚固装置，应及时附着于建筑物。锚固装置以上的塔身自由高度一般不得超过40m。

（6）在进行超高建筑施工需要设置多道锚固装置时，下部锚固装置可转达移至上部使用。但第一道锚固装置与塔式起重机基础之间的距离不得超过50m。各道锚固装置的布设，应符合使用说明书中的有关规定。

（7）布设附着支座处必须加配钢筋并适当提高混凝土的强度等级。附着时，附着支座处的结构强度必须达到设计强度。附着支座设于现浇混凝土内墙板上，在墙板与墙板之间（本跨和邻跨）必须设支撑加固。附着支座固定于楼板上时，应在两层楼板之间设置加固支撑。附着支座应固定牢靠，其与建筑结构之间的间隙应嵌塞紧密。

（8）在作业过程中，必须经常检查锚固装置，发现有松动和异常情况时，应立即停止作业，故障未经彻底排除，不得继续使用。

（9）在拆卸起重机时，应随着降落身的进程拆卸相应的锚固装置，严禁在落塔之前先拆锚固装置。

（10）遇有六级及以上大风时，禁止安装或拆卸锚固装置。

（11）锚固装置的安装、拆卸、检查及调整均应由专人负责，工作时应佩戴安全带和安全帽，并遵守高空作业安全操作规程的有关规定。

5.2.4 塔式起重机防撞安全技术措施

（1）为避免两台塔式起重机在水平面发生碰撞或低位塔式起重机与高位塔式起重机塔身发生碰撞，将T630塔式起重机设为高位塔式起重机，旋转半径55m，QTZ160塔式起重机设为低位塔式起重机，旋转半径为 40m。

（2）两台塔式起重机距离李家沱长江大桥（老桥）距离较近，为避免 QTZ160 塔式起重机旋转臂与老桥发生碰撞，为低位塔式起重机（QTZ160 塔式起重机）设置了旋转区域，并对塔式起重机操作人员进行了技术交底。

（3）塔式起重机吊装构成中，安排专职指挥人员进行指挥，避免两台塔式起重机旋转重合区域内吊物发生的碰撞。

（4）施工过程中，根据主塔施工高度对塔式起重机进行顶升，防止塔式起重机与主塔及构筑物发生碰撞。顶升过程中保证两台塔式起重机的高差处于安全距离。

（5）塔式起重机防撞其他措施：

①塔式起重机司机应受过专业训练，按有关部门规定进行考核合格并取得操作证，要求其了解操作塔式起重机的工作原理，熟悉该机械的构造、各安全装置的作用及其调整方法，掌握该机各项性能的操作方法及维修保养技术。

②塔式起重机必须由持证的专业人员进行操作，非司机人员不得操作，作业时应有专人指挥，司机酒后及患病时，不得进行操作。

（6）起重机的变幅指示器、力矩限制器以及各种行程限位开关等安全保护装置，必须齐全完整、灵敏可靠，不得随意调整和拆除，严禁用限位装置代替操纵机构。

（7）起吊前应进行空载运转，检查行走、回转、起重、变幅等各机构的制动器、安全限位器、防护装置等，确认正常后方可作业。

（8）操纵各控制器时应依次逐级操作，严禁越档操作。在变换运转方向时，应将控制器转到零位，待电机停止转动后，再转向另一方向，操作时力求平稳，严禁急开急停。

（9）作业时，应将驾驶室窗户打开，注意指挥信号，驾驶室内应有防火防触电安全措施。

（10）起重作业时，重物下方不得有人停留或通过，严禁超荷载和起吊不明重量的物件。

（11）起吊重物时绑扎应平稳、牢固，不准斜拉斜吊物品，不准抽吊交错挤压物品，不准起吊埋在土里或冻粘在地上的物品，不得在重物上堆放或悬挂零星物件。零星物料和物件必须用吊笼或钢丝绳绑牢固后方可起吊。

（12）雨天起吊时，应先试吊，确认制动器灵敏可靠后方可进行作业。

（13）有物品悬挂在空中时，司机与起重工不得离开工作岗位。

（14）起重机行走到接近轨道限位开关时，应提前减速缓行至停止位置。

（15）遇有六级以上大风或大雨、大雾、雷雨天，应停止作业，塔式起重机顶部必须装设避雷针。

（16）作业完毕后，塔式起重机应停放在轨道中部，吊钩、小车应移到吊臂根部，臂杆不应过高，且应顺向风源，放松回转制动器，卡紧轨钳，切断电源。

（17）司机必须认真做好起重机的使用、维修、保养和交接班的记录工作，定期对机械进行维修保养，做好设备"十字"作业（清洁、润滑、调整、紧固、防腐）。

（18）塔式起重机操作"十不吊"，即指挥信号不明不吊、违章指挥不吊、吊物捆绑不牢不吊、吊物上有人不吊、起重机安全装置不灵不吊、吊物被埋在地下不吊、作业场所光线阴暗或视线不清不吊、斜拉吊物不吊、有棱角的吊物没有采取相应的防措施不吊。

5.2.5 爬模施工安全技术措施

5.2.5.1 爬模产品质量保障措施

爬模产品所使用的各类钢材、机电产品均有产品合格证，并符合设计要求，对于受力螺栓、双埋件挂座、横梁钩头、承重插销、导轨等重要受力部件，除应有生产厂家产品合格证及材质证明外，还进行复检，确保材料质量符合安全要求。

爬模系统定期到国家质检机构做产品检测。

爬模产品出厂前，必须进行组装调试并验收合格，不合格产品不得出厂。

爬模产品进入施工现场，总包方组织监理、专业公司等相关方对产品验收后进行安装。

5.2.5.2 爬模安装阶段安全技术措施

（1）安装前应根据专项施工方案要求，配备合格人员，明确岗位职责，并对有关施工人员进行安全技术交底。

（2）严格控制预埋件和预埋套管的埋设质量，为保证预埋位置的准确，应用辅助筋将预埋套管与墙体横向钢筋焊接固定，防止跑偏。预埋孔位偏差未达到要求的不得进行安装；预埋孔处墙面必须平整，保证挂座与墙体的充分接触；螺母必须拧紧以确保附墙座与墙面的充分接触。

（3）在结构墙体混凝土强度超过 15MPa（特殊要求的另行规定）后，方可进行爬模安装。

（4）爬模上所有零部件的连接螺栓、销轴、锁紧钩及楔板必须拧紧和锁定到位，经常插、拔的零件要用细钢丝拴牢。

（5）主承力点以上的架体高度为悬臂端，应在爬模正常使用阶段将悬臂端的中间位置与结构进行刚性拉接固定，以减少风荷载对架体的影响，拉接水平间距不大于 3m。

操作平台上按相关规范要求设置灭火器，施工消防供水系统随爬模施工同步设置。

同一单元架体之间的平台梁及连接钢管与架体的连接均应设置为铰接，避免因油缸不同步产生架体间的内力。

（6）爬模安装完毕后，总包方组织监理、专业公司等相关方（包括负责生产、技术、安全的相关人员），对爬模安装进行检查验收，经验收合格签字后方可投入使用。验收合格后任何人不得擅自拆改，需局部拆改时，应经设计负责人同意，由架子工操作。

（7）严禁在夜间进行架体的安装、搭设及整体吊装。

（8）液压爬模的吊装设备必须满足吊重要求，吊装时必须设专人进行指挥作业。

（9）液压爬模安装人员必须经安全技术培训，持证上岗。

5.2.5.3 爬模施工阶段安全技术措施

（1）每层操作平台上应在显著位置标明允许荷载值，设备、材料及人员等荷载应均匀分布。人员、物料不得超过允许荷载。

（2）架体爬升完毕后或清理模板完毕后，应立即将架体上的模板靠近墙体，并用模板对拉螺栓将模板与墙体进行刚性拉接，模板上方的架体应与钢筋或钢结构做刚性拉接，拉接的水平间距小于3m，以便在架体上二层平台上进行绑筋作业，同时确保架体上端有足够的稳定性。

（3）爬模专职操作人员在爬模的使用阶段应经常（每日至少两次）巡视、检查和维护爬模的各个连接部位；确保爬模的各部位按要求进行附着固定。

（4）非爬模专职操作人员不得随便搬动、拆卸、操作爬模上的各种零配件和电气、液压等装备。在爬模上进行施工作业的其他人员如发现爬模有异常情况时，应随时通报爬模专职操作人员进行及时处理。

（5）八级（含八级）以上大风应停止作业，大风前须检查架体悬臂端拉接状态是否符合要求，大风后要对架体做全面检查符合要求后方可使用，冬天下雪后应清除积雪并经检查后方可使用。

（6）每施工3层或施工进度较慢及施工暂时停滞时每个月都应对挂座、液压系统等进行检查保养，以保证架体的正常使用。

（7）施工过程中，由施工方组织技术人员、安全员、液压操作人员、监理等进行爬模架体的检查，确保施工过程安全。

5.2.5.4 爬模爬升阶段安全技术措施

（1）混凝土强度必须达到15MPa以上方可爬升作业。

（2）导轨爬升前，其爬升接触面应清除黏结物和涂刷润滑剂，检查换向盒棘爪是否处于提升导轨状态，确认架体固定在承载体和结构上，确认导轨尾撑已松开；导轨爬升过程中，应设专人看护，确保导轨准确插入上层附墙挂座；导轨进入附墙挂座后，调定导轨底部支撑，然后转换换向盒棘爪使架体支承在导轨梯挡上。

（3）架体爬升时，模板距结构表面不应大于300mm。

（4）操作平台与地面之间应有可靠的通信联络。爬升过程中应分工明确、各负其责，应实行统一指挥、规范指令。爬升指令只能由爬模总指挥一人下达，对于操作人员发现的不安全问题，应及时处理、排除并立即向总指挥反馈信息。

（5）架体爬升前要组织安全检查。爬模总指挥应告知平台上所有操作人员，清除影响爬升的障碍物。必须拆除模板上的全部对拉螺栓及妨碍爬升的障碍物；清除架体上剩余材料，翻起所有安全盖板，解除相邻分段架体之间、架体与构筑物之间的连接，确认换向盒棘爪处于爬升架体工作状态；确认下层埋件已拆除；检查液压设备均处于正常工作状态，承载体受力处的混凝土强度满足架体爬升要求，确认架体附墙撑已退出，安全销已拔出。

（6）架体爬升时，架体上不允许堆放与爬升无关的杂物，只允许最多两层平台同时承载，严禁非爬模操作人员上爬模架。

（7）架体爬升到位后，必须及时按施工阶段要求进行附着固定。在没有完成架体固定工作之前，施工人员不得擅自离岗或下班，未办交付使用手续的，不得投入使用。

（8）遇八级（含八级）以上大风和大雨、大雪、浓雾和雷雨等恶劣天气时，禁止进行爬升和拆卸作业，禁止夜间进行爬升作业。

（9）正在进行爬升作业的爬模作业面的正下方严禁人员进入，并应设专人负责监护。

5.2.5.5 爬模拆除阶段安全技术措施

（1）爬模的拆卸工作须严格按照专项方案及安全操作规定的有关要求进行。

（2）爬模的拆除必须经项目部生产经理、总工程师签字后方可进行。拆除工作前对施工人员进行安全技术交底，拆除中途不得换人，如更换人员必须重新进行安全技术交底。

（3）爬模装置拆除前，必须清除影响拆除的障碍物，清除平台上所有的剩余材料和零散物件，切断电源后，拆除电线、油管；不得在高空拆除跳板、栏杆和安全网，防止高空坠落和落物伤人。

（4）为了确保高空拆除的安全，同时也减少高空拆除时间，爬模拆除应分段整体拆除、地面解体。

（5）爬模的拆除应在起重机械起重力矩允许范围内，平面应按大模板分段，如果分段的大模板重量超过起重机械起重力矩，可将其再分段。爬模竖直方向分模板、上架体、下架体与导轨四部分拆除。

（6）爬模拆除属于高空特种作业，从事高空作业的人员必须经过体检，凡患有高血压、心脏病、癫痫病、晕高症或视力不够以及不适合高空作业的，不得从事登高拆除作业。

（7）操作人员必须经专业安全技术培训，持证上岗，同时熟知本工种的安全操作规定和施工现场的安全生产制度，不违章作业。对违章作业的指令有权拒绝，并有责任制止他人违章作业。操作人员将安全带系于墙体外侧施工钢管操作架上，防止爬模拆除过程中本身失稳造成坠落事故。

（8）操作人员必须正确使用个人安全防护用品，必须着装灵便（紧身紧袖），必须正确佩戴安全帽和安全带，穿防滑鞋。作业时精力要集中，团结协作，统一指挥。不得"走过挡"和跳跃架子，严禁打闹玩笑，酒后上班。

（9）拆除指令只能由爬模总指挥一人下达，操作人员发现的不安全问题，应及时处理、排除并立即向总指挥反馈信息。拆除架体前划定作业区域范围，并设警戒标识，与拆除架体无关的人员禁止进入。拆除架体时应有可靠的防止人员与物料坠落的措施，严禁抛扔物料。

（10）遇八级（含八级）以上大风和雨雪天气、浓雾和雷雨天气时，禁止进行架体的拆除工作，并预先采取加固架体的措施。禁止夜间进行爬模的拆除工作。

（11）拆除工作因故不连续时，应对未拆除部分采取可靠的固定措施。拆除架体的人员应配备工具套，手上拿钢管时，不准同时拿扳手，工具用后必须放在工具套内。拆下来的各种配件要随拆、随清、随运、分类、分堆、分规格码放整齐，要有防水措施，以防雨后生锈。

（12）爬模装置拆除时，参加拆除的人员必须系好安全带并扣好保险钩；每起吊一段模板或架体前，操作人员必须离开。最后一段爬模装置拆除时，要留有操作人员撤退的通道或脚手架。

5.2.5.6 爬模安全防护措施

（1）高度重视爬模工程的安全，消除施工中的危险因素，是爬模施工的重要工作。因此施工单位必须设立专职安全员，负责爬模施工的安全监控，并填写安全检查表。

爬模施工应符合现行行业标准《建筑施工高处作业安全技术规范》（JGJ 80）的有关规定。

（2）爬模施工临时用电线路架设及架体接地、避雷措施等应符合现行行业标准《施工现场临时用电安全技术规范》（JGJ 46）的有关规定。

（3）机械操作人员应按现行行业标准《建筑机械使用安全技术规程》（JGJ 33）的有关规定，定期对机械、液压设备等进行检查、维修，确保使用安全。

（4）操作平台均应满铺脚手板，脚手板铺设应符合现行行业标准《建筑施工扣件式钢管脚手架安全技术规范》（JGJ 130）的有关规定；架体全高范围及下端平台底部均应安装防护栏及安全网；下操作平台及下架体下端平台与结构表面之间应设置翻板和兜网。

（5）爬模装置的安装、操作、拆除应在专业厂家指导下进行，专业操作人员应进行爬模施工安全、技术培训，合格后方可上岗操作。

（6）爬模施工现场应有明显的安全标志，爬模安装、爬升、拆除时地面应设围栏和警戒标识，并派专人看守，严禁非操作人员入内。

（7）爬模安装液压平台后应及时把液压泵站、液压缸等材料吊装到位，以免其他平台及防护完毕后无法吊装。

（8）架体安装应分清受力螺栓、安装螺栓及连接螺栓的等级（4.8 级、8.8 级）及相应的位置。

（9）混凝土强度必须达到 15MPa 以上方可爬升。

（10）预埋件高强螺杆严禁焊接固定，应采用扎丝与主筋或水平筋绑扎固定或双埋件板后面焊接短钢筋连接固定。

（11）高强螺杆旋进爬锥及埋件板的位置应在现场用红漆做限位标记，以方便检查。

（12）模板前移后移到位后应及时安装好后移拉杆及齿轮插销。

（13）架体拼装必须加设剪刀撑后才能上人施工。

（14）在爬架处于爬升和非爬升状态时，架体和结构之间都应连接防坠钢丝绳。

（15）拆除的模板、拉杆、螺母等配件要及时运走或集中堆放在平台定制的工具箱里。

（16）施工消防供水系统的安装按消防要求设置，随爬模的爬升及时跟进，使爬模工程始终处于施工消防供水系统的控制范围之内。电、气焊作业时的防火措施包括接焊渣用的薄钢板等，防止焊渣直接落在爬模装置或安全网上。

（17）各单元架体间留有 200mm 的间隙，以保证单独架体的爬升。为安全防护，在离架体的空隙处铺设翻板，当架体爬升时将翻板翻开，架体爬升到位后，应立即将翻板铺好，并用安全网将各独立架体连接好。

（18）在铺设架体各层脚手板时，在每个单独独立的架体水平位置中间留 800mm × 600mm 的洞，预制爬梯将各平台连接，使架体上下有一个通道，在各平台洞口处用翻板将洞口封好。

5.2.5.7 爬模的防坠安全措施

爬模架体爬升时在劲性骨架和架体主横梁三脚架位置安装 12m 长、15t 吊装带，爬升到位后拆除。如图 5-4 所示。

图 5-4　液压爬模的防坠措施

5.2.6 临时支架架安全技术措施

（1）脚手架搭设或拆除时，应在地面设警护区，并必须设置警戒标识，派专人指挥，严禁非作业人员进入。

（2）施工人员必须为具有特殊工种操作证的熟练工人，操作时必须佩戴安全帽、系安全带、穿防滑鞋。

（3）施工过程中，未经技术负责人批准，不得随意抽拆脚手架上的杆件、脚手板等，并应及时清除架子上的垃圾。

（4）拆除的杆件应自上而下传递或利用滑轮和绳索运送，不得从架子上向下抛落。

（5）大雾、大雨和五级风以上的大风天气，不得进行脚手架搭设或拆除作业。

（6）按照规定的构造方案和尺寸进行搭设，并注意搭设顺序。

（7）及时与结构拉接或采用临时支顶，以确保搭设过程的安全。

（8）脚手板要铺满、铺平或铺稳，不得有探头板。

（9）不得使用变形的杆件和不合格的扣件（有裂纹、尺寸不合适、扣接不紧等）。

（10）没有完成的脚手架，在每日收工时，一定要加设临时固定措施，确保架子稳定。

5.2.7 其他安全技术措施

5.2.7.1 防止火灾、爆炸事故的安全保证措施

（1）对施工人员进行消防培训，使其清楚发生火灾时所应采取的程序和步骤，掌握正确的灭火方法。

（2）在施工现场入口和现场临时设施处设立固定的安全、防火警示牌、宣传牌。配备必要的消防器械和物资，确保现场配备的灭火器材在有效期内，注意日常维护，使其处于

完好状态。

（3）油漆燃气瓶等易燃、易爆物资，应存放在专用库房内，随用随取，库房处设置醒目的禁火警示牌。

（4）施工现场用电，严格执行有关规定，防止发生电器火灾。

（5）在高处进行电焊作业时，作业点下方及周围火星所及范围内，必须彻底清除易燃、易爆物品。

（6）在焊接和切割作业过程中和结束后，应认真检查是否遗留火种。

（7）焊、割作业点与氧气瓶、乙炔气瓶等危险物品的距离不得少于5m，与易燃易爆物品的距离不得少于30m。

（8）加强对易燃、易爆及危险品的管理。机械设备使用的柴油、重油、汽油等易燃品，其采购、运输、储存及使用各环节均严格按照有关安全操作规程执行，储料现场配备充足的消防灭火器材。

（9）要由合格电工安装线路，不可用废旧电线私拉乱接，穿管内导线不得有接头，电线连接处应包以绝缘胶布，不可破损裸露。

5.2.7.2 预防坍塌保证措施

（1）支立较大模板时，应有专人指挥，所用的绳索要有足够的强度，钢丝绳不得有毛刺且绑扎牢固。支立模板时，底部固定后再进行支立，防止滑动倾覆。

（2）支立模板要按工序操作。当一块或几块模板单独竖立和竖立较大模板时，应设立临时支撑，上下必须顶牢。操作时要搭设脚手架和工作平台。整体模板合龙后，应及时用拉杆斜撑固定牢靠，模板支撑不得钉在脚手架上。

（3）高处作业应将所需工具装在工具袋内。传递工具不得抛掷或将工具放在平台和木料上，更不得插在腰带上。

（4）在用斧锤作业时，应照顾四周和上下的安全，防止误伤他人。斧头刃口处应配刃口皮套。

（5）用机械吊运模板时，应先检查机械设备和绳索的安全性和可靠性，起吊后下面不得站人或通行。模板下放，距地面1m时，作业人员方可靠近操作。

（6）拆除模板时，应按顺序分段拆除，不得留有松动或悬挂的模板，严禁硬砸或用机械大面积拉倒。拆下带钉木料，应随即将钉子拔掉。

（7）3m以上高度的模板在拆除时，应用绳索拉住控制，配合起重机缓慢落地。

5.2.7.3 防止物体打击的安全保证措施

（1）施工人员进入生产作业现场必须按规定佩戴安全帽。生产作业人员按生产作业安全要求在规定的安全通道内上下出入通行，不准在非规定的通道位置处通行走动。

（2）高处作业所用物料，均应合理分散堆放，平稳、牢固，不可放置在临边或升降机口附近，也不得妨碍通行和装卸。拆除下的物件应及时清理运走，不得随意乱置，严禁向下丢弃物料，传递物件时，不得抛掷。

（3）高处作业配备工具袋，防止各种工具、零件等物件坠落伤人。

（4）作业人员在上下交叉作业时，不得在同一垂直面上。下层作业位置应处于上层作业物体可能坠落的范围之外。当不能满足要求时，上下之间应设置隔离防护层。

（5）严禁将零部件放置在起吊物上，与起吊物同时起吊。

（6）操作人员进入高空作业，起重作业等有物体坠落危险的施工现场，必须按要求正确使用安全防护用品。高处作业点的下方必须设置安全警戒线，严禁在作业区下方逗留，以防物料坠落伤人。

（7）安全通道上方应搭设防护设施，防护设施使用的材料要能防止高空坠落物穿透，工作平台外侧应设置踢脚板。

（8）施工作业平台上堆放物料，应不超过平台的容许承载力。防止因平台承载力不足或物料叠垛倾斜而倒塌伤人。

（9）夜间施工必须配备足量的照明设施。

5.2.7.4　防止起重伤害的安全保证措施

（1）施工吊装起重作业繁忙，必须加强起重安全管理和对人员的教育。

（2）起重作业必须严格遵守起重机械安全操作规程，起重司机、司索工、指挥工均是特殊工种，必须经培训考试合格并取得相关证书后方能上岗作业。

（3）施工前，现场负责人必须向在场所有工作人员交代技术措施和安全注意事项。

（4）起重作业必须由指挥工负责指挥，使用统一的标准信号。起重司机必须集中精力，听从指挥工的指挥。

（5）严禁使用非起重用机械吊、运重物。

（6）防起重伤害的安全技术措施。

①起重机械、起重索具，严禁超负荷使用。

②移动式起重机必须在平整、坚硬的路面上行走、起吊、停留。

③汽车式、轮胎式起重机，必须在支好支腿后才允许起吊重物。

④起重机工作结束后，臂杆、吊钩应置于规定方位，各控制操作杆拨回零位。轨道式起重机固定制动装置，切断电源。

⑤起重机械的制动装置、限位装置、安全防护装置、信号装置应齐全灵活，不得使用极限位置的限制器停车。

⑥不得在有荷载的情况下调整起升、变幅机构的制动器。

⑦不得将被吊物件从人的上空通过，吊臂下不得有人。

⑧不得在起重设备工作时进行检查和维修作业。

⑨不得未经试吊便起吊与设备额定荷载接近的重物。

⑩有下列情况之一时，不准起吊：

a. 起重设备、起吊索具未经检测合格或超过检测合格有效期。

b. 起重设备的结构或零部件有影响安全的缺陷或损伤：如制动器、安全装置失灵，吊钩螺母防松装置损坏，钢丝绳损伤达到报废标准，吊钩不安装防脱落装置等。

c. 遇有六级以上强风、暴雨、雷电等恶劣天气。

d. 指挥信号不明。

e. 吊物捆绑、吊挂不牢。

f. 吊物重量超过起重机、索具允许负载。

g. 重物棱角处与钢丝绳之间未加衬垫。

h. 臂架、吊具、辅具、钢丝绳、缆风绳、重物等，与电力线路的安全距离不足。

i. 起重机械安全装置不灵。

j. 吊物上有人或其他附着物。

k. 吊物埋在地下，情况不明。

l. 光线不足，视线不清。

m. 吊物边缘锋利，无防护措施。

n. 液体盛放过满。

o. 斜拉斜拽。

p. 法律法规及标准规定的其他情况。

5.2.7.5 防触电安全保证措施

（1）施工必须配备专职电工，电工必须经过培训持证上岗，施工现场所有的电气设备的安装、维修和拆卸作业必须由电工完成。

（2）电缆线路采用 TN-5 系统，电气设备和电气线路必须绝缘良好，不得采用老化脱皮旧电缆。

（3）各种型号的电动设备按使用说明书的规定接地或接零。传动部位按设计要求安装防护装置。维修、组装和拆卸电动设备时，断电挂牌，防止其他人私接电动开关而发生伤亡事故。

（4）现场的配电箱要坚固，有门、有锁、有防雨装置，设备实行"一机一闸一漏一箱"。不得用一个开关直接控制两台及以上的用电设备。

（5）使用自备电源或与外电线路共用同一供电系统时，电气设备根据当地要求作保护接零或作保护接地，不得一部分设备作保护接零，另一部分设备作保护接地。

（6）变压器设接地保护装置，其接地电阻不大于4Ω，变压器设护栏、设门加锁，由专人负责，近旁悬挂"高压危险、请勿靠近"的警示牌。

（7）施工现场临时用电定期进行检查，接地保护、变压器及绝缘强度，固定用电场所每月检查一次，移动式电动设备、潮湿环境和水下电气设备每天检查一次。对检查不合格的线路、设备及时予以维修或更换，严禁带故障运行。

（8）焊工坐靠在工件上施焊时，身体与工件间应采取可靠的绝缘措施，以防触电。

（9）雷雨天气，停止露天高处作业。

5.2.7.6　高温季节安全防护及保证措施

重庆地区夏季气温高，且空气湿度大，给工程质量、安全带来很大的隐患。因此夏季施工应以安全生产为主题，以防暑降温为重点，切实抓好安全生产，确保工程质量和施工人员的生命健康。

（1）在现场开展防暑降温保健、中暑急救等卫生知识的宣传工作。

（2）调整作息时间，避开中午高温时间作业，严格控制工人加班加点，高空作业的人员工作时间适当缩短，保证工人有充足的休息和睡眠时间；保证工人们的身心健康；加强对工人身体状况的检查工作，搞好医疗保健。

（3）采用多种形式，对施工人员进行防暑降温知识的宣传教育，使施工人员知道中暑症状，学会对中暑人员采取应急措施。

（4）对高温、高处作业的工人，经常进行健康检查，发现作业禁忌者，及时调整高温及高处作业岗位。

（5）日最高气温达到39℃以上时，当日停止作业。

（6）现场配备中暑急救药品。

5.2.7.7　防止机械伤害安全保证措施

（1）提高操作者的安全素质，进行安全培训，提高辨别危险和避免伤害的能力，增强避免伤害的自觉性，对危险部位进行警示和标识。

（2）消除产生危险的原因，减少或消除接触机器的危险部位的次数，采取安全防护装置避免接近危险部位，注意个人防护，实现安全机械的本质安全。

（3）加强操作人员的安全管理，抓好三级安全教育和业务技术培训、考核。提高安全意识和安全防护技能。

（4）建立健全安全操作规程和规章制度。

（5）按规定进行安全检查或巡回检查，对机械进行保养和维修。

（6）严格遵守劳动纪律，杜绝违章操作或习惯性违章。

（7）在施工现场，机械设备按照相关要求合理进行布局。

（8）提高机械设备零、部件的安全可靠性：

①合理选择结构、材料、工艺和安全系数。

②必须设置防滑、防坠落及预防人身伤害的防护装置，如限位装置、限速装置、防逆转装置、防护网等。

③必须有安全控制系统，如配置自动监控系统、声光报警装置等。

5.2.7.8 防止高处坠落的安全保证措施

（1）凡是离地面 2m 以上的作业必须遵守下列规定：

①作业人员必须定期进行检查，对不适宜高处作业的人员，不得从事此项工作。

②高处作业人员必须系好安全带、戴安全帽、穿防滑鞋，禁止打赤脚或穿拖鞋作业。

③作业人员上下脚架要安设爬梯，不得攀登支架上下，更不允许乘坐非乘人的升降设备上下，发现违规者，立即制止。

④支架临空应设置栏杆、安全网等防护设施。

⑤安全网在使用前，应按规定进行试验，合格后方准使用。

⑥高空作业区的风力五级以上时，应停止作业。

⑦吊装作业配备专业资质司机，每台吊装设备配备专业指挥员，操作前后都必须严格检查设备运转情况及钢丝绳的安全可靠性，在保证安全条件下方可操作。

⑧因违反安全管理规定，造成人员受伤或死亡，必须视情节严重程度严厉处罚。

（2）发现工作人员在工作前饮酒、精神不振时，禁止高处施工。

（3）在临边作业和吊篮作业等高处作业，必须系好安全带。

（4）凡参加的作业人员必须经过身体检查，合格方可上高处施工。

（5）安全带在使用前必须经过试验，合格方可使用，安全带的绳子或挂钩应挂在牢固的构件上或专为挂安全带的钢丝绳上。

（6）不准将工具及小型构件材料上下抛掷，要用绳系牢后往上或往下吊送，以免打伤下方工作人员引起坠落。

（7）在六级及以上的大风或暴雨、打雷、大雾等恶劣天气下，停止露天高处作业。

（8）在悬吊式脚手架或吊篮上工作，钢丝绳的直径和安全系数应满足工作要求。

（9）现场必须设有专职安全员，专职安全员不得随意离开作业现场。

（10）凡进行主塔塔腔内施工需采用如下技术安全措施：

①进入主塔塔腔内施工人员必须佩戴安全防护用品，并经过安全技术培训。

②塔腔需设置照明设施，照明设施满足相关要求。

③塔腔内设置工作平台施工人员上下的安全防护栏杆。

④塔柱进人孔、施工平台、安全爬梯位置设置警示标示牌。

5.2.7.9 防止人员淹溺的安全保证措施

（1）水上施工前需对现场施工作业人员进行安全交底，告知现场危险源点和安全要求及注意事项。

（2）进入水上施工作业区域的所有施工作业人员必须按照项目部制定的安全生产管理规定要求执行，穿戴好安全防护用品，如安全帽、救生衣、高空作业系好安全带等。

（3）水上施工作业区域周边设置防护栏杆，并配备一定数量的固定式防水灯，保证夜间足够的照明，防止施工作业人员落水发生事故。

（4）施工作业时，禁止一人施工作业，施工作业必须两人及以上方可进行作业。

（5）水上施工区域部位及周边环境设置安全警示牌、警示灯和警示红旗，设置在醒目部位。

（6）沿河道设置围挡，将施工区域全部封闭，安排人员值班，防止人员在施工区域垂钓、游泳。

（7）人员上下通道必须设安全网，跳板要固定。作业平台应满铺脚手板，周边必须有栏杆和安全网等可靠的临边维护，并设置多条安全通道，以防不测时人员迅速疏散。

5.2.7.10 防止船舶碰撞的安全保证措施

（1）主塔施工前，将相关施工方案报送航道、海事及水利部门审批备案，按照相关要求实施。

（2）施工范围周围设置明确的警示标识，以防过往船只误入施工区域，碰撞水上平台及围堰。

（3）在钢围堰四周安装红色旋转警示灯、雾灯，平台上下游设置安全警示牌。夜间按规定显示警戒灯标或采用灯光照明，避免航行船舶碰撞。

（4）各作业墩位设一名值班员负责对附近施工水域的监视。值班员发现有闯入施工水域的船舶和漂浮物，应及时通知其离开，并与其联系，问清原因。如有闯入施工水域的失控船舶，则应立即通知现场拖轮，将其拖带出施工水域，必要时通知海事巡逻艇，进行现场指挥。

（5）晚上在可施工水域的各界限端点、四个角点的防撞设施，设置一盏紫色环照灯，在每界限边的中间防撞设施设置一盏紫色环照灯，施工平台的最顶端设置一盏紫色环照灯。

（6）白天在施工水域的各界限端点、四个角点的各设置彩旗一面，每界限边的中点设置彩旗一面，施工平台的顶端设置彩旗或五星红旗一面。

（7）施工水域的照明应从上向下照射到各施工作业点，所有照明应将其朝航道的一侧用遮光板予以有效遮蔽，严禁一切灯光对着通航水域及其航标灯照射。

（8）施工船舶按拟定线路行驶，不随意穿行，尽可能少占航行通道。

（9）长江涨洪水时，应禁止施工人员上施工平台及围堰，防止上游船舶锚绳断裂或大的漂浮物顺洪水漂流而下，撞击施工平台及围堰并在围堰周边设置防撞措施。

（10）与当地航道部门联系，掌握长江水位变化情况，同时掌握上游突发情况，做到心中有数，及时采取应对措施。

（11）建立安全信息联系沟通制度，以便协调与相关单位联系，处理施工作业与通航发生的各种冲突和矛盾。请求海事部门发布施工通告，划定大桥施工期间监控水域范围，并加强日常巡逻。视线不良时，施工船舶应停止作业。

5.2.8 防雷措施

爬模架是高耸的金属构架，又紧靠钢筋混凝土结构，都极易遭受雷击，因此避雷措施十分重要。本工程爬模系统位于李家沱老桥及施工主塔式起重机防雷设备范围之内，爬架上不单独设置防雷设施，在施工期间如遇有雷雨，现场所有人员必须立即离开。

5.3 监测监控措施

5.3.1 监测项目

（1）下塔柱施工期间在内支撑拆除过程中钢围堰的变形及位移。

（2）横梁施工过程中对横梁支架的沉降及位移监测。

（3）主塔施工中主塔线型监控及临时横撑变形及内力监测。

（4）主塔施工期间对李家沱老桥的变形监测。

5.3.2 测点布设

（1）在围堰四个角点及中部各设置一个沉降及位移观测点。

（2）横梁支架的沉降及位移监测点的设置详见支架预压相关章节。

（3）主塔线形监控及临时横撑变形监测点由设计及监控单位根据相关监控方案设置。

（4）在老桥位置设置沉降位移观测点，对老桥沉降进行观测。

5.3.3　监测方法及频率

使用全站仪和水准仪对高程及轴线进行检查，与初始值对比，计算沉降量与位移量。施工过程中观测次数及观测频率应满足相关规范要求，遇到恶劣天气或其他不良地质灾害后应加大观测密度。

5.3.4　报警值及处理措施

（1）钢围堰施工监测数据分析及处置措施：根据测量数据，分析钢围堰受力稳定性情况，确保施工过程中钢围堰处于安全稳定状态。监测预警值见表5-1。

监测预警值　　　　　　　　　　　　　　　　表5-1

序号	检测项目	单次允许变化量	累计允许变化量
1	水平位移	15mm	35mm
2	竖向沉降	15mm	35mm

若每次沉降及位移量均在15mm以内，且累计总量在35mm以内，视结构位移趋于稳定。若突然出现沉降、位移或总沉降、位移量大于35mm，且不趋于稳定继续下沉或偏移，应立即所有施工作业，人员和机械马上撤离平台及围堰，查找原因，采取相关措施后，连续观测3d，分析数据，当修复完成趋于稳定时方可继续使用。

（2）横梁支架监测数分析及处置措施：在支架预压及施工过程中对横梁支架进行监控，应间隔6h监测记录各监测点的位移量；连续12h监测位移平均值之差不大于2mm时，则支架趋于稳定，否则要采取措施对支架进行加固处里，确保支架的稳定。

（3）主塔线形监测数据分析及处置措施：索塔施工过程中，按设计、监理及控制部门的要求，在索塔上埋设变形观测点，随时观测因基础变位、混凝土收缩、弹性压缩、徐变、温度、风力等对索塔变形的影响。采用全站仪三维坐标法监测主塔变形，绘制主塔变形测量图，并按设计、监理及控制部门的要求进行相应实时调整，以保证塔柱几何形状及空间位置符合设计及规范要求。

（4）既有桥变形监控数据分析及处理：

主塔施工过程中由第三方监控单位对既有桥沉降及位移进行监控，当出现监控值超过变形控制值时要及时预警，停止主塔施工，采取一定防护措施，待监控数值趋于稳定后再施工。监控预警值如表5-2所示。

既有桥监控预警值   表 5-2

监控项目	控制值	
	变化速率（mm/d）	累计变化量（mm）
引桥桥墩沉降	2	10
主桥差异沉降	1	2
引桥桥墩倾斜	2	0.005
主桥桥墩倾斜	2	0.005
主桥桥墩竖向位移	2	20
主桥桥墩水平位移	2	20

5.3.5 其他监测

其他监控主要有以下内容：

（1）对使用的构配件材料的材质，使用的机械、工具、用具进行监控。

（2）加强安全管理，及时与水事部门沟通，对过往船只和附近水域进行监控。

（3）在汛期时，与水利防洪部门密切配合，对上游流域洪水进行监控。

5.4 其他保证措施

5.4.1 质量保证措施

（1）工程质量报验程序

工程质量报验程序如图 5-5 所示。

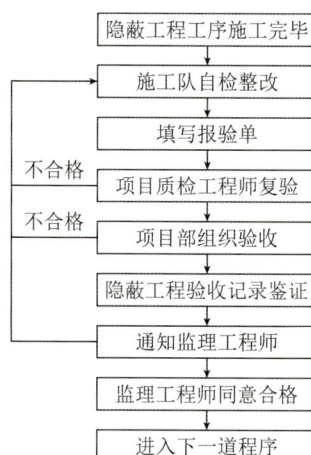

（2）隐蔽工程质量控制验收程序

隐蔽工程质量控制验收程序如图 5-6 所示。

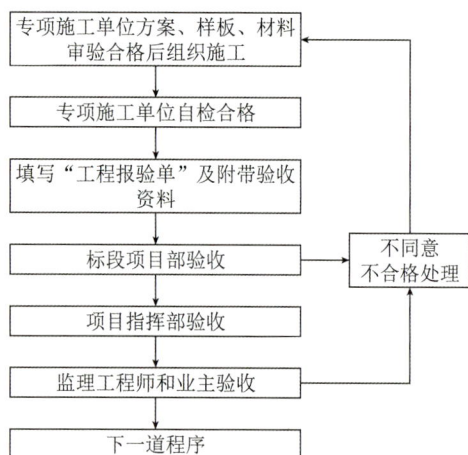

图 5-5　工程质量报验程序图　　图 5-6　隐蔽工程质量控制验收程序图

（3）施工过程质量控制程序

施工过程质量控制程序如图5-7所示。

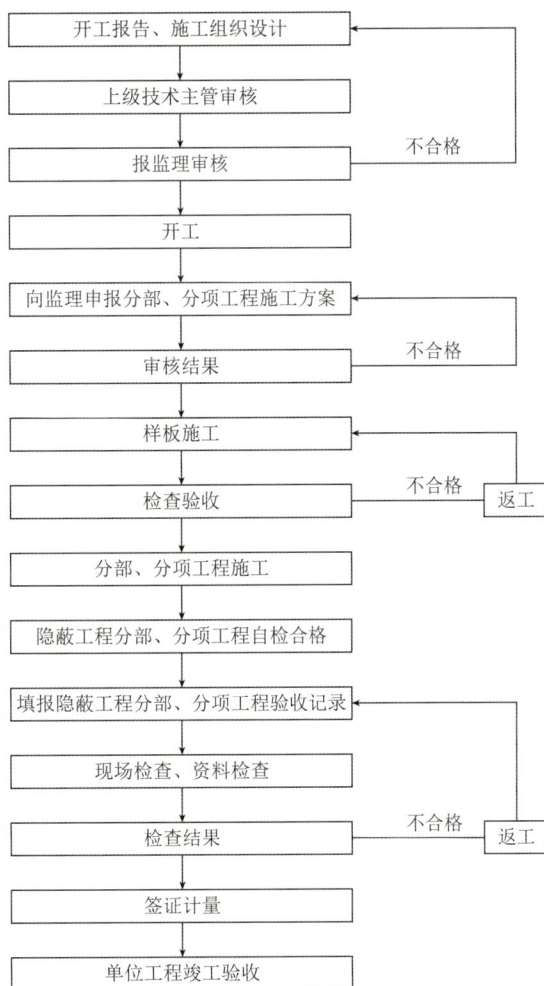

```
          ┌─────────────────────────────┐ ◄───────────────┐
          │   开工报告、施工组织设计    │                 │
          └─────────────────────────────┘                 │
                        │                                  │
          ┌─────────────────────────────┐                 │
          │     上级技术主管审核        │                 │
          └─────────────────────────────┘                 │
                        │                                  │
          ┌─────────────────────────────┐     不合格       │
          │        报监理审核          │ ────────────────┘
          └─────────────────────────────┘
                        │
          ┌─────────────────────────────┐
          │          开工              │
          └─────────────────────────────┘
                        │
          ┌─────────────────────────────┐ ◄───────────────┐
          │向监理申报分部、分项工程施工方案│                │
          └─────────────────────────────┘                 │
                        │                                  │
          ┌─────────────────────────────┐     不合格       │
          │        审核结果            │ ────────────────┘
          └─────────────────────────────┘
                        │
          ┌─────────────────────────────┐ ◄───────────────┐
          │         样板施工           │                 │
          └─────────────────────────────┘                 │
                        │                          ┌───────┐
          ┌─────────────────────────────┐  不合格  │ 返工  │
          │        检查验收            │ ─────────│       │
          └─────────────────────────────┘          └───────┘
                        │
          ┌─────────────────────────────┐
          │     分部、分项工程施工      │
          └─────────────────────────────┘
                        │
          ┌─────────────────────────────┐
          │隐蔽工程分部、分项工程自检合格│
          └─────────────────────────────┘
                        │
          ┌─────────────────────────────┐ ◄───────────────┐
          │填报隐蔽工程分部、分项工程验收记录│              │
          └─────────────────────────────┘                 │
                        │                                  │
          ┌─────────────────────────────┐                 │
          │      现场检查、资料检查     │                 │
          └─────────────────────────────┘                 │
                        │                          ┌───────┐
          ┌─────────────────────────────┐  不合格  │ 返工  │
          │        检查结果            │ ─────────│       │
          └─────────────────────────────┘          └───────┘
                        │
          ┌─────────────────────────────┐
          │         签证计量           │
          └─────────────────────────────┘
                        │
          ┌─────────────────────────────┐
          │      单位工程竣工验收       │
          └─────────────────────────────┘
```

图 5-7　施工过程质量控制程序图

5.4.2　现场施工管理

根据施工任务需要，标段项目部配置足够的、能满足使用要求与测试精度的各种设备、工具、卡具、仪器仪表、计量器具。现场所用计量器具必须经过国家认可的有关部门或单位检定，并在检定合格证的有效期内使用。

5.4.3　夏期保证措施

（1）集料及其他组成成分的遮阳或围盖和冷却。

（2）在混凝土生产拌和浇筑时，对配料、运送、泵送及其他设备进行遮阴和冷却。

（3）与混凝土接触的模板、钢筋及其他表面，在浇混凝土前应冷却到32℃以下，其方法有盖湿麻布或棉絮、喷雾状水，用保护罩覆盖或其他认可的方法。

（4）混凝土浇筑应解决施工冷缝和干缩裂缝。

（5）混凝土可选用水化热较低的水泥，如矿渣水泥、火山灰质水泥和粉煤水泥等。

（6）混凝土加减水缓凝剂，以延长初凝时间和减少水灰比，减少收缩裂缝。

（7）新浇好的混凝土表面用草垫遮盖，每隔 1h 左右洒一次水，晚上每 3h 洒一次水。

（8）高温期间，混凝土施工配合比要做适当调整，掺缓凝减水剂，延长终凝时间，克服坍落度损失，浇筑混凝土前对模板要充分浇水润湿，要特别注意加强保湿养护。

5.4.4 冬期保证措施

根据《建筑工程冬期施工规程》(JGJ/T 104—2011)，冬期施工时间界定原则为室外日平均气温连续 5d 稳定低于+5℃时，即进入冬期施工；当气温回升，连续 5d 高于+5℃时即可解除冬期施工。本工程冬施之前应提前做好冬期施工有关准备工作，一旦有寒流袭击，室外日平均气温连续 5d 稳定低于+5℃则随即进入冬期施工。

1）冬季施工主要工序质量保证措施

为确保工程按期完成，保证工程均衡施工，需进行冬季施工，当室外平均温度低于 5℃ 或最低气温低于−3℃时，应按冬季施工采取措施，确保施工质量。

冬季施工前，结合工程进度安排，组织有关技术人员编写冬季施工专项方案和各分项工程在不同的冬季施工阶段中的施工方法和技术措施，并进行论证，确保措施可靠、合理、节能降耗。

组织施工人员学习有关冬季施工技术、施工规范，掌握本工程的具体施工方法和措施。测温人员要掌握各种测温方法，深刻理解测温的意义和测温数据的重要性。

2）混凝土冬季施工质量保证措施

针对不同结构混凝土和以往的冬季施工经验，做好混凝土的试配工作，确定水泥型号、外加剂型号、掺量，确定原材料的加热温度、混凝土的出罐温度、运输过程中的温度损失、入模温度、采取加热养护时的温度。

（1）技术准备

①对预拌混凝土站进行混凝土冬季施工方案的交底，要求混凝土强度等级不得低于 P·O42.5，混凝土到达现场后的出罐温度不得低于 10℃，入模温度不低于 5℃。如何保证商品混凝土到达现场后的出罐温度及确保冬季混凝土质量的措施，由商品混凝土供应商提供方案并审批，满足要求后严格按照方案实施。

②施工现场须准备好混凝土覆盖用保温材料，如塑料薄膜、阻燃毛毡、彩条布和草帘等。

③浇筑前，应清除模板和钢筋上的冰霜和污垢，但不得用水冲洗。不得在冻土层上进行混凝土浇筑。浇筑前，必须设法升温使冻土消融。

④浇筑后，对混凝土结构易冻部位，必须加强保温，以防冻害。

（2）冬季混凝土浇筑的保证措施

①混凝土浇筑尽量在保温棚内进行，必要时，浇筑前对模板、钢筋进行预热。

②混凝土浇筑时，各项准备工作充分，并有应急保障措施。

③混凝土采用机械振捣分层连续浇筑，分层厚度控制在 20～30cm。

④浇筑时，工地质检员应经常测量混凝土出罐温度和入模温度，每班不少于 4 次，主体结构混凝土浇筑每 2h 一次，确保浇筑质量。

（3）冬季混凝土浇筑的测温措施

混凝土温度的测量：按要求布置测温孔并编号，按规定测量混凝土的入模温度，混凝土养护的初始温度，升温、恒温、降温过程中的混凝土的温度。根据养护测温记录，推算混凝土强度增长情况，决定同条件试块试压时间、混凝土拆模时间以及拆模后混凝土外表面的保温措施，拆模时混凝土表面温度和自然温度之差不能超过 20℃。

（4）混凝土的养护措施

混凝土冬季施工养护方法有蓄热法、蒸气加热法、电热法、暖棚法以及掺外加剂法等。混凝土浇筑完毕后及时对混凝土进行保温覆盖，以保证混凝土初凝前不受冻，根据施工部位及气温情况，一般可参照如下数据覆盖：气温在 0～5℃时盖一层草帘和一层塑料薄膜，气温在 −10～0℃时盖三层草帘和一层塑料薄膜，低于 −10℃时盖四层草帘和一层塑料薄膜；低于 −15℃时应采用加温和其他材料（如岩棉、苯板等）进行保温。派专人负责测温并详细记录整个养护期的温度变化，发现问题时及时采取措施补救。

3）钢筋工程冬季施工质量保证措施

（1）钢筋在负温下下料、切割、尺寸和接头焊接构件下料，应分别考虑负温下钢材收缩的影响和预留焊缝收缩量。

（2）为防止接头热影响区的温度梯度突然增大，进行帮条电弧焊或搭接电弧焊时，第一层焊缝，先从中间引弧，再向两端运弧；立焊时，先从中间向上方运弧，再从下端向中间运弧。以使接头端部的钢筋达到一定的预热效果。在以后各层焊缝的焊接时，采取分层控温施焊。层间温度控制在 150～350℃之间，以起到缓冷的作用。坡口焊的焊接，也分两层控温施焊。

（3）负温下焊接的需进行预热，其预热温度可由试验确定，或按相关标准规定执行。

（4）焊接接头：冬期在负温条件下焊接钢筋其环境温度不宜低于 −20℃，同时有防雪挡风措施。焊后的接头，严禁立刻碰到冰雪。

（5）在负温条件下采用的钢筋，施工时应加强检验。钢筋在运输和加工过程中应防止撞击和刻痕。

（6）在负温下制作的钢结构进行检查验收尺寸时，应考虑当时检查温度的影响。

（7）钢筋冷拉温度不宜低于−20℃，预应力钢筋张拉温度不宜低于−15℃。

5.4.5 雨季施工保证措施

1）雨季施工安排

（1）编制雨季各施工项目的专项施工方案，严格按照审批方案要求备足雨季施工材料和防护物品。

（2）建立施工天气晴雨记录表，设专人负责每日更新最近天气情况，及时掌握天气预报和气象动态，经常与当地气象部门联系，以利安排施工，做好预防工作。

（3）提前做好物资、设备的防淋、防湿工作，对钢筋和机电设备等做好覆盖。

（4）对深基坑加设挡板和支撑，坑外做好排水设施，备足排水设备，防止基坑边坡滑坍。

2）雨季施工主要工序保证措施

（1）准备工作

①成立抗洪防汛领导小组，建立雨季值班制度。在雨季来临之前，建立雨季施工领导小组，责任到人，分片包保。在雨季施工期间定期检查，严格雨季施工"雨前、雨中、雨后"三检制，对发现的问题及时进行整改。

②成立防洪抢险突击队，平时施工作业，雨时防汛抢险。每个施工现场均要备足防汛器材、物资，包括雨衣、雨鞋、铁锹、草袋、水泵等，做到人员设备齐整、措施有力、落实到位，防洪抢险专用物资任何人不得随意调用。

③雨季期间，与当地气象水文部门取得联系，及时获得气象预报，掌握汛情，合理安排和指导施工，做好施工期间的防洪排涝工作。建立雨季值班制度，专人负责协调与周边部门、企事业单位的防汛事宜。

④编制雨季施工作业指导书，作为雨季施工中的强制性执行文件，严格执行。

⑤在雨季施工时，施工现场应及时排除积水，加强对支架、脚手架和土方工程的检查，防止倾倒和坍塌。

⑥现场大、中、小型设备必须按规定加防雨罩或搭防雨棚，机电设备要安装好接地装置，机电闸箱的漏电保护装置安全可靠；施工电缆、电线尽量埋入地下，外露的电杆、电线采取可靠的固定措施；雨季前对现场设备做绝缘检测。对易潮物资、水泥等材料采取遮雨、防潮措施，现场物资的存放台等均应垫高，做好周围排水设施，防止雨水浸泡。

（2）雨季施工组织管理保证措施

项目经理部成立雨季施工领导小组，组长由项目经理兼任，各职能部门负责人为小组成员。制定和落实雨季施工工作制度。明确领导小组成员和各标段项目经理的责任分工，做到责任到人、各负其责。

实行雨季值班制度，与当地气象部门加强联系，遇有雨情及时通知有关单位做好预防工作。

岗位工作责任制：建立健全各岗位、工种施工操作责任制，实行包保结合、包保到人。

（3）雨季钢筋施工质量保证措施

①雨天施工时，加工钢筋在钢筋棚内进行，正在进行施工的钢筋骨架或已绑扎完准备浇筑混凝土的，须用棚布、雨布加以覆盖，并把中间垫高，以利排水，防止雨水腐蚀钢筋。

②锈蚀严重的钢筋使用前要进行除锈。

③进现场的钢筋要堆码整齐，下雨时盖塑料布进行保护。加工钢筋尽量利用无雨天气施工。

（4）雨季混凝土质量保证措施

①混凝土浇筑前应及时了解天气预报，尽量利用非雨天气组织施工。如果在混凝土浇筑过程中遇雨，应急时用塑料布或雨布遮盖。

②混凝土浇筑前必须清除模板内的积水，混凝土浇筑前不得在中雨以上进行，遇雨停工时应采取防雨措施。待继续浇灌前应清除表面松散的石子，施工缝应按规定要求进行处理。

③混凝土初凝前，应采取防雨措施，用塑料薄膜保护。

④浇灌混凝土时，如突然遇雨，要做好临时施工缝，方可收工。雨后继续施工时，先对接合部位进行技术处理后，再进行浇筑。

⑤雨季施工及时调整各种配合比。混凝土浇筑过程中或浇筑完毕未达到初凝如遇下雨，立即用塑料膜或棚布覆盖，防止雨淋。

⑥雨后接缝时应凿掉被雨水浸泡冲刷过的松散混凝土，继续浇筑混凝土时应按施工缝处理。

⑦如果浇筑的混凝土在终凝前受到雨水冲刷或浸泡，使其表面遭到破坏，应将这部分混凝土及时砸至密实层，再进行修补处理。

5.4.6 环境、水土保护措施

（1）通过建立完善的环境保护组织体系，安排人员定期走访施工现场周围居民，妥善解决居民投诉。

（2）对环境保护敏感点加强监控，如居民集中区等，重点控制噪声和振动。环境保护的重点是渣土外运和处理、噪声、振动、废水、固体废弃物、扬尘、交通组织和出入方便。

（3）在施工前，充分做好各种准备工作，对施工范围内所涉及的道路和各种地下管线进行详细调查，并提前协同有关部门确定拆迁、改移方案，确保施工时迁移各种管线时，不致影响沿线地区水、电、气、通信等设施的正常供应和运行。

（4）为确保有序施工，并使对工程所在地区居民生活和城市交通影响程度降至最低程度，与交通管理部门协商，对施工机械及运输车辆走行路线进行统一安排，减少施工道路上的交通流量，以防止交通堵塞。

（5）防止运载物在行驶过程中抛洒。弃土和建筑垃圾的运输时间进行严格控制。

（6）做到文明施工，并切实美化、亮化工地。采用封闭式施工方法，用塑料制品或设置洁净围墙遮挡建筑工地，以减少施工期对城市景观的影响。

5.4.7 扬尘、烟尘防治措施

（1）严格遵守重庆市建筑工程渣土装运相关规定。

①运输车辆进出场时，派专人清洗轮胎和车厢挡板，防止污染城市道路和市区环境。

②废泥浆外运采用专用车辆，指定专人检查车辆的密封性能，并严禁在中途排放。

（2）合理组织施工、优化工地布局，使产生扬尘的作业、运输尽量避开敏感点和敏感时段（室外多人群活动的时段）。

（3）对易产生粉尘、扬尘的作业面和装卸、运输过程，制定操作规程和洒水降尘制度，在晴天和大风天气适当洒水，保持湿度。

（4）严禁在施工现场焚烧任何废弃物和会产生有毒有害气体、烟尘、臭气的物质，熔融沥青等有毒物质要使用封闭和带有烟气处理装置的设备。

（5）水泥等易飞扬细颗粒散体物料尽量安排库内存放，堆土场、散装物料露天堆放场要压实、覆盖。选择合格的运输单位，做到运输过程中不散落。

（6）根据场地条件、施工安排、厂内运输组织做好临时设施、临时排水及道路的布置。厂区内的临时房屋、内外地坪、道路、仓库、加工场、材料与淤泥堆放场、基坑四周等均必须进行场地硬化。

5.4.8 噪声控制措施

（1）工程施工期间，噪声对环境的影响必须满足国家和重庆市有关法规要求。具体要求见表5-3。

施工阶段的噪声限值　　　　　　　　　　　　　表 5-3

施工阶段	主要噪声源	噪声限值〔dB（A）〕	
		昼 间	夜 间
主塔	焊接、吊装等	75	55

（2）不使用噪声大设备，机械设备作业时间控制进行严格控制。

（3）除抢险施工外，作业时间为 7 时至 12 时和 14 时至 22 时，工艺连续施工的办理夜间施工许可证，并对超标范围内的居民做好补偿。

（4）噪声超标时立即采取相应的降声措施，并按规定缴纳超标准排污费。

（5）在各施工阶段尽量选用低噪声的机械设备和工法。

（6）施工场地合理布局、优化作业方案和运输方案，保证施工安排和场地布局尽量减少施工对居民生活的影响，减少噪声的强度和敏感点受噪声干扰的时间，超标严重的施工场地安设必要的噪声控制设施。

（7）在施工过程中，在有规章规定的地方或在工程师的要求下，向劳动力提供听觉保护装置，并指导他们正确使用这些装置。

5.4.9 生活、生产污水排放控制措施

（1）废水排入城市污水管道及自然水体，悬浮物（SS）含量符合相关规范要求。

（2）所有废水、污水按经过批准的方法处理后排入排污系统，不得污染环境。

（3）在开工前完成工地排水和废水处理设施的建设，保证工地排水和废水处理设施在整个施工过程中的有效性，做到现场无积水、排水不外溢、不堵塞、水质达标。

（4）回填土堆放场、泥浆水产生处设沉淀池，沉淀池的大小根据排水量和所需沉淀时间确定。

（5）施工现场设置拟用油漆油料库，库房地面墙面做防渗漏处理，储存、使用、保管由专人负责，防止油料跑、冒、滴、漏而污染土壤、水体。

（6）及时处理施工及生活中产生的废弃物，运至监理工程师及环境保护部门同意的地点弃置，注意避免污染水源。如无法及时处理或运走，则必须设法防止散失。

（7）围护结构的渗漏水和施工作业废水等，要经过沉淀处理再排入城市下水道。

（8）进场后布设好场地内的排水系统，确保厂区内的施工、生活污水及雨水能顺利地疏排。

5.4.10 固体废弃物管理措施

减少回填土方的堆放时间和堆放量，堆土场周围加护墙护板。对作业面和土堆适当喷

水，使其保持一定湿度，以减少扬尘量。制定泥浆和废渣的处理、处置方案，选择有资质的运输队伍，及时清运施工弃土和渣土，建立登记制度，防止中途倾倒事件发生，并做到运输途中不撒落。

依照重庆市相关规定，加强建设工程渣土装运管理，防止运输渣土撒漏，维护整洁的市容和道路环境，对建设工程渣土装运实施备案管理并作为开工验收条件。选择对外环境影响小的出土口、运输路线和运输时间。

剩余料具、包装及时回收、清退。对可再利用的废弃物尽量回收利用。各类垃圾及时清扫、清运，不随意倾倒，每班清扫、每日清运。

施工现场内无废弃砂浆和混凝土，运输道路和操作面落地料及时清运，砂浆、混凝土倒运时应采取防撒落措施。

5.4.11 水土流失防治措施

（1）水土保持的原则：重规划、少占地、多利用、少弃渣、快恢复、严管理、少流失。

（2）加强施工管理和临时防护措施，严格控制施工中可能造成的水土流失。做好水文地质资料调查，严格控制水资源漏失。

（3）桥梁施工，特别是钻孔过程中会有大量的泥浆水排放，为防止污染水源、破坏环境，钻孔过程中的泥浆水先集中在沉淀池沉淀，符合要求后排放，严禁乱流乱淌。余土及废弃物等，严禁直接排入河中或遗弃于河床，在工程完工时进行清理，集中置于弃渣场。

（4）委托具有相应监测资质的监测机构承担水土流失监测任务，并定期向有关水行政主管部门提交监测报告。

（5）遵守国家和地方有关水土保持的规定，采取必要的措施防止施工中的燃料、油、污水、废料和垃圾等有害物质对水源造成污染。

（6）不破坏、占压、干扰河道、水道及既有灌溉、排水系统。必须占压的，首先征求主管部门同意，并采取必要的防护、替代措施。防止工程施工中开挖的土石材料对水道、灌渠等排水系统产生淤积或堵塞。

（7）弃土场选址依据设计文件规划或与地方有关部门协商，结合当地土地利用规划，并对取弃渣场进行安全评估，做到万无一失。弃渣场选择在坡度较缓、易于形成坡度的开发山坡荒地处，避开大面积汇水地带的滞留谷地，并避免下游有重要设施或集中居民点。

5.4.12 职业健康保护措施

1）劳动保护措施

（1）接触粉尘、有毒有害气体等有害、危险施工环境的作业职工，按有关规定发放个人劳动保护用品，并监督检查使用情况，以确保正常使用。

（2）加强机械保养，减少施工机械不正常运转造成的噪声。

（3）对于噪音超标的机械设备，采用消音器降低噪声。洞内运输机械行驶过程中，只许按低音喇叭，严禁长时间鸣笛。

（4）对经常接触有噪声的职工，加强个人防护，佩戴耳塞消除影响。

（5）按照劳动法的要求，做好本工程的劳动保护装备工作，根据每个工种的人数以及劳动性质，由物资部门负责采购，配备充足而且必要的劳动保护用品。同时加强行政管理，落实劳动保护措施。

（6）劳动保护装备要符合以下要求：采购劳动保护用品时，必须审核产品的生产许可证、产品合格证和安全鉴定证，确保产品的质量和使用安全；对于未列入国家生产许可证管理范围的劳动防护用品，按路用劳动防护用品许可证制度进行质量管理。

2）医疗卫生保护措施

（1）医疗保证措施

联系医院，全面负责医疗卫生和传染病、地方病防治的监测监督工作，落实防治措施，做好职工的健康教育工作。对项目内出现的疫情信息，及时向上一级医疗卫生机构报告。对内规范管理、对外加强协调联系，营造一个良好的内外卫生防疫工作环境。

（2）卫生保证措施

工地卫生管理主要包括环境卫生、食堂卫生及个人卫生三大部分。①环境卫生保证措施工地配备一定数量的环境卫生清扫人员，每天对工地的环境卫生进行打扫，尤其是职工宿舍周围的环境卫生；②食堂卫生保证措施设立食堂卫生监督机制，由项目部综合部组织对食堂卫生进行不定期抽查，全体员工进行监督，确保食堂卫生；③个人卫生保证措施项目部将积极为职工搞好个人卫生创造条件，如修建洗澡堂、发放劳保用品等。

3）职业病防治措施

（1）严格执行《中华人民共和国传染病防治法》《中华人民共和国公众卫生法》及所在地政府有关职业病管理与疾病防治的规章制度。

（2）各单位配备应有的设施。负责职工的疾病预防及事故中受伤职工的抢救。

（3）邀请卫生防疫部门定期对工地及生活区进行防疫检查和处理，按时接种有关疫苗及消灭鼠害、蚊蝇和其他虫害，以防对职工造成任何危害。

（4）强化施工和管理人员卫生意识，杜绝疾病的产生，对已患传染病者及时隔离治疗。

（5）有针对性地进行职业病的检查，发现病情时，及时进行病情分析，寻找发病根源，加强和改进施工方法及工艺，消除发病根源，防止病情的漫延。对特殊工种进行岗前培训，持证上岗，按规定采取防范措施，按规定进行施工操作。及时发放个人劳动保护用品，并监督检查正确使用。

（6）加强健身运动，增强体质，提高员工的抗病能力，积极开展各种文娱活动，丰富员工的业余生活，有效地消除员工的疲劳和工作压力，使员工在良好的心态下工作，有效防止职业病的发生。

（7）做好对员工卫生防病的宣传教育工作，针对季节性流行病、传染病等，要利用板报等形式向职工介绍防病、治病的知识和方法。

（8）保护工作环境，有效消除或控制环境毒源，做好自我防护工作，预防职业中毒事故。施工现场的各种机械排出的废气废物、材料装卸和搬运过程中产生的扬尘，被人体吸收后，对身体产生很大的危害，因此，施工人员一定要配戴口罩进行自我防护，机械操作手要做好机械的维护工作，最大限度地减少机械的噪声和废气的排放量，材料装卸和搬运时应轻拿轻放，减少扬尘对环境的污染，从而有效地预防职业中毒事故。

（9）加强施工运输道路和防尘工作。搅拌站和预制场内的行车道路，均采用混凝土硬化处理，对粉尘较多的进场施工便道，采取填筑砂砾等材料铺设路面，以减少由于行车造成的灰尘增多，指派专人对施工运输道路进行维护，并用洒水车经常洒水，保持道路湿润，最大限度地减少道路粉尘飞扬。

（10）保持作业场地、运输车辆以及其他各种施工设备的清洁。作业场地经常进行整理和清扫；运输车辆在运输飞扬性物资时，用彩篷布覆盖的维护措施，停运时注意冲洗，保持车辆干净卫生，施工区内的搅拌、运输设备、模板、输送泵等机械设备按"谁管理，谁负责保养"的原则，经常进行清洁，使机械在空闲时不产生扬尘。

（11）爱护环境，保护当地植被，防止水土流失。对工地外围的草皮、树木不得进行破坏，必要时对在施工环境中产生扬尘的地方进行绿化，以控制扬尘的产生。

（12）对施工场地固定的经常运转设备进行合理布置，分散安置，以分散振动和噪声源，有效避免各种振动和噪声产生共振，降低其危害程度。

（13）振动和噪声较大的大型机械布置，尽可能在离居民区及职工生活区较远的地方，并尽可能避免夜间施工，深夜必须停工，以免影响当地居民及员工的正常休息。

（14）在各种施工机械和经常运转设备中安装消音器来降低振动和噪声。

（15）对产生较大振动和噪声的常运转固定设备（如发电机、空压机等）采用搭设隔离音棚或修建隔音墙等措施来降低振动和噪声的危害。

（16）处于振动和噪声区的施工人员，合理佩戴手套、耳塞、耳罩等防护用品来减轻危害。

5.4.13 疫情防控措施

（1）施工现场准备

施工现场采用封闭式集中管理，严格进、出场实名制考勤。办公区、生活区、施工区、材料加工和存放区等区域分离，围挡、围墙确保严密牢固，实现人员在场内流动。分别在南北岸施工现场生活区设置隔离室，项目管理人员设在居住小区，由社区统一管理。

办公场所、会议室、生活区域及其他人员活动场所定期通风换气和清洁卫生，定期消毒，重点对人员密集场所宿舍、食堂和会议室进行消毒。加强施工现场环境卫生整治，消除卫生死角盲区，保证施工现场内洗手设施的正常使用，并配备肥皂或洗手液。在南北岸生活区域设置废弃防疫物资专用回收箱（垃圾桶），定期对专用垃圾桶进行消毒处理。

（2）防疫物资筹备

防疫物资见表 5-4。

防疫物资表　　　　　　　　　　　　　　　　表 5-4

序号	用品名称	用品数量
1	一次性口罩	14000 个
2	消毒氯片	5000 片
3	红外测温仪	5 个
4	温度计	50 支
5	消毒酒精	50L
6	医用手套	500 副
7	普通手套	300 副
8	84 消毒液	30 瓶
9	连花清瘟颗粒、磷酸奥司他韦、双黄连口服液等防疫药品	若干

目前防疫物质能够满足项目作业人员使用 30d。除已采购的外，项目部根据需要陆续订购了更多的防疫物资，以保障使用等连续性。防疫物资管理由项目部防控保障小组负责。

（3）施工组织

针对李家沱长江复线桥施工进行全桥施工分解，细化施工工期计划，减少人员聚集和交叉作业等具体措施。优化总体施工资源配置，合理确定施工组织方案，确保控制性工程满足全线工期目标。

优选精干的施工管理人员，进行本桥施工组织管理，部分专业性较强的专业选择专业队伍进行施工，保证施工质量、进度。严格遵守各项规章制度，加强项目安全质量管理，落实安全质量管理实体责任，对关键部位项目领导班子成员现场带班。切实保证工程安全质量，加强现场风险管控和隐患排查双控机制管理。

统筹规划全桥材料类型、数量及施工时间点，根据总体施工进度计划进行对应材料计划规划，保证材料供应，尽量避免中、高风险源区材料进场，确保施工进展有序进行。

本桥施工机械设备较多，要加强机械设备管理，定期维护检修，每天对密闭狭小操作室进行消毒处理，确保机械设备正常循环运行，疫情防控到位，保证施工安全及施工进度可控。

（4）施工区管理

每天对现场施工机械、起重机械驾驶室及操作室等密闭狭小空间及长期接触部位进行消毒，并形成台账。施工机械等采取专人专用的原则，同时优化施工现场的工序、工艺，并尽可能多地使用信息化技术手段，减少人员接触、聚集和交叉作业。需要进入施工现场的车辆，予以消毒。

加大施工现场巡查力度，检查作业环境是否满足疫情常态化防控要求，其中重点检查厨房、宿舍、会议室封闭空间区域是否消毒；检查施工人员是否佩戴防护防疫口罩。发现问题及时整改，第一时间消除防疫隐患。

（5）办公区管理

保持办公区环境清洁，定时通风，每次 20～30min，通风时注意保暖。人与人之间保持 1m 以上距离，多人办公时佩戴口罩。保持勤洗手、多饮水，坚持在进食前、如厕后按照六步法严格洗手。接待外来人员时双方佩戴口罩。

（6）会议管理

佩戴口罩，进入会议室前洗手消毒。开会人员间隔 1m 以上。减少项目集中开会，控制会议时间，会议时间过长时，开窗通风 1 次。会议结束后场地、桌椅须进行消毒。茶具用品开水浸泡消毒。

（7）生活区管理

严管工地饮食卫生、个人卫生和居住卫生管理，保障饮用、洗漱等热水供应；严格做好宿舍、食堂等重点部位的清洁通风和消毒杀菌工作。保持施工现场（工地食堂、宿舍以及厕所等场所）的清洁卫生及室内空气流通，落实环境消毒制度，办公区、生活区、食堂、施工现场每天消毒。

项目食堂就餐，采用分餐进食，避免人员密集。严禁到未经许可的餐厅就餐。施工现场餐厅定期消毒，餐桌椅使用后进行消毒。餐具用品须高温消毒。操作间保持清洁干燥，严禁生食和熟食用品混用，避免肉类生食。建议营养配餐，清淡适口。

服务人员、安保人员、清洁人员工作时须佩戴口罩，并与人保持安全距离。食堂采购人员或供货人员须佩戴口罩和一次性橡胶手套，避免直接手触肉禽类生鲜材料，摘手套后及时洗手消毒。保洁人员工作时须佩戴一次性橡胶手套，工作结束后洗手消毒。安保人员须佩戴口罩工作，并认真询问和登记外来人员状况，发现异常情况及时报告。

严禁工地区域饲养、宰杀、食用野生动物，通过正规渠道购买食品物资，全力把好食品安全关；严禁垃圾偷倒乱倒现象，做好垃圾储运、污水处理、沟渠及下水道疏通等工作。

民工居住，生活用品应摆放整齐，环境卫生应良好；民工宿舍要杜绝大通铺现象，并每天做好通风、消毒防疫措施；外住宿的工人，要服从住宿社区的管理。

6 施工管理及作业人员配备和分工

6.1 施工管理人员

（1）为优化人员安排，提高人员组织配合能力。在项目里选取具丰富管理经验的管理人员，对施工现场进行全方位的管理和指导。同时在施工前对施工工人进行施工技术交底，作到施工工人熟悉施工方法。施工组织管理机构如图6-1所示。

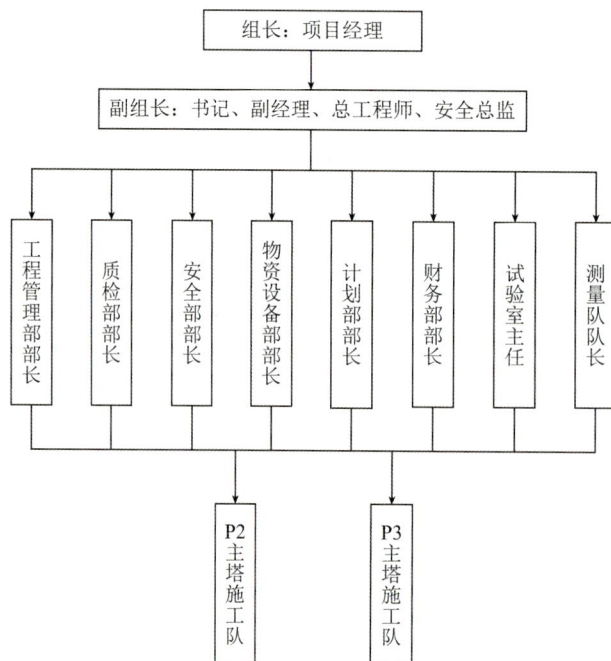

图 6-1　施工组织管理机构图

（2）主要工程管理人员安排如表6-1所示。

主要管理人配置员表

表 6-1

序号	职务	工作内容	培训计划
1	项目经理	项目总负责人	每月 1 次
2	项目执行经理	项目总体安排协调	每月 1 次
3	项目总工程师	负责总的技术指导	每月 1 次
4	技术负责人	全面技术管理	每月 1 次
5	安全总监	负责现场施工安全及环境监控	每月 1 次

序号	职务	工作内容	培训计划
6	副经理	负责 P3 主塔现场管理及试验检测工作	每月 1 次
7	副经理	负责 P2 主塔现场管理及测量监控工作	每月 1 次
8	副总工程师	负责技术方案编制、实施	每月 1 次
9	副总工程师	负责技术交底，工程质量检查及监控	每月 1 次
10	工程部长	负责两岸技术管理及资料收集	每月 1 次
11	主管工程师	负责现场技术管理及资料收集	每月 1 次
12	安全员	负责 P2 主塔现场施工安全监护	每月 1 次
13	安全员	负责 P3 主塔现场施工安全监护	每月 1 次

6.2 专职安全人员

本工程设 4 名专职安全生产管理人员。

6.3 特种作业人员

本工程特种设备作业人员主要为电工、焊工起重司机、司索工以及登高作业人员等。

6.4 其他作业人员

（1）重点按照拟定的进度计划，陆续地组织施工人员进场，以满足施工的需要。

（2）安全管理人员岗位职责

对现场管理人员每月进行一次培训考核。

①带班领导岗位职责。

对本标段工程安全生产的组织和实施负责，为安全生产第一责任人，全面履行一岗双责制度。组织审批安全技术措施、计划，贯彻实施组织并参加定期和不定期安全生产大检查，确保安全生产万无一失。组织对事故隐患进行认真仔细的调查研究，及时组织整改并制定防范措施；负责组织召开安全生产交接班会。

②现场管理人员岗位职责。

履行一岗双责，负责本标段工程的施工生产及安全管理，加强对本施工队施工区域的安全检查，发现存在的安全隐患和违反操作规程的行为及时制止，并在需要时及时向上级领导汇报。定期或不定期组织召开本施工队安全专题会议，总结前期安全生产工作，分析不稳定因素，布置近期安全生产工作。对于关键工序及易出安全事故的工序，必须亲临现场指挥，严格执行各种安全操作规程。落实监督班前安全交底制度的执行。

（3）安全监护人员职责

认真执行安全生产规章制度，对班组施工人员的安全生产和健康负责。经常组织班组人员学习操作规程，督促穿戴好个人防护用品，不断提高施工人员的个人自我保护能力。认真落实班前安全交底制度，工中检查、工后讲评，不违章指挥。监督落实现场安全管理制度及管理措施。

7 验 收 要 求

7.1 验收标准

（1）施工现场严格按照专项施工方案组织施工，不得出现擅自修改、违规施工。

（2）严格按照《危险性较大的分部分项工程安全管理规定》有关问题的通知（建办质〔2018〕31号）、《危险性较大的分部分项工程安全管理规定》（住建部〔2018〕37号）和《重庆市危险性较大的分部分项工程安全管理实施细则》、重庆市城市轨道交通工程关键节点风险管控实施指南（试行）等相关标准及要求组织危大工程验收。

（3）验收根据专项施工方案逐项进行，不得遗留。验收结果必须符合相关规范及规定要求，验收未通过的，不得进行相应重要部位和环节的施工。

（4）在检查验收中发现不安全因素，必须做到"三定"（定整改措施、定整改责任人、定整改期限）并由各级安全管理人员列出明细，逐个销号。

7.2 验收程序

（1）项目部根据工程特点制定验收工作内容，明确需进行验收的重要部位、内容和要点。

（2）项目部根据所确定的项目内容逐项进行自检自评。自检自评合格后向监理单位提出验收申请。

（3）监理单位收到验收申请后，应对验收项目进行预审，预审符合要求的，总监理工程师组织各方成立验收组进行专题验收。

（4）验收组按照所确定的验收项目内容逐项进行验收，并形成书面验收结论。

（5）项目部需按照验收组意见进行整改。未进行验收或验收未通过的，不得进行相应重要部位和环节的施工。

7.3 验收人员

（1）施工单位

总承包单位和分包单位技术负责人或授权委派的专业技术负责人、项目负责人、项目技术负责人、专项施工方案编制人员、项目专职安全生产管理人员及相关人员。

（2）监理单位

监理单位项目总监理工程师及专业监理工程师。

（3）其他单位

有关勘察、设计和监测单位项目技术负责人。

7.4 验收内容

根据主塔施工中不同的施工工序，进行质量安全检查与验收，施工过程中质量与安全检查包括以下内容：

7.4.1 液压爬模及爬架安装验收要求

1）验收要求

横梁支架及液压爬模及架体安装严格按照重庆市城市轨道交通工程关键节点风险管控实施指南（试行）中相关要求进行验收。

2）质量控制及检验标准

（1）模板的制作

模板制作标准如表 7-1 所示。

模板制作验收标准　　　　表 7-1

序号	项目	允许偏差（mm）
1	模板长度与宽度	±5
2	模板相邻两板表面高差	1
3	模板表面最大不平	1
4	拼合板中间板的缝隙宽度	2

（2）液压爬模安装

模板安装标准如表 7-2 所示。

模板安装验收标准　　　　表 7-2

序号	项目	允许偏差（mm）
1	模板高程	±10
2	模板内部尺寸	0～+5
3	轴线偏差	10
4	模板相邻两板表面高差	2
5	模板表面平整度	5
6	预埋件中心位置	3

3）安全验收要求

（1）特殊工种、值班人员持证上岗。

（2）对液压爬模液压系统、三角支撑架安装、预埋件等构件安装是否符合设计要求，并配安排专人进行检查维修。

（3）检查爬模平台周围是否设置安全防护栏杆防护措施，上下爬梯位置是否设置并醒目警示。

（4）有液压爬模安装安装起吊吊钩、绳索经验算满足要求。

（5）所有施工的孔口，均张挂安全网或加盖脚手板，防止人员或物件掉入孔内。

（6）每层操作平台上应在显著位置标明允许荷载值，设备、材料及人员等荷载应均匀分布。人员、物料不得超过允许荷载。

（7）所有进行液压爬模施工的人员必须进行安全教育培训，进入施工现场人员必须戴好安全帽，穿好防滑鞋，不准穿高跟皮鞋、拖鞋进入施工现场。

（8）夜间施工有足够的照明设施，所有电器设备符合施工现场安全用电规定。

（9）施工用电要由专业电工接、拆，一机一闸。

（10）液压爬模的防坠落措施。

7.4.2 塔式起重机安装验收要求

1）质量控制及检验标准

（1）塔式起重机基础桩基施工质量必须满足相关质量验收标准。

（2）塔式起重机基础承台施工尺寸是否与设计相一致。

（3）基础承台混凝土强度等级、钢筋型号、钢筋布置满足设计要求。

（4）塔式起重机基础预埋件埋设位置及安装质量。

（5）塔式起重机的型号应满足施工过程中液压爬模安装、劲性骨架安装等吊重要求。

2）安全验收要求

（1）塔式起重机专项施工方案编制、审批和专家论证情况。

（2）监测方案编制审批及落实情况。

（3）安全技术交底情况。

（4）安全技术措施落实情况。

（5）周围环境核查及保护措施落实情况。

（6）应急预案编制和救援物资储备情况。

（7）法规、标准、合同约定的其他情况。

7.4.3 电梯及作业平台安装验收要求

1）质量控制及检验标准

（1）电梯的质量证明书及出厂合格证等。

（2）电梯符合施工总体平面布置要求。

（3）作业平台材料钢管型钢质量满足规范验收要求。

（4）作业平台构件无变形，焊接质量满足相关规范要求。

（5）防护栏杆等附属设施质量满足方案及设计要求

2）安全验收要求

（1）电梯等特种设备出厂检验及备案相关资料齐全。

（2）提升设备安装及自动制动措施齐全，符合安装相关要求。

（3）方案编制、审批、安全技术交底满足要求。

（4）安全技术措施落实情况。

（5）周围环境核查及保护措施落实情况。

（6）应急预案编制和救援物资储备情况。

（7）法规、标准、合同约定的其他情况。

（8）安全警示标识齐全。

7.4.4 主塔钢筋、劲性骨架及预埋件安装验收要求

1）质量控制及检验标准

（1）钢筋根据设计图要求进行配料计算，下发配料单，确保加工尺寸准确。

（2）钢筋安装位置应准确，绑扎应牢固。

（3）钢筋保护层垫块应牢固地绑扎在外层钢筋上，保护层垫块布置应符合相关规范要求。

（4）主塔上临时永久预埋件应严格按照设计要求进行埋设，在模板安装就位后，经测量校核合格后固定，固定后的埋件不允许随意踩踏、碰撞。

（5）施工用的预埋件主要包括固定模板的对拉螺杆和固定提升架的预埋螺栓、电梯底座及附墙支撑埋件、塔式起重机底座及附墙支撑埋件等，预埋件材料质量及埋设质量必须满足要求。

2）安全控制及检验标准

（1）搬运钢筋注意避免与附近的架空线和临时电线发生碰撞。

（2）现场高处绑扎作业时，必须搭设符合规定的施工平台并配备其他安全设施。

（3）吊装钢筋骨架时，下方禁止站人，必须待骨架降到距存放地点 lm 以下才准靠近，

就位支撑好方可摘钩。起吊钢筋时，规格、尺寸必须统一，不准一点吊，吊点必须扎紧。

（4）在雷雨时必须停止露天操作，预防雷击。

（5）施工过程中施工人员安全防护措施必须满足相关要求。

7.4.5 预应力施工验收要求

1）质量控制及检验标准

（1）预应力钢绞线的材质应符合国家标准，现场按规定进行抽样检验。

（2）锚具、夹具、连接器应符合国家标准和施工规范中的规定，现场按规定进行抽样检验。

（3）施工中使用的张拉机具必须经过计量认证单位的检定，合格后方可使用。

（4）波纹管应做径向刚度和抗渗漏试验。波纹管布设应牢固，位置符合设计要求。

（5）锚具安装应牢固，位置符合设计要求，确保锚具面与预应力筋垂直。

（6）张拉预应力时，混凝土的强度必须符合设计和规范的要求，施加的张拉力必须满足国家规范的要求。

（7）张拉工作由专业队进行施工，操作人员先培训合格后方可上岗工作。

（8）张拉采用专人记录、专人测量伸长值、专人开油泵。严格按张拉工艺进行施工。

2）安全控制及检验标准

（1）预应力张拉之前必须对张拉人员进行安全教育培训及技术交底。

（2）预应力张拉处必须设置张拉安全操作规程及安全防护措施。

（3）预应力张拉安全操作人员必须持证上岗。

（4）张拉设备必须经检验标定合格，报备资料齐全。

（5）施工过程中施工人员安全防护措施必须满足相关要求。

7.4.6 临时支撑结构验收

（1）施工单位应根据工程实际编制支架施工技术安全专项方案，经企业技术负责人审核签字后，提交监理工程师审查。未经审查或审查未通过的支架方案不得实施。

（2）监理工程师应对施工单位提交的支架施工技术方案从人员、资质、材料质量、安装设备、搭设工艺、设计方案、计算依据、安全性能、质量及安全保证措施、技术及安全交底情况等方面进行认真审查，并将审查结果报业主确认，危险性较大的工程项目支架的审查结果应报质量监督部门备案。

（3）施工单位在支架施工前应对场地基础进行承载力和稳定性检测，监理单位应对检测过程进行现场监理。

（4）支架所用材料、构配件必须有产品合格证、法定检测单位的检测检验报告，生产厂家必须具有技术质量监督部门颁发的生产许可证。监理单位应对材料、构配件质量进行抽样检测。

（5）项目部技术负责人应按照安全专项施工方案中的搭设要求，向支架搭设作业人员进行安全技术交底，搭设施工中应安排专人对材料质量、搭设工艺、施工质量、操作人员安全防护措施进行全过程管理。

（6）监理单位应按照监理规范要求对支架搭设进行定期巡查，检查作业人员岗位资格、材料质量、搭设工艺、施工安全等各方面情况，发现问题及时督促施工单位落实整改。

（7）支架系统的检查验收必须逐跨进行，下列阶段施工单位应自检并报监理验收：

①支架搭设场地基础完工后支架搭设前要对地基进行验收。

②支架每搭设完 10～13m 高度后、搭设到设计高度后需进行验收。

③支架预压沉降稳定后。

④暴雨、洪水等灾害性天气后。

⑤支架停用超过 1 个月后。

（8）监理单位接到验收申请应及时组织验收，出具验收报告。

具体验收程序，确定验收人员组成（建设、勘察、设计、施工、监理、监测等单位相关负责人）。

8 应急处置措施

8.1 应急领导小组组成与职责

8.1.1 应急指挥机构职责

1）应急领导小组成员

组　　长：项目经理负责全面指挥协调。

副组长：项目书记负责对外协调。

项目总工程师负责全面技术组织安排。

项目副经理负责现场组织安排。

安全总监负责安全及文明施工安排。

组　　员：工程部部长负责现场技术组织安排。

安全部部长负责现场安全管理。

现场主管负责现场主管。

技术主管负责现场技术。

材料主管负责物质机具的供应。

安全员负责现场安全控制及防护员的管理。

2）项目应急实施小组

下设通信组、警戒组、疏散组、应急器材供应组、抢险组。

（1）通信组主要任务：发生事故第一时间通知项目应急领导小组，负责召集小组成员、对外联络、及时向主管部门汇报等。

（2）警戒组主要任务：负责保护事故现场，避免闲杂人员围观、监视事故发展情况等。

（3）疏散组主要任务：组织人员撤离、安排疏散路径、方向，引导救护车、消防车等进入现场等。

（4）应急器材供应组主要任务：负责应急器材的发放、管理及维护工作。

（5）抢险组主要任务：指挥人员抢救伤员或物资等，急救员对伤员进行必要处理，电工负责现场照明、安全用电管理。

3）应急小组职责

（1）全体成员牢固树立全心全意为员工服务的思想。

（2）认真学习和熟练执行应急程序。

（3）服从上级指挥调动。

（4）改造和检查应急设备和设施的安全性能及质量。

（5）组织队员搞好模拟演练。

（6）参加本范围的各种抢险救护。

4）应急行动程序通则

（1）应急小组成员应牢记分工，按小组行动。

（2）应急小组成员在接到报警后，10min 内各就各位。

（3）通信组负责接听事故汇报，并负责通知所有应急小组成员。

（4）根据事故情况报相应主管部门。

5）联系电话

（1）紧急医疗电话：急救电话 120。

（2）常用电话：火警 119，匪警 110，交通肇事 112。

（3）项目部设置紧急联系电话号码表。

8.1.2 处置程序

1）事故报告程序

（1）事故发生后，施工单位项目经理第一时间（5min 内）报告业主代表及监理单位。

（2）业主代表接到信息报告后，第一时间（5min 内）向该部门负责人（或分管负责人）报告；该建设项目部负责人（或分管负责人）根据情况，向市级行业主管部门报告，并按预案组织抢险。同时通知各部门负责人赶赴现场，支援抢险工作。

严禁迟报、遗漏、谎报或者瞒报等情况的发生。

2）报告的主要内容

（1）事故发生单位概况。

（2）事故发生的时间、地点以及事故现场情况。

（3）事故发生原因的初步分析。

（4）事故的简要经过、伤亡人数（包括下落不明的人数）和初步估计的直接经济损失。

（5）已经采取的防范和补救措施和事故的控制情况。

3）应急响应程序

（1）领导小组立即启动事故应急救援预案，并赶赴事故现场进行应急救援，同时向建设单位报告。

（2）先期处置队伍赶到事故现场后，采取措施防止事故扩大，保护事故现场。需要移动物品时作出标记和书面记录，妥善保管有关证物等。

（3）封锁事故现场。严禁一切无关的人员、车辆和物品进入事故区域，开辟应急救援人员、车辆及物资进出的安全通道，维持事故现场秩序。

（4）控制危险源。根据发生事故的类别，迅速展开必要的技术检验、检测工作，确认危险物源的类型和特性，制定抢险救援的技术方案，并采取有针对性的安全技术措施，及时有效地控制事故的扩大，消除事故危害和影响，防止可能发生的次生灾害。

（5）建立现场工作区域。应当根据事故的危害、天气条件等因素，设立现场抢险救援的安全工作区域。

（6）抢救受害人员。及时、科学、有序地开展受害人员的现场抢救或者安全转移，尽最大可能降低人员伤亡、减少事故所造成损失。设立人员疏散区。根据事故的类别、规模和危害程度，果断迅速地划定危险波及范围和区域，组织相关人员和物资安全撤离危险波及的范围和区域。清理事故现场。针对事故已经造成和可能造成的危害，迅速采取封闭、隔离等技术措施进行事故后处理，防止危害的继续。

8.1.3 处置措施

1）火灾处置措施

扑救初起火灾要分析确定起火物品的性质（可燃气体/液体/固体/电器/金属）→分析是否有发生爆炸的危险→确定灭火办法和器具（需要时报警）→灭火扑救和疏散救援→守护临近建筑→设法隔离火情→无法控制时，配合专业消防部门进行扑救。

2）爆炸处置措施

判断现场是否有发生二次爆炸的危险→分析确定爆炸物品的性质→确定灭火办法和器具（需要时报警）→灭火扑救和疏散救援→守护临近建筑→设法隔离火情→无法控制时配合专业消防部门进行扑救。

3）溺水处置措施

确定落水地点→分析目前溺水人员位置→组织拦截打捞营救→实施营救→必要时向当地政府部门请求救援。

4）建筑构造物、设备、临时设施等倒塌、倾覆处置措施

分析确定现场是否有再次倒塌、倾倒等危险→对危险设施、建筑物要进行支撑和加固→分析和确定受害人员和重要物资设备的位置或范围→如为机电设备事故，要立即制动和切断电源→进行挖掘、拆除等活动→抢救伤员和财物→在人员被挤、压、卡、夹住无法脱开情况

下，采取进行切割、抬起重物等救援措施→如有可能，立即将伤者由事故现场转移至安全区域，防止伤者受到二次伤害。

5）高空救援程序

分析危险→确定营救方法（拉网铺垫、架梯登高救援）→实施营救→必要时向当地政府部门请求救援。

6）起重吊装等机械安全控制设备失灵或损坏、作业中突然停电措施

操作人员要立即停止施工操作，保持镇定、服从抢险指挥，进行抢修救援，必要时启动备用电源，恢复供电。

7）防汛以及处置措施

专人负责收听天气气象预报，及时预警，将机械车辆、可移动物资设备、人员等撤离到安全地带，对不能移动的机械车辆、物资设备、房屋、临时设施进行固定、保护和加固，进行防雨淋、防雷、防坍塌、防触电、防雨水倒灌等现场防护和排水工作，坚持巡查看守制度，设置安全警戒标志，进行抢险救援，必要时向当地政府发出救援信息。

8）大风应急处置措施

专人负责收听天气气象预报，及时预警，对不能移动的机械车辆、物资设备、房屋、临时设施进行固定、保护和加固，对现场进行清理防护，进行抢险救援，必要时向当地政府发出救援信息。

9）高温中暑应急处置措施

中暑常发生在高温和高湿环境中，对高温、高湿环境的适应能力不足是致病的主要原因。在气温大于32℃、湿度大于60%的环境中，由于长时间工作或强体力劳动，又无充分防暑降温措施，极易发生中暑。为了避免中暑，在高温天气，对施工人员进行高温季节施工措施，提高他们对先兆中暑的认识，一旦出现头昏、头痛、口渴、出汗、全身疲乏、心慌等症状，应立即脱离中暑环境，及时采取纳凉措施。

高温中暑急救方法：

（1）立即将病人移到通风、阴凉、干燥的地方。

（2）使病人仰卧，解开衣领，脱去或松开外套。若衣服被汗水湿透，应更换干衣服，同时开电扇或开空调（应避免直接吹风），以尽快散热。

（3）意识清醒的病人或经过降温清醒的病人可饮服绿豆汤、淡盐水，或服用人丹、十滴水和藿香正气水（胶囊）等解暑。

（4）用湿毛巾冷敷头部、腋下以及腹股沟等处，有条件的话用温水擦拭全身，同时进

行皮肤、肌肉按摩，加速血液循环，促进散热。

（5）一旦出现高烧、昏迷抽搐等症状，应让病人侧卧，头向后仰，保持呼吸道通畅，同时立即拨打120急救电话，求助医务人员给予紧急救治。

8.2 重大危险源清单及应急措施

8.2.1 重大危险源清单

重大危险源清单详见1.6节。

8.2.2 应急处置

1）安全事故应急处置程序

（1）一旦发生安全事故时，应立即呼叫在场全体人员进行隐蔽和撤离。

（2）现场人员应迅速通知项目经理或作业队长，报告指挥部应急救援领导小组。

（3）所属各单位应急救援领导小组接险情（事故）报告后，在第一时间赶赴事故现场，组织抢险救援工作。若有人员伤亡，立即拨打120急救电话向急救中心求救，同时报告指挥部应急救援领导小组。

（4）指挥部应急救援领导小组根据现场情况立即制定抢险方案，在保证安全的前提下，投入抢险设备和人员进行现场抢险。

（5）根据险情或事故等级情况，在抢险的同时，在规定的时间内向现场监理、公司、地方安全相关部门等单位报告。

2）现场应急处置措施

（1）倾覆、坍塌应急处置

首先将信息传递给应急救援领导小组，同时组织人员抢救伤员，能够移动的伤员送医院就医，不能移动的伤员通知120派车接伤员，同时保护好事故现象，对事故现场移动过的地方做好标记，以利于事故调查。

（2）高处坠落、物体打击应急处置

迅速移走周围可能继续产生危险的坠落物、障碍物，为急救医生留出通道，使其可以最快到达伤员处。

高空坠落不仅产生外伤，还产生内伤，不可急速移动或摇动伤员身体。应多人平托住伤员身体，缓慢将其放至于平坦的地面上。发现伤员呼吸障碍，应进行口对口人工呼吸。发现出血，应迅速采取止血措施，可在伤口近心端结扎，但应每半小时松开一次，避免坏死。动脉出血应用指压大腿根部股动脉止血。

（3）雷击、触电应急处置

使触电人员脱离带电体。如在附近有电源开关，应首先采用切断电源的方法；如附近无电源开关，应寻找干燥木方、木板等绝缘材料，挑开带电体。

当触电者摆脱带电体后，应根据触电者的具体情况，立即就地对其进行急救，除非周围狭窄、潮湿，不具备抢救条件，可将其转移到另外的地方。

（4）机械伤害应急处置

由相关在场人员迅速切断机械电源。必要时拆卸机器，移出受伤肢体；将人员救出后，立即检查可能的伤害部位，如伤员发生休克，应先处理休克，遇呼吸、心跳停止者，应即进行人工呼吸、胸外心脏按压。

遇出血者，应迅速包扎压迫止血，使病员保持在头低脚高的卧位，并注意保暖。遇骨折者，以固定骨折处上下关节为原则，可就地取材，利用木板、竹片等。在无材料的情况下，上肢可固定在身侧，下肢与健侧下肢缚在一起。如有切断伤害，应寻找切断的部分，将其妥善保留。根据病情轻重，及时送医院治疗，转送途中应尽量减少颠簸，同时密切注意伤害者的呼吸、脉搏、血压及创口等情况。总之，在急救医生到来之前，应尽最大努力，进行自救，以使伤害降低到最低点。在急救医生到来后，应将伤员受伤原因和已经采取的救护措施详细告诉医生。

（5）溺水应急处置

在场人员必须立即采取有效措施对溺水人员进行打捞，同时派人呼叫救援。成功打捞上岸后，立刻对溺水人员利用人工呼吸进行自救，情况严重的以最快速度将伤员救离现场，送医院紧急救治。

（6）现场火灾应急处置

抢救受伤害者，用电机械切断电源，燃油机械处理燃油，消除隐患，疏散无关人员，防止火灾爆炸等其他事故的发生。

（7）船舶碰撞事故应急处置

首先平台上人员全部撤下平台，防止垮塌造成人员伤亡。同时与水事部门联系，尽快出船舶，防止船舶二次碰撞。

3）应急通信联系方式，事故报告基本要求和内容

发现险情的人员发出预警信号，通知附近作业人员及现场领导，带班领导要立即停止作业，疏散人员并电话报告项目经理，项目经理接到报告后，应当立即启动项目部事故相应应急预案，对于无人员伤亡事故及未遂事故，项目部自行处置。对于一般及以上的责任事故，必须在 1h 内，通过电话等方式上报公司、业主和当地政府有关部门。

报告内容包括事故发生单位概况，事故发生的时间、地点以及事故现场情况，事故的简要经过，已经造成或者可能造成的伤亡人数（包括下落不明的人数）和初步估计的直接经济损失，已经采取的措施和其他应当报告的情况。

任何单位和个人均不得以任何借口隐瞒不报、谎报、拖报事故，一经发现，立即移交司法处理。

8.2.3 注意事项

1）佩戴个人防护器具方面的注意事项

少量泄露及人员中毒，参与抢险作业必须穿戴防毒面具；大量泄漏及火灾、爆炸、多人中毒，必须穿戴防化服、手套及正压式空气呼吸器，所有抢险器材必须要正确合理使用。

2）使用抢险救援器材方面的注意事项

使用的防毒面具面罩密封必须正常，滤毒罐必须为有效的，抢险时滤毒罐的底塞必须打开；防化服及手套不能有损坏，正压式空气呼吸器压力正常，无泄漏点，面罩部分密封正常。

3）采取救援对策或措施方面的注意事项

（1）生产岗位出现紧急情况时，严格按照《操作规程》的规定进行处理，操作规程不能体现的，要汇报班组长和车间主任进行处理。

（2）对于出现的不明原因导致的事故和灾害，要迅速通报生产管理部、技术部、安全环保部等部门进行协商。

（3）遵守"先救人，后救物；先重点，后一般"的原则进行处理。

（4）出现事故必须按照规定进行上报，各类人员不得打击越级上报的现象。

4）现场自救和互救注意事项

处理事故进行救人时，必须安排两人以上进行作业，相互照应；无关人员尽量撤离现场，防止发生次生灾害。撤离时由所在岗位班组长指挥，防止混乱，班组长对岗位人员进行清点上报。

5）现场应急处置能力确认和人员安全防护等事项

所有工作人员应熟练掌握灭火器材及其他设备的使用方法，应急处理时，优先选用专业人员或经过专门培训的人员；消防设备齐全；所有工作人员应爱护和保护消防设施和器材，发现问题，及时进行整改维修。严格落实各类监护措施，明确监护人责任，不得轻易离开现场。

6）应急救援结束后的注意事项

在确定各项应急救援工作结束时，由总指挥宣布应急救援工作结束，撤出所有伤员、救护人员，清点人员后，留有专人组织巡视事故现场遗留隐患问题。由安全环保部组织对相关应急救援预案进行评审，对不符合、不完善的地方进行修订。对修订后的应急预案要及时组织有关人员进行学习，并做好记录。

7）其他需要特别警示的事项

各级人员严格服从指挥人员的调配，积极做好救援工作。

8.3 周边建（构）筑物等产权单位各方联系方式、救援医院信息

略。

8.4 应急物资准备

应急物资准备如表 8-1 所示。

应急物资表　　　　　　　　　　　　　　　表 8-1

序号	项目名称	单位	数量	备注
1	安全带	个	150	
2	安全帽	个	150	
3	安全网	m²	1000	
4	安全爬梯	套	4	20m 高 2 套，14m 高 2 套
5	消防灭火器	支	40	
6	反光背心	件	150	
7	急救箱	个	10	
8	防尘口罩	个	100	
9	防坠器	套	50	
10	防护栏杆	m	300	采用 ϕ48mm × 3mm 钢管
11	探照灯	个	10	
12	面包车	台	1	
13	担架	个	4	

9 计算书及相关图纸

9.1 计算书（见二维码）

9.2 相关图纸（见二维码）

中国铁建大桥工程局集团有限公司
CHINA RAILWAY CONSTRUCTION BRIDGE ENGINEERING BUREAU GROUP CO.,I.TD.

涵洞无拉杆台车现浇

专项施工方案标准范本

（以包银铁路银川至惠农段 BYZQ-3 项目为例）

目 录
CONTENTS

1 工 程 概 况

1.1 基本情况

新建包头至银川铁路银川至惠农段工程 BYZQ-3 标位于宁夏回族自治区银川市境内，起止里程 DK488＋598.25～DK516＋650，线路全长 28.05km。起点位于洪广镇特大桥桥头，终点引入银川站同步实施工程。

主要工程内容：路基工程 23.17km；桥梁工程 5 座，共计 6.28km；3 号梁场共计 585 孔梁的制架任务；正线单线铺轨 193.25km，站线单线铺轨 22.43km，道岔 75 组，道砟 58.22 万 m^3；通信迁改 656 条。

新建双线特大桥 6025.29m/3 座，大桥 151.00m/1 座，中桥 101.24m/1 座；桩基 1751 根、89684 延米（其中直径 1.0m 桩 1237 根 60137 延米，直径 1.25m 桩 514 根 29547 延米），承台 194 座，墩台身 194 座，连续梁 4 座。

箱形桥 8 座，涵洞 54 座，复合地基处理螺钉桩 1537 根、15453.5 延米，水泥粉煤灰碎石（CFG）桩 2069 根、15474 延米，旋喷桩 284 根、2840 延米，1∶2 砂石换填 12615m^3。

路基工程 23.17km（区间路基 21.82km，站场路基 1.35km）；弃土方 90673m^3，填方 2204677m^3，级配碎石 317654m^3；复合地基处理螺钉桩 107051 根、1069257 延米，旋喷桩 15683 根、152619 延米，CFG 桩 17369 根、131207 延米。

合同总造价约 19.8 亿元，项目部下设四个工区，分别是一工区、二工区、制架梁工区、铺轨工区。合同工期：48 个月；计划开工日期：2019 年 10 月 1 日；计划竣工日期：2023 年 9 月 30 日。

本项目设计孔径 1-1.5m 箱涵共 28 座，涵洞顶面填土厚度为 0.7～6m，涵洞地基处理形式为螺钉桩、CFG 桩、换填及旋喷桩，涵洞顶板及底板设计 5～10cm 高台阶；涵洞防水采用背贴式止水带外加防水卷材。配置 5 套孔径为 1.5m 的涵洞台车，所有孔径为 1.5m 的涵洞均采用无拉杆自行走式台车施工工艺。

孔径为 1.5m 的涵洞主要用作排水、灌溉，具有氯盐腐蚀性和硫酸盐侵蚀性地段需铺设沥青混凝土、涂刷热沥青防腐。孔径 1.5m 涵洞设计统计表如表 1-1 所示。

涵洞统计表 表 1-1

序号	中心桩号	孔数-跨径 （孔-m）	洞内高 （m）	涵长 （m）	涵洞类型	地基处理形式
1	DK492＋657	1-1.5	2	31.78	灌溉	螺钉桩
2	DK492＋790	1-1.5	2	25.76	灌溉	螺钉桩
3	DK493＋891	1-1.5	2	35.85	灌溉	螺钉桩
4	DK494＋003	1-1.5	2.5	37.91	排水	螺钉桩
5	DK494＋121	1-1.5	2	38.88	灌溉	螺钉桩
6	DK496＋500	1-1.5	2	26.12	排水	CFG 桩
7	DK499＋260	1-1.5	2	21.1	排水	CFG 桩
8	DK500＋100	1-1.5	2	18.1	排水	CFG 桩
9	DK501＋100	1-1.5	2	18.1	排水	换填
10	DK502＋000	1-1.5	2	24.1	排水	换填
11	DK503＋650	1-1.5	2	26.14	排水	换填
12	DK503＋896	1-1.5	2	25.41	排水	换填
13	DK506＋240	1-1.5	2	26.2	灌溉	换填
14	DK506＋780	1-1.5	2	26.1	灌溉	CFG 桩
15	DK507＋340	1-1.5	2	25.1	灌溉	CFG 桩
16	DK508＋063	1-1.5	2	29.14	灌溉	CFG 桩
17	DK508＋321	1-1.5	2	29.14	灌溉	CFG 桩
18	DK511＋351	1-1.5	2	28.14	排水	CFG 桩
19	DK512＋000	1-1.5	2	20.1	排水	CFG 桩
20	DK512＋500	1-1.5	2	20.1	排水	CFG 桩
21	DK513＋000	1-1.5	2	15.06	排水	CFG 桩
22	DK513＋630	1-1.5	2	19.1	排水	CFG 桩
23	DK514＋200	1-1.5	2	15.06	排水	CFG 桩
24	DK514＋500	1-1.5	2	18.1	排水	CFG 桩
25	DK515＋720	1-1.5	2	22.1	排水	旋喷桩
26	DK516＋549	1-1.5	2	33.14	灌溉	旋喷桩
27	DCDK5＋493	1-1.5	2	49.24	排水接长	CFG 桩
28	DCDK6＋023	1-1.5	2	51.24	排水接长	CFG 桩

1.1.1 工程地质

线路走行于贺兰山东麓的银川北部平原。地势较为平缓、开阔，起伏不大，地形坡度小于 5‰，地面高程 1095～1113m，局部地段相对低洼，多形成现代湖沼区。水田、水浇地连片，排灌渠纵横，人口相对密集，耕作农业发达，素有"塞上江南"之称；局部地段分布的盐碱地、鱼塘及芦苇湖等地表可见白色盐霜，呈明显的滞洪地貌景观和荒芜盐渍化景象。

1）地层

本地区地层主要为第四系全新统人工堆积层和冲积层。岩性主要有粉质黏土、软质黏土、粉土、粉砂、细砂。

2）构造

贺兰山山前洪积倾斜平原多为第四系上更新统洪积粗砂、砾砂及细、粗圆砾土、卵石土，局部夹粉质黏土、粉土及粉、细砂；银川北部冲、湖积平原，地表多以（软）粉质黏土、（软）粉土组成，下部以细砂为主，局部夹粉砂、中砂、粗砂及碎石类土。由于测区新构造运动活动强烈，使黄河河道不断由西向东迁移，在不断迁移过程中形成许多牛轭湖，地表湖沼发育，常见湖沼积流塑～软塑状淤泥质粉质黏土、软粉质黏土或软粉土。

3）不良地质及特殊岩土

（1）地震液化：沿线地震动峰值加速度为 0.20g，地下水位较高，饱和粉细砂和粉土为地震可液化层。液化层不连续，多呈层状分布，埋深和深度变化。

（2）软土：分布于局部地段地表，岩性为软粉土、软粉质黏土，由于低洼地段长期受水浸泡，多含有淤泥，呈软塑、流塑或饱和状态，属高压缩土，土质疏松，含盐量偏高，含水率大，压缩性大，强度低，基本无硬壳，工程性差。

（3）松软土：桥址区第四系粉质黏土、粉土及上部稍密-中密细砂，多具有压缩性高、土质疏松软弱、含水率大、强度低等特征，工程性质差，属松软土。

（4）盐渍土：局部地区地表分布盐渍土，盐渍土岩性主要为软粉质黏土、软粉土、粉质黏土、粉土，类型以亚硫酸盐渍土为主，硫酸盐渍土次之，强度以中为主，弱次之。

（5）人工填土：沿线的人工填土主要为既有铁路路基、公路路基、城镇建设及灌溉沟渠修筑开挖的填土等，其工程性质差，不宜直接作为基础持力层的分布与评价。

1.1.2 水文地质

沿线地下水主要为第四系孔隙潜水。沿线地下水的补给、径流、排泄受区域自然地理和地质条件的控制，亦受到人为因素的控制。地下水补给除引黄灌溉入渗外，还有多种途径的补给来源。线路走行区属于地下水的汇集与排泄区，受各种因素的影响，地下水的补给、径流、排泄条件及形式具有明显的特征。

第四系孔隙潜水主要受渠道和田间灌溉水的复合补给、西部贺兰山山前洪积扇的侧向补给和大气降水的垂直补给。其中渠道和灌溉水是主要的补给源，该地区降雨量小，蒸发量远大于降雨量，因此降雨补给小；水位变化受气象、水文等因素影响，呈季节性变化，水位变化幅度 0.5～2m。沿线地下水化学类型主要为 HCO_3-Ca·Mg 型，其次为 HCO_3-Ca 型。沿线地表水、地下水水质差，对圬工具氯盐、硫酸盐化学侵蚀和盐类结晶侵蚀，环境作用等级分别为 L1～L3、H1～H3、Y2～Y4，部分受镁盐侵蚀，环境作用等级为 H1～H2。

1.1.3　气候特征和季节性天气

线路通过地区属大陆性中温带干旱气候区，具冬寒漫长、夏少酷暑、秋雨稀少、春季风沙多、四季日照充足、雨雪稀少等特点。根据沿线各气象站资料统计：历年平均降雨量 181.6～199.5mm，年最大降雨量 244.0～304.0mm，降雨多集中于 7、8、9 三个月，且多以骤雨出现，历年平均蒸发量 945.9～1477.8mm。历年平均气温 9.6～10.4℃，极端最高气温 38.7～39.5℃，极端最低气温−27.6～−25℃。结冻期为每年 10 月底至翌年 4 月末，冻结深度 84～123cm。历年平均风速 1.6～2.2m/s，历年瞬时最大风速 13.1～22.0m/s，以 EN、SSE 及 N 风向为主，一年中又以 3、4、5 月（春季）风速最大，是风沙严重季节。沿线土壤最大冻结深度 84～123cm。主要灾害性天气有霜冻、冰雹、大风等。

1.1.4　交通运输条件

本工区区域内途经地区道路交通较为便利，国道、省道、各种县乡级道路交织在线路附近。本工程可利用的主要道路有国道 109、国道 110、省道 S302、省道 S303、省道 S304、省道 S101、县道 X108 等，其他各市县之间的县级道路及乡村道路都可为本线工程材料的运输提供条件。对部分不能满足施工运输需要的道路，可对其进行整修，或根据需要新建临时施工便道。

1.1.5　施工用水条件

施工临时供水，是为确保施工期间混凝土养护用水。施工地点附近有可用水井直接从水井处接管供水，若施工工点附近无现有水井，可考虑打井或设置水箱采用水车拉水的方式进行供水。

1.1.6　施工用电条件

施工用电采用自发电和接地方电源两种方式。DK488＋598.25～DK497＋864.4 区段计划采用临时电力干线接地方电源，DK497＋864.4～DK519＋961.38 区段计划采用自发电。

1.1.7 主要工程量清单

主要工程量见表 1-2。

主要工程量   表 1-2

部位	项目	单位	数量
地基处理	桩基	m	8527
基础	混凝土	m^3	509.55
箱身	混凝土	m^3	1056.158
	钢筋	kg	136814.49
八字翼墙	钢筋	kg	12220
	混凝土	m^3	601.5
帽石	混凝土	m^3	33.3

1.2 施工要求

1.2.1 工期目标

项目建设总工期控制在批准的建设工期内，在政策允许、环境条件顺利的情况下，争取按照合同工期：48 个月（2019 年 10 月 1 日至 2023 年 9 月 30 日），按时完成所有施工内容。

涵洞工期目标根据总体工期目标要求，必须按照项目部计划完成。

1.2.2 质量目标

（1）质量总目标：竣工验收工程质量等级为合格。

（2）施工阶段质量目标：分部、分项工程合格率 100%。

1.2.3 安全目标

预防一般性事故，杜绝重特大安全生产事故，杜绝人身重伤、死亡事故。

1.2.4 环水保目标

保护环境，坚持可持续发展的环保方针，严格落实环评批复的各项要求，确保国土资源的合理利用，减少工程实施过程中的环境污染，确保不发生环境投诉事件。

1.3 施工平面布置

施工平面布置图如图 1-1 所示。

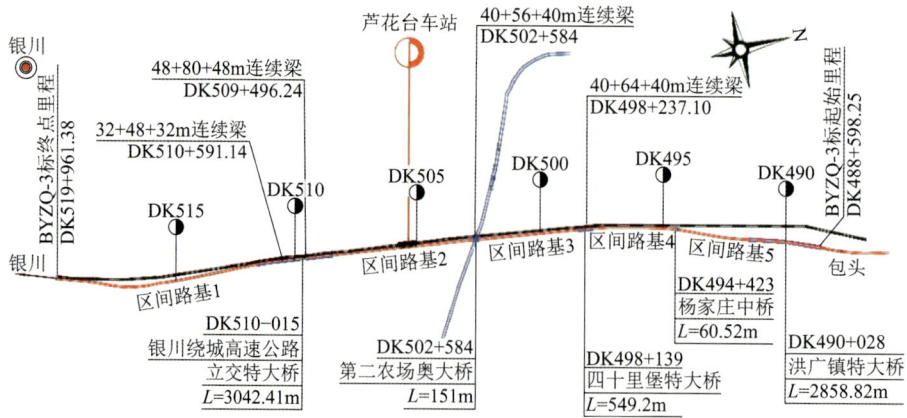

图 1-1　施工平面布置图

1.4 风险辨识与分级

风险识别与分级见表 1-3。

风险识别与分级　　　　　　　　　　表 1-3

项目	原因	事故类型	责任部门
涵洞模板安装及拆卸	未对作业队进行安全技术交底，施工作业队经验欠缺	坍塌	工程技术部
	竖向模板和支架支撑部分安装地基基础不稳固，无安全防护措施	坍塌	工程技术部
	安装时未安装有效的防倾覆的临时固定措施	坍塌	安全环保部
	斜支撑或支撑面倾斜时，支点欠稳，支撑底脚无防滑移的措施	坍塌	工程技术部
	模板锚固、支撑不牢	物体打击	工程技术部
	违章拆除模板	物体打击	工程技术部

1.5 参建各方责任主体单位

建设单位：中国铁路兰州局集团有限公司银川工程建设指挥部。

监理单位：甘肃铁科建设工程咨询有限责任公司。

设计单位：中铁第一勘察设计院集团有限公司。

施工单位：中国铁建大桥工程局集团有限公司。

2 编制依据

2.1 法律、法规及标准、规范

2.1.1 法律、法规

（1）《中华人民共和国安全生产法》；

（2）《中华人民共和国消防法》；

（3）《中华人民共和国建筑法》；

（4）《中华人民共和国特种设备安全法》；

（5）《中华人民共和国突发事件应对法》；

（6）《中华人民共和国职业病防治法》；

（7）《建设工程安全生产管理条例》（国务院令第 393 号）；

（8）《特种设备安全监察条例》（国务院令第 373 号）；

（9）《生产安全事故应急条例》（国务院令第 708 号）；

（10）《建设工程质量管理条例》（国务院令第 279 号）；

（11）《生产安全事故报告和调查处理条例》（国务院令第 493 号）；

（12）《生产经营单位安全培训规定》（国家安全生产监督管理总局令第 3 号）；

（13）《特种作业人员安全技术培训考核管理规定》（国家安全生产监督管理总局令第 30 号）；

（14）《安全生产培训管理办法》（国家安全生产监督管理总局令第 44 号）；

（15）《安全生产事故隐患排查治理暂定规定》（国家安全生产监督管理总局令第 16 号）；

（16）《安全生产事故应急预案管理办法》（国家安全生产监督管理总局令第 88 号）；

（17）《安全生产事故信息报告和处置办法》（国家安全生产监督管理总局令第 21 号）；

（18）《建设工程消防监督管理规定》（公安部令第 106 号）；

（19）《建设项目安全设施"三同时"监督管理暂行办法》（国家安全生产监督管理总局令第 36 号）；

（20）《工贸企业有限空间作业安全管理与监督暂行规定》（国家安全生产监督管理总局令第 59 号）；

（21）《建筑起重机械安全监督管理规定》（建设部令第 166 号）；

（22）《建筑施工企业主要负责人、项目负责人和专职安全生产管理人员安全生产管理规定》（住房和城乡建设部令第 17 号）；

（23）《建筑施工特种作业人员管理规定》（建质〔2008〕5 号）；

（24）《建筑工程预防高处坠落事故若干规定》（建质〔2003〕82 号）；

（25）《建筑工程预防坍塌事故若干规定》（建质〔2003〕82 号）；

（26）《危险性较大的分部分项工程安全管理规定》（住房和城乡建设部令第 37 号）；

（27）《住房城乡建设部办公厅关于实施危险性较大的分部分项工程安全管理规定有关问题的通知》（建办质〔2018〕31 号）；

（28）《危险性较大的分部分项工程专项施工方案编制指南》（建办质〔2021〕48 号）。

2.1.2 设计标准、规范

（1）《工程结构通用规范》（GB 55001—2021）；

（2）《工程结构可靠性设计统一标准》（GB 50153—2008）；

（3）《建筑结构可靠性设计统一标准》（GB 50068—2018）；

（4）《建筑结构荷载规范》（GB 50009—2012）；

（5）《钢结构通用规范》（GB 55006—2021）；

（6）《钢结构设计标准》（GB 50017—2017）；

（7）《高速铁路设计规范》（TB 10621—2014）；

（8）《铁路桥涵设计规范》（TB 10002—2017）；

（9）《铁路桥涵地基和基础设计规范》（GB/T 10093—2017）；

（10）《铁路桥涵混凝土结构设计规范》（TB 10092—2017）；

（11）《铁路混凝土结构耐久性设计规范》（TB 10005—2010）。

2.1.3 施工及验收标准、规范

（1）《建设工程项目管理规范》（GB/T 50326—2017）；

（2）《工程测量标准》（GB 50026—2020）；

（3）《工程测量通用规范》（GB 55018—2021）；

（4）《钢结构工程施工规范》（GB 50755—2012）；

（5）《钢结构焊接规范》（GB 50661—2011）；

（6）《钢结构工程施工质量验收标准》（GB 50205—2020）；

（7）《高速铁路桥涵工程施工质量验收标准》（TB 10752—2018）；

（8）《高速铁路桥涵工程施工技术规程》（Q/CR 9603—2015）；

（9）《铁路混凝土工程施工质量验收标准》（TB 10424—2018）；

（10）《铁路混凝土工程施工技术规程》（Q/CR 9207—2017）；

（11）《建筑地基处理技术规范》（JGJ 79—2012）（现行规范已更新为2022年版）；

（12）《铁路混凝土工程施工技术规程》（Q/CR 9207—2017）；

（13）《高速铁路桥涵工程施工技术规程》（Q/CR 9603—2015）；

（14）《铁路工程沉降变形观测与评估技术规程》（Q/CR 9230—2016）；

（15）《铁路桥梁混凝土桥面防水层》（TB/T 2965—2018）；

（16）《高速铁路路基工程施工质量验收标准》（TB 10751—2018）。

2.1.4 施工安全规范

（1）《施工企业安全生产管理规范》（GB 50656—2011）；

（2）《建筑施工安全检查标准》（JGJ 59—2011）（现行规范已更新为2021年版）；

（3）《铁路桥涵工程施工安全技术规程》（TB 10303—2020）；

（4）《铁路工程基本作业施工安全技术规程》（TB 10301—2020）；

（5）《建设工程施工现场供用电安全规范》（GB 50194—2014）；

（6）《建筑施工高处作业安全技术规范》（JGJ 80—2016）；

（7）《建筑机械使用安全技术规程》（JGJ 33—2012）；

（8）《建筑施工起重吊装工程安全技术规范》（JGJ 276—2012）；

（9）《起重机械安全规程》（GB 6067—2010）；

（10）《建筑施工模板安全技术规范》（JGJ 162—2008）。

2.2 项目文件

（1）《涵洞设计图》及相关参考图；

（2）宁夏回族自治区中卫市地区气温、气象资料；

（3）通桥（2018）5401系列图纸。

2.3 施工组织设计

新建包头至银川铁路银川至惠农段BYZQ-3标施工组织设计。

3 施 工 计 划

3.1 施工进度计划

涵洞施工工期计划见表 3-1。

涵洞施工工期计划表 表 3-1

序号	中心桩号	孔数-跨径（孔-m）	涵长（m）	基础施工		墙身及顶板施工		八字翼墙施工	
				开始时间	结束时间	开始时间	结束时间	开始时间	结束时间
1	DK492+657	1-1.5	31.78	2021年5月20日	2021年5月27日	2021年5月28日	2021年6月2日	2021年6月3日	2021年6月6日
2	DK492+790	1-1.5	25.76	2021年5月21日	2021年5月27日	2021年6月3日	2021年6月7日	2021年6月8日	2021年6月11日
3	DK493+891	1-1.5	35.85	2021年5月22日	2021年5月28日	2021年6月8日	2021年6月14日	2021年6月15日	2021年6月18日
4	DK494+003	1-1.5	37.91	2021年5月23日	2021年5月29日	2021年6月15日	2021年6月22日	2021年6月23日	2021年6月26日
5	DK494+121	1-1.5	38.88	2021年5月24日	2021年5月30日	2021年6月23日	2021年6月30日	2021年7月1日	2021年7月4日
6	DK496+500	1-1.5	26.12	2021年5月20日	2021年5月26日	2021年5月27日	2021年5月31日	2021年6月1日	2021年6月4日
7	DK499+260	1-1.5	21.1	2021年5月21日	2021年5月27日	2021年6月1日	2021年6月5日	2021年6月6日	2021年6月9日
8	DK500+100	1-1.5	18.1	2021年5月22日	2021年5月28日	2021年6月6日	2021年6月9日	2021年6月10日	2021年6月13日
9	DK501+100	1-1.5	18.1	2021年5月23日	2021年5月29日	2021年6月10日	2021年6月13日	2021年6月14日	2021年6月17日
10	DK502+000	1-1.5	24.1	2021年5月24日	2021年5月30日	2021年6月14日	2021年6月18日	2021年6月19日	2021年6月22日
11	DK503+650	1-1.5	26.14	2021年5月20日	2021年5月26日	2021年5月27日	2021年6月3日	2021年6月4日	2021年6月7日
12	DK503+896	1-1.5	25.41	2021年5月21日	2021年5月27日	2021年6月4日	2021年6月10日	2021年6月11日	2021年6月14日
13	DK506+240	1-1.5	26.2	2021年5月22日	2021年5月28日	2021年6月11日	2021年6月16日	2021年6月17日	2021年6月20日

续上表

序号	中心桩号	孔数-跨径（孔-m）	涵长（m）	基础施工		墙身及顶板施工		八字翼墙施工	
				开始时间	结束时间	开始时间	结束时间	开始时间	结束时间
14	DK506+780	1-1.5	26.1	2021年5月23日	2021年5月29日	2021年6月17日	2021年6月22日	2021年6月23日	2021年6月26日
15	DK507+340	1-1.5	25.1	2021年5月24日	2021年5月30日	2021年6月23日	2021年6月28日	2021年6月29日	2021年7月2日
16	DK508+063	1-1.5	29.14	2021年5月20日	2021年5月26日	2021年5月27日	2021年6月2日	2021年6月3日	2021年6月6日
17	DK508+321	1-1.5	29.14	2021年5月21日	2021年5月27日	2021年6月3日	2021年6月9日	2021年6月10日	2021年6月13日
18	DK511+351	1-1.5	28.14	2021年5月22日	2021年5月28日	2021年6月10日	2021年6月16日	2021年6月17日	2021年6月20日
19	DK512+000	1-1.5	20.1	2021年5月23日	2021年5月29日	2021年6月17日	2021年6月22日	2021年6月23日	2021年6月26日
20	DK512+500	1-1.5	20.1	2021年5月24日	2021年5月30日	2021年6月23日	2021年6月28日	2021年6月29日	2021年7月2日
21	DK513+000	1-1.5	15.06	2021年5月20日	2021年5月26日	2021年5月27日	2021年5月31日	2021年6月1日	2021年6月4日
22	DK513+630	1-1.5	19.1	2021年5月21日	2021年5月27日	2021年6月1日	2021年6月6日	2021年6月7日	2021年6月10日
23	DK514+200	1-1.5	15.06	2021年5月22日	2021年5月28日	2021年6月7日	2021年6月11日	2021年6月12日	2021年6月15日
24	DK514+500	1-1.5	18.1	2021年5月23日	2021年5月29日	2021年6月12日	2021年6月18日	2021年6月19日	2021年6月22日
25	DK515+720	1-1.5	22.1	2021年5月20日	2021年5月26日	2021年5月27日	2021年6月2日	2021年6月3日	2021年6月6日
26	DK516+549	1-1.5	33.14	2021年5月21日	2021年5月27日	2021年6月3日	2021年6月11日	2021年6月12日	2021年6月15日
27	DCDK5+493	1-1.5	49.24	2021年5月22日	2021年5月28日	2021年6月12日	2021年6月23日	2021年6月24日	2021年6月27日
28	DCDK6+023	1-1.5	51.24	2021年5月23日	2021年5月29日	2021年6月24日	2021年7月6日	2021年7月7日	2021年7月10日

3.2 材料与设备计划

涵洞施工需要机械设备配合施工，除需设计钢筋混凝土外，还需其他辅助措施材料，具体设备材料见表3-2。

材料配置表（单个涵洞） 表 3-2

序号	设备名称	单位	规格型号	数量	备注
1	装载机	台	50	1	场地平整
2	长螺旋钻机	台		1	地基处理
3	地泵	台		1	螺钉桩/CFG桩
4	高压旋喷桩机	台		1	地基处理
5	挖掘机	台	120	1	基坑开挖
6	振动夯	台		1	基底处理
7	压路机	台	18t	1	基底处理
8	起重机	台	25t	1	支模板、浇筑混凝土
9	自卸汽车	台		1	余方弃置
10	发电机	台	2000W	1	临时用电
11	电焊机	台		2	钢筋制作
12	振捣棒	个		3	混凝土浇筑
13	凿毛机	台		1	混凝土凿毛
14	水泵	台		1	抽水、养护
15	方木	m		40	钢筋支垫
16	涵洞台车	套	5.4t	6	涵身及主体结构施工

3.3 劳动力计划

单个涵洞施工需配置管理人员、现场施工负责人及现场操作工人等，具体人员数量及分工见表 3-3。

人员配置表 表 3-3

序号	工种	人数	任务分工
1	技术管理	1	负责现场涵洞施工技术、质量、安全监督，每道工序完成后检验
2	施工负责人	1	负责现场人、材、机协调组织，每道工序完成后自检
3	钢筋工	2	负责涵洞钢筋绑扎安装
4	电焊工	2	负责现场钢筋焊接和其他焊接工作
5	模板工	2	负责现场模板安装、台车行走及混凝土浇筑工作
6	振捣工	1	负责混凝土振捣工作
7	普工	2	负责配合现场施工工作
8	电工	1	负责现场接电及临电安全排查工作

4 施工工艺技术

4.1 施工工艺流程

箱涵施工工艺流程图如图 4-1 所示。

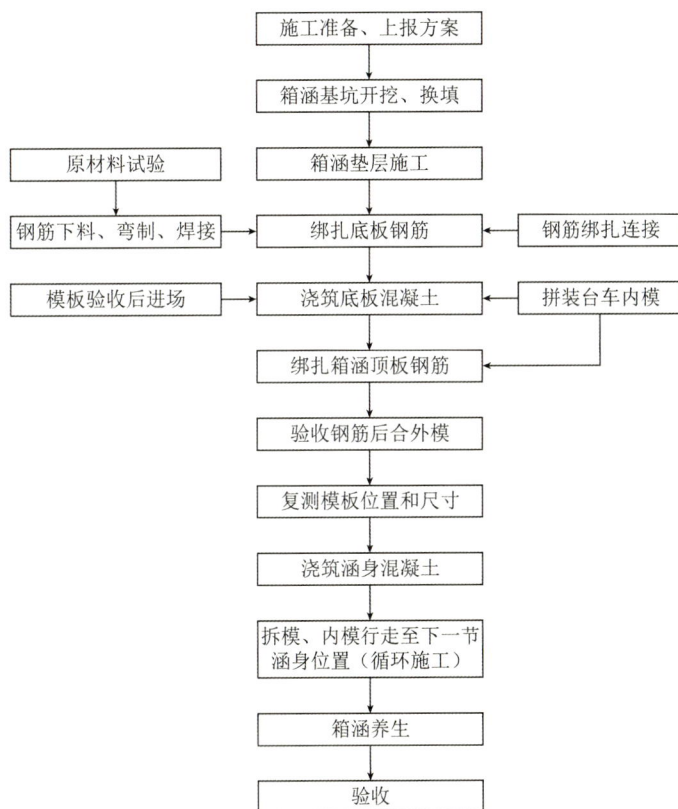

```
                    施工准备、上报方案
                          ↓
                    箱涵基坑开挖、换填
                          ↓
    原材料试验          箱涵垫层施工
                          ↓
   钢筋下料、弯制、焊接 → 绑扎底板钢筋 ← 钢筋绑扎连接
                          ↓
   模板验收后进场     → 浇筑底板混凝土 ← 拼装台车内模
                          ↓
                    绑扎箱涵顶板钢筋
                          ↓
                    验收钢筋后合外模
                          ↓
                    复测模板位置和尺寸
                          ↓
                    浇筑涵身混凝土
                          ↓
              拆模、内模行走至下一节
              涵身位置（循环施工）
                          ↓
                    箱涵养生
                          ↓
                      验收
```

图 4-1　箱涵施工工艺流程图

4.2 施工方法及操作要求

4.2.1 地基处理及基础施工

涵洞地基处理采用 CFG 桩、螺钉桩、换填或旋喷桩四种形式，桩基施工完成 28d 桩基检测（单桩承载力检测、低应变法及钻芯取样桩身完整性检测）合格后进行基坑开挖、沥青混凝土隔离层及混凝土基础施工。基础施工时按照设计图纸要求预留沉降缝。

4.2.2 基坑开挖

施工时根据现场实际和图纸核查涵洞出入口高程，如有不符，及时和设计单位联系。

施工前应探明地下和地上管线位置和产权单位，并和产权单位签订有关协议进行迁改，做好防护措施，必要时进行物理探测。

基坑开挖前应测定基坑中心线、开挖轮廓线，确定基坑开挖深度及坡度。根据现场情况确定支护方式、开挖方法、防排水措施和弃土位置。

基坑开挖采用挖掘机和人工配合的方式，基坑开挖的土方运至指定地点存放并覆盖，用于后期复坑。

（1）当现场地质条件良好，地下水位较低且基坑深度小于 5m 时优先采取放坡开挖方式，放坡坡度为 1∶1。提前计算好开挖边线，保证基坑底部开挖坡脚距离涵洞基础边缘大于 50cm，用白灰撒出开挖线。

（2）基坑开挖到距离地基处理桩顶或桩帽顶 30cm 时，停止开挖，人工挖到桩顶高程。

（3）若遇地下水位较高时可采用井点降水的方式降低水位进行开挖，基坑底部沿四周设置排水沟，并在最低点设置集水坑。

基坑放坡开挖如图 4-2 所示。

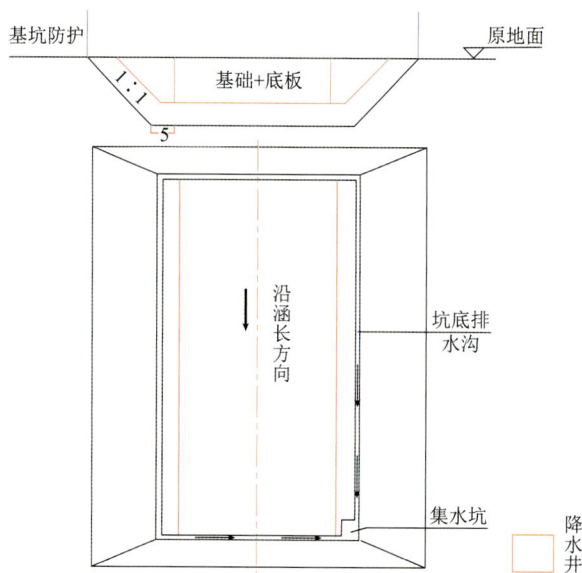

图 4-2　基坑放坡开挖示意图

4.2.3　基础施工

（1）涵洞基础设计为素混凝土，涵洞出入口节基础、八字翼墙基础和涵身基础厚度不同，具体尺寸见施工图纸，根据具体尺寸采用人工对基地进行修整。

（2）支立组合钢模板并加固，采用起重机配合料斗进行混凝土浇筑，混凝土由项目部搅拌站统一集中搅拌。

（3）涵洞处地下水对圬工具有氯盐腐蚀性和硫酸侵蚀性时，出入口八字翼墙基础应按设计图纸增加防腐措施，如图 4-3 所示。

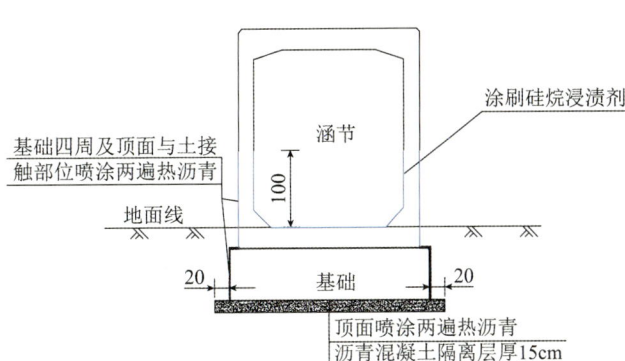

图 4-3　涵洞基础防腐示意图（尺寸单位：cm）

4.2.4　箱涵底板及下倒角施工

为确保涵洞下倒角振捣密实，减少蜂窝麻面，涵身钢筋混凝土施工可分三节段施工：箱涵底板→下倒角施工→涵身及顶板施工。下倒角施工时，混凝土应浇筑至倒角以上 10cm 高度，箱涵底板施工时应预埋ϕ25cm 精轧螺纹钢作为模板下对拉（图 4-4）。

4.2.5　涵身及顶板施工

第一阶段混凝土浇筑完成后，按照台车轨距在箱涵底板铺设轻轨作为台车行走轨道，将台车整体吊入箱涵内，绑

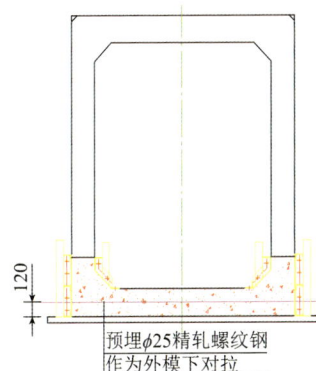

图 4-4　底板及下倒角施工示意图（尺寸单位：cm）

扎涵身及顶板钢筋，浇筑涵身及顶部混凝土。具体施工流程为：施工箱涵基础及底板施工→测量放样→安装行走钢轨→内模台车就位→绑扎箱身及顶板钢筋→拼装外模及端模→复测→浇筑墙身及顶板混凝土→内模台车微调脱模→台车行走到下一节箱涵位置（即循环绑扎钢筋、拼装外模、浇筑混凝土、脱模、行走五个过程）。

1）台车的组成

台车由模板、承重主梁、门架、移动机构、行走机构、支撑调节机构等组成。

内模模板：模板采用 6mm 厚平板，采用铣边工艺，消除错台、接缝处混凝土质量差等质量问题。

丝杠：台车支架与模板用丝杠连接，丝杠用于顶升、开合内模。

台车支架：台车支架采用 I20b 工字钢，刚度大，消除传统支架的弹性及非弹性变形，进而消除涵身倒角出现裂纹的质量通病。

台车行走状态、轨道、夹轨钢筋及行走与浇筑状态分别如图 4-5～图 4-8 所示。

图 4-5　台车行走状态　　图 4-6　台车轨道　　图 4-7　夹轨钢筋

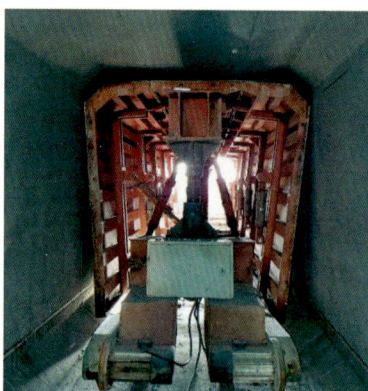

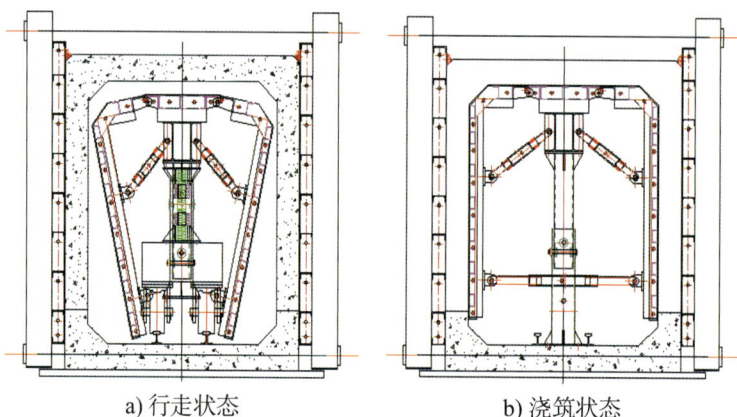

a) 行走状态　　　　　　　　b) 浇筑状态

图 4-8　台车行走与浇筑状态

2）台车的安装

台车安装通过现场起重机起吊部件，技术人员现场指导工人进行现场安装。台车的安装应遵循以下步骤：

（1）确定安装的基准，按施工图要求，检查箱涵底板是否平整，如有坡度（一般为 2%），检查坡度是否满足设计要求，轨道直接安放于箱涵底板上，轨道两侧用预埋钢筋固定，以保证轨道安装的顺直、平整。

（2）按照台车轨距在箱涵底板铺设轻轨（22kg/m，轨高 94mm）作为台车行走轨道，轨道必须固定；轨道中心距必须达到设计要求。

（3）台车整体吊入箱涵内侧，台车安装时使用 25t 起重机将内模吊至走行轨道上，每节台车内模最大质量为 5.944t，待内模安装完成后，用规格为 25t 的起重机吊装外模至安装位置，外模总质量为 4.482t。转动台车内部丝杠，利用顶升系统，操作调节丝杠支撑，使外形达到施工要求。先操作门架上丝杠，使内模达到设计提升高度，再调整水平方向丝杠，左右同时调节，使模板外形中心线与箱涵中线重合，放下台车内部支腿，将台车调至浇筑状态。

（4）台车安装完毕后，全面检查各部件各部位螺栓连接是否有松动、各连接销子是否转动灵活、电气接线是否安全绝缘等。

（5）检查台车各重要尺寸是否达到设计要求，包括：①台车轨道面至模板最高处的高度；②模板左右边缘的理论宽度；③模板轨道中心距，如地基有坡度，检测左右轨面高度；④模板左右边缘与地基的高度等。

3）台车的使用

台车必须严格按照操作顺序及要求使用与维护，以确保台车安全正常工作，并延长其使用寿命。

（1）台车行走和就位

台车安装完毕后，各部件检查合格后，检查各部位螺栓连接是否牢固，各连接销必须可靠且转动灵活。检查台车各重要尺寸是否达到设计要求，当符合要求后进行涵洞底板钢筋绑扎。台车在行走时主要靠电机带动，在台车轨道上行走，行走至设计位置后，使用提前预埋的底板倒角处拉杆将台车、外模以及底板混凝土连接固定。

（2）外模施工

外模采用大块定型钢模板，外模施工前进行打磨并刷脱模剂，涵身及顶板钢筋绑扎完成后合外模板，利用底板预埋精轧螺纹钢进行外模下对拉，同时施工顶板对拉螺杆。

（3）浇筑

①模板自检、报检合格后，方可进行混凝土浇筑，浇筑时水平分层对称浇筑，分层厚度按30cm控制。

②混凝土浇筑前对模板和预埋件进行认真检查，清除模板内的杂物。浇筑过程中采用插入式振捣棒振捣。

③混凝土浇筑按顺序分层进行，待下层混凝土初凝之前完成上层混凝土的浇筑。采用插入式振动棒振捣时，振捣棒与侧模保持5～10cm的距离，严禁贴模振捣。振捣时插入下层混凝土5～10cm。振捣标准：混凝土不再下沉、表面翻浆、无气泡。在浇筑过程中安排专人检查钢筋及模板的变化，遇到情况及时处理。

④混凝土浇筑完成、压浆收光、初凝后及时覆盖土工布进行养护。混凝土洒水养护的时间为14d，保持混凝土表面经常处于湿润状态为度。

（4）拆模及行走

混凝土浇筑完成24h后，拆除外模；内模系统待强度达到设计强度的75%后，开始拆除，具体施工步骤如下：①拆支撑丝杠，对称留两端角撑，转动丝杠收侧模，收起台车支腿；②转动台车调节丝杠下降顶板托顶模；③下一节段铺设台车轨道，台车带模板一起行走至下一节段；④下放支腿，调节丝杠，进行下一节段施工。

4.2.6 防水及沉降缝施工

1）防水层施工

由于 1-1.5m 涵洞涵身顶底板厚度以及边墙厚度小于 30cm，故止水带的布置形式采用背贴式，由于箱涵底板存在 5～10cm 高差，故止水带安装采用加台的方法处理，错台宽度以 40～50cm 为宜，施工时预留接茬钢筋。

防水材料施工注意事项：

（1）防水涂料在运输和保存时,严禁遇水和接近火源,施工时严禁用明火加热防火涂料。

（2）铺贴防水卷材时，严禁产生起鼓、起泡等现象，卷材铺贴应做到平直。

（3）聚氨酯防水涂料总涂膜厚度不得小于 2mm。宜采用喷涂设备涂装。

（4）防水涂料应分层涂刷或喷涂，涂层应均匀，不得漏刷漏涂；接茬宽度不应小于 100mm。

（5）涂料防水层严禁在雨天、雾天、五级及以上大风天气施工，不得在施工环境温度低于 5℃或高于 35℃或烈日暴晒时施工，喷涂后 4h 或涂刷后 12h 内应采取措施防止霜冻、雨淋及暴晒。

（6）涂刷防水涂料处混凝土结构面应保持平整干燥、无凹凸不平、无蜂窝麻面、无浮浆浮渣、无积水油污。

（7）喷涂或涂刷应分两次进行，做到喷涂均匀，喷涂后应随即洒砂一层，砂粒直径以 20～40 目为宜，配制好的涂料应在 20min 内用完，随配随用。

（8）混凝土浇筑前应先将止水带及缝内杂物清洗干净，并应在吸干止水带表面积水后再进行浇筑，以保证止水带与混凝土紧密结合；在浇捣底板混凝土时，必须有专人负责止水带附近的捣实和排气，第一层混凝土浇筑时要使浇筑层稍高于止水带，便于混凝土能够一次性振捣密实，最后用圆木棍在止水带上部逐点捣实，将止水带下的气泡排出。

（9）施工过程中确保止水带附近的混凝土振捣密实，及时排除气泡、防止混凝土内颗粒大的集料进入止水带下方而戳破止水带或者导致止水带撕裂。

（10）在运输和施工中防止机械、钢筋损伤止水带，在定位止水带时使其保持平展，不能让其翻转、扭结，如发现有不展现象，应及时调整。

沉降缝位置防水设计图如图 4-9 所示，非沉降缝位置防水设计图如图 4-10 所示。

2）沉降缝施工

沉降缝的施工，要做到使缝两边的构造物能自由沉降，又能严密防止水分渗漏，故沉降缝必须贯穿整个断面（包括基础）。沉降缝施工注意事项如下：

（1）沉降缝施工采用符合设计要求的原材料。

（2）位置、尺寸和构造形式符合设计要求。

（3）沉降缝不得漏水。

（4）沉降缝施工前，缝内应清扫干净，保持干燥，不能有杂物和积水。

（5）沉降缝应达到缝宽均匀，缝身竖直，环向贯通，填塞密实，外表整洁。

沉降缝位置细部构造如图 4-11 所示。

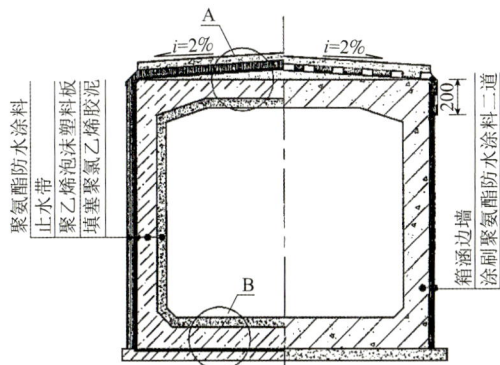

图 4-9　沉降缝位置防水设计图
（尺寸单位：mm）

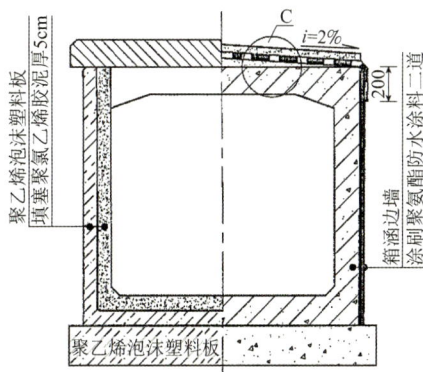

图 4-10　非沉降缝位置防水设计图
（尺寸单位：mm）

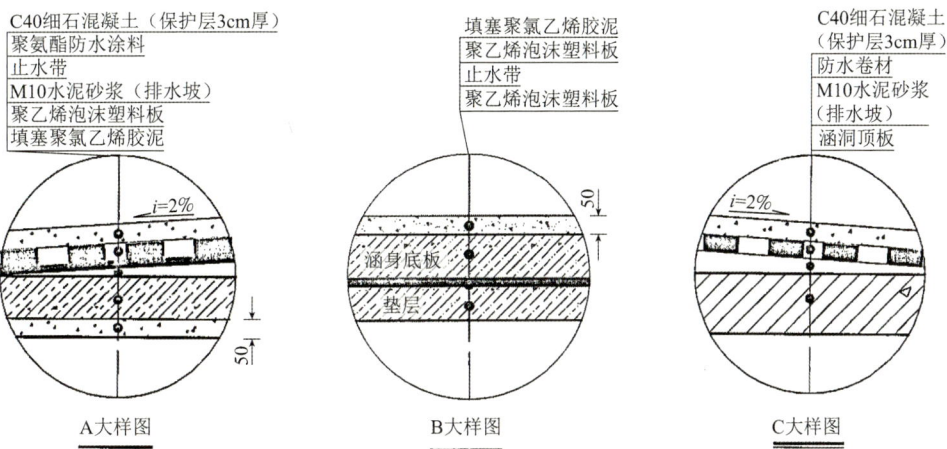

图 4-11　沉降缝位置细部构造图（尺寸单位：mm）

4.2.7 翼墙施工

1-1.5m 涵洞出入口形式为八字墙，采用竹胶板拼装一次浇筑。

（1）八字墙混凝土浇筑要选择适宜的时间，避免高温和低温时段。浇筑必须连续进行，不得停顿。

（2）混凝土采用起重机或者挖掘机通过料斗或者溜槽入模。严格控制每次下料的高度和厚度，保证分层厚度不超过 30cm。

（3）振捣不得漏振和过振。可采用二次振捣工艺，以减少表面起泡。即第一次在混凝土浇筑时振捣，待混凝土静置一段时间后再进行第二次振捣。

（4）严格控制振捣时间和振捣棒插入下一层混凝土的深度，保证插入下层深度在 5～

10cm 之间，振捣时间以混凝土不再下沉、表面翻浆、无气泡为止，一般为 15s 左右。

（5）拆模时间：在混凝土强度达到 2.5MPa 且保证其表面及棱角不因拆除模板而受损坏时方可拆除，并将表面灰浆、污垢清除干净。

（6）混凝土拆模后要立即覆盖养护。墙身采用土工布进行全覆盖养护，养护时间不少于 7d。

4.3 检查要求

质量检查验收内容及要求见表 4-1。

质量检查验收内容及要求 表 4-1

序号	验收项目	具体内容	检查要求
1	材料质量	钢筋	原材料经检验性能和质量符合设计及规范要求
		混凝土	原材料经检验性能和质量符合设计及规范要求
		台车	台车各部件齐全、拼装接缝符合方案要求
2	施工质量	钢筋	加工、安装偏差满足设计及规范要求
			钢筋接头设置、接头外观质量及力学性能满足规范要求
		混凝土	混凝土的强度、试件取样和留置满足规范要求
			混凝土养护及时，养护方法符合规范要求
			现浇混凝土结构的外观质量、尺寸偏差符合设计及规范要求
		模板	模板接缝满足规范要求
			台车拼装后能够顺利行走

5 施工保证措施

为杜绝重大事故和人身伤亡事故的发生，使一般事故降到最低限度，确保施工的顺利进展，建立安全保证体系，项目部和各施工队设专职安全员，在项目经理的领导下，履行安全职责，所有上岗人员必须持证上岗。

5.1 安全保证措施

5.1.1 基础施工安全保证措施

（1）基坑顶面提前做好坡面防护、排水设施；基坑旁设警示牌（灯），开挖时不采用局部开挖深坑及从底层向四周掏土。基坑开挖时注意观测坡面稳定情况，当发现基坑沿顶面出现裂缝、坑壁松塌或遇涌水、涌砂时，立即停止施工，加固处理后再继续施工。

（2）基础施工时，机具材料堆放在基坑边坡顶的安全距离以外。用起重机吊装材料时，吊点位置正确，吊绳挂牢。吊放时，不撞击和翻滚。

（3）基坑开挖过程中，应根据岩土体性质采用合适的防护措施，加强坑壁防护，加强通风，确保安全；应尽量避免雨季施工，应备足防止坍塌的器材及抽水设备，及时排出地表水和地下水。基底清底后应及时砌筑基础，封闭基坑，勿使基坑暴露过久或受地表水浸泡而影响地基承载力。

（4）基坑开挖完成后采用钢管立柱及铁丝网片沿基坑四周进行封闭围挡，并张贴醒目的安全标识标牌。

5.1.2 模板施工安全保证措施

1）模板安装安全措施

（1）严格按照高支模模板支架安全施工方案进行搭设，不合格的材料、扣件不准使用。

（2）模板必须有足够的强度、刚度和稳定性，能可靠地承受新浇混凝土的重量和侧压力，对支模材料、支设稳固等问题应特别重视。支设独立梁模板应设临时操作台，不得站在柱模板上操作和在梁底模板上行走。

（3）正式施工前，材料管理人员应对模板材料进行认真检查，不符合要求的不得使用。

（4）模板拼缝应平整严密，并采取措施填缝，保证不漏浆，模内必须干净。模板安装后及时报验及浇筑混凝土。

（5）模板安装前，必须经过正确放样，检查无误后再立模安装。模板安装、钢筋绑扎、混凝土浇筑时，应避免材料、机具、工具过于集中堆放。

（6）安装模板应按工序进行，模板没有固定前，不得进行下一道工序作业。模板安装完毕，必须按规定履行验收手续，合格后才可进入下道工序。

（7）模板及其支撑系统在安装过程中必须设置防倾覆的可靠临时措施。

（8）模板支撑不得使用腐朽、扭裂、劈裂的材料。顶撑应垂直，底部平整坚实，并加垫木。木楔要顶牢，并用横顺拉杆和剪刀撑。支模时，支撑、拉杆不得连接在门窗、脚手架或其他不稳固的物件上。在混凝土浇灌过程中，要有专人检查，发现变形、松动等现象时，要及时加固和修理。

（9）抬运模板时，要互相配合、协同工作。传送模板、工具应用运输工具或绳子绑扎牢固后升降，不得乱扔。

（10）浇筑混凝土过程中施工管理人员必须随时关注模板的稳定情况，有异常情况时要立即停止浇筑，并派人检查、加固、修理，防止塌模伤人，确认安全后才能继续浇筑；模板下面有人进行检修作业时，同仓上部必须停止一切操作（如浇筑混凝土等），以免出现意外；如情况紧急时应指挥人员立即撤离。

2）模板体系拆除安全技术措施

（1）拆除时应严格遵守各类模板拆除作业的安全要求，使用起重机时，应严格遵守起重吊装安全操作规程，特种作业人员持证上岗。设立警戒区域，有专人监护，非工作人员不得进入。

（2）模板拆除的顺序和方法应按照配板设计的规定进行，遵循先支后拆、先非承重部位、后承重部位以及自上而下的原则。拆底部受力模板应经施工技术人员按试块强度检查，确认混凝土已达到拆模强度时方可拆除。

（3）高处、复杂结构模板的拆除，应有专人指挥和切实可靠的安全措施，并在下面标出禁止非操作人员进入作业区。操作人员应系挂好安全带，禁止站在模板的横拉杆上或其他安全处进行操作，拆下的模板应集中吊运，并多点捆牢，不准向下乱扔。

（4）工作前，应检查所使用的工具是否牢固，扳手等工具必须用绳链系挂在身上，工作时思想要集中，防止钉子扎脚和从空中滑落。

（5）拆除模板一般采用长撬杠，严禁操作人员站在正拆除的模板下。在拆除模板时，要防止整块模板掉下，尤其是用定型模板做平台模板时。

（6）拆模间歇时，应将已活动的模板、拉杆、支撑等固定牢固，严防浇筑混凝土突然掉落、倒塌伤人。

（7）拆除的模板、拉杆、支撑等应及时运走或妥善堆放，严防操作人员因扶空、踏空坠落。

（8）拆除上垫块或木楔时，防止飞落伤人。

（9）在混凝土墙体、平板上有预留洞时，模板拆除后，应随即在墙洞上设置安全护栏，或用板把洞盖严。

5.1.3　邻近地下管道、管线施工安全保证措施

施工涵洞应注意探明涵洞位置处是否有给排水管道、通信各种光缆、电缆、油气管道（输气管道、输油管道），并注意了解是否有其他的隐蔽构筑物，施工时应采取相应的措施，保证其安全，施工方案及防护方案须征得管道或管线主管部门同意后方可实施，迁改方案必须安全、可行，征得管道或管线主管部门同意后方可实施，迁改完成并通过验收后方可架梁施工。

5.1.4　施工用电安全保证措施

（1）施工用电必须符合中国铁路总公司颁布的标准和当地供电局的相关安全运行规程，严格按照《施工现场临时用电安全技术规范》（JGJ 46—2005）的规定，并建立健全各项规章制度，认真执行。

（2）临时电力及照明：临时电力及照明严格按照安全规定执行和设置，禁止变通；在施工作业区、施工道路、临时设施、办公区和生活区设置足够的照明。

（3）电器设备安全操作保障措施：编制现场临时用电的施工组织设计，按《施工现场临时用电安全技术规范》（JGJ 46—2005）的要求进行设计、验收和检查，进行安全技术交底，建立、健全安全用电管理制度，严格落实"防止误触带电体、防止漏电、实行安全电压"三项技术措施。

（4）现场用电必须有专职电工负责，并填写临时用电巡查记录和维护记录。

（5）电工、电焊工必须熟悉用电安全规范、规程，经考试合格，持证上岗；严禁非专业人员操作、维修电气设备，严禁私搭乱接。

（6）变压器要由专人负责管理，安装接地保护装置，接地电阻不大于 4Ω，设防护护栏、设门加锁，并设置"高压危险、请勿靠近"警示牌。

（7）电力电缆和低压电力电缆必须做好明显的标识，用电线路采用"三相五线"接线方式。

（8）配电系统采用 TN-S 系统，所有用电设备的外壳必须与专用的 PE 线相连通，总接地电阻不大于 4Ω；配电室内配电盘、配电柜要有绝缘垫，并安装漏电保护装置；配电箱要

坚固、严密、有门、有锁、有防雨装置。

（9）用电设备实行一机一闸一漏（漏电保护器）一箱，同一配电箱超过3个开关时，设总开关；电气设备和电气线路必须绝缘良好；各种型号的电动设备按使用说明书规定接地或接零，传动部位按设计要求安装防护装置。

（10）手持电动工具和单机回路的照明开关箱内必须装设漏电保护器；照明灯具的金属壳必须做接零保护；维修、组装和拆卸电动设备时，断电挂牌。

（11）施工现场要配备灭火工具、器材，确保现场电气设备及其他设备的安全。

（12）电力设施要定期检查，移动式电动设备、潮湿环境和水下电气设备每天检查一次，固定用电场所每月检查一次，包括线路的绝缘测试、接地电阻测试、设备绝缘测试及线路设备的检查等。

（13）防雷保护、接地保护、变压器及绝缘强度每季测定一次，对检查不合格的线路、设备及时予以维修或更换，严禁带故障运行。

5.1.5 施工机械安全保证措施

各种机械设备的操作人员经过相应部门组织的安全技术操作规程培训，考试合格后，持有效证件上岗。

机械操作手上岗前，进行身体健康状况检查，有禁忌病症的人员不准从事机械操作工作。

机械操作人员工作前，对所使用的机械设备进行安全检查，严禁带病使用，严禁酒后作业。

机械操作人员离开机械设备时，按规定将机械平稳停放于安全位置，并将驾驶室锁好，或把电器设备的控制箱拉闸上锁。

严禁在行走机械的前后方休息（包括乘凉、午睡），行走前检查周围情况，确认无障碍时鸣笛操作。

5.2 质量保证措施

（1）建立健全质量保证体系，严格按体系中规定的职责权利需求部署，把质量管理的每项工作具体落实到每个部门、每个人身上，使质量工作事事有人管、人人有专职、办事有标准、工作有检查，使每个人都担负起质量责任。

（2）在全体工作人员中，定期组织质量教育，牢固树立"质量第一"的观念，在施工中坚持"谁施工谁负责"的原则，在每道工序施工前，主管工程师必须向有关方面做好技术交底并向施工人员明确工序操作规程的质量要求和标准，否则严禁上岗。

（3）项目部设技术员和质检员同时管理，施工班组设兼职质检员一名，协助班组长负责质检工作，保证施工作业始终在质检人员的严格监督下进行。

（4）严格执行"三检制"。工序交接必须有班组间的交接检查，上道工序不合格不能进入下道工序的施工，否则由下道工序施工班组负责质量问题。班组自检后，方能进行专检并写质检评定表，隐蔽工程在内部检查合格后，再请监理工程师检查同意并签字后方可实施。对工程监理及设计人员提出的问题应立即组织整改。

（5）质量检查员具有质量否决权

（6）质检员发现违背施工程序不按设计图纸、规程、规范及技术交底施工，使用材料、半成品及设备不符合质量要求者，有权制止，必要时下令暂时停工，限期整改，对危害工程质量的行为，所有施工人员均有权越级上报，以利及时处理，质检员按规定开出"质量问题罚款单"。

（7）严格把好原材料进场关，不合格材料不准验收，对加工后半成品按要求认真检查验收并报驻地监理工程师检查。

（8）配齐试验、检验设备，以满足施工试验的要求，认真做好原材料的检查，严格把好混凝土的质量关。

（9）对通道施工的全过程实行技术员跟班作业，指导监督质量的实施。

（10）测量严格执行三级复核制度，并接受监理检查，保证结构物尺寸正确。

（11）施工中做好各种原始资料收集、整理工作，建立技术档案。

5.3 环境保证措施

坚持做到"少破坏、多保护，少扰动、多防护，少污染、多防治"，使环境保护和水土保持监控项目与监控结果达到设计文件及有关规定。

（1）对施工场地进行平整，在 CFG 桩作业场地布桩范围外结合永久排水设施开挖排水沟，确保施工场地无积水。

（2）桩基工程施工时应选用符合噪声排放标准要求的设备，作业时应避开休息时间以减少对周围村民的噪声影响；应尽量选用振动小的设备，以减少对周围建筑物的干扰和影响。

（3）桩基工程所用机械设备应选用节能型，以节约油料消耗，尾气排放要符合标准。避免废油溢漏，对废油及油抹布、油手套按规定处理。合理选用配套设备，节约电能消耗。

（4）施工营地的生活污水经生化处理达到排放标准后排入不外流的地表水体，不得在营地附近形成新的积水洼地，严禁将生活污水排入河流和渠道。施工废水按有关要求进行处理达标后排放，不污染周围水环境。污水处理采用多级沉淀池过滤沉淀，污水处理的工艺流程为：污水→收集系统→多级沉淀池→沉淀净化处理→排入河道。在施工时，对天然形成的排水系统加以保护，不得随意改变，必要时修建临时水渠、水沟、水管等。

（5）泥土、砂石和建筑垃圾等材料运输时应按要求进行覆盖，避免产生扬尘；翻斗车卸料应避免产生粉尘；装车严禁太满、超载，避免遗洒、损坏及污染路面等现象发生。

（6）作业现场路面干燥时应采取洒水措施避免产生粉尘及扬尘。

（7）混凝土搅拌机械及机具清洗时应节约用水，现场应设置沉淀池，污水须经沉淀达标后，方可排入当地排水系统。

（8）施工时应尽量减少混凝土的遗洒、浪费，对落地混凝土应及时回收利用；建筑垃圾应按要求运至指定地点，不得随意抛弃或填埋。

6 施工管理及作业人员配备和分工

6.1 施工管理人员

（1）为优化人员安排，提高人员组织配合能力。在项目部选取具丰富管理经验的管理人员，对施工现场进行全方位的管理和指导。同时，在施工前对施工工人进行施工技术交底，使施工人员熟悉施工方法。施工组织管理机构如图6-1所示。

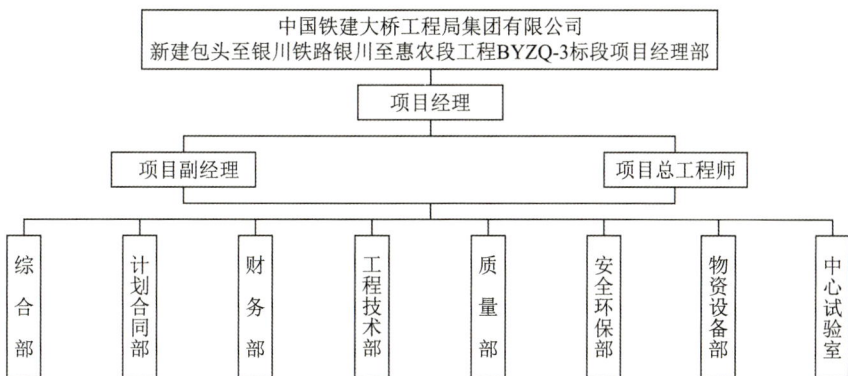

图 6-1　施工组织管理机构图

（2）主要工程技术管理人员职责见表6-1。

主要施工管理人员职责

表 6-1

序号	职务	主要职责
1	项目经理	项目总负责人
2	常务副经理	项目施工负责人
3	项目总工程师	负责总的技术指导
4	安全部长	负责现场施工安全及环境监控
5	项目副总工程师	负责技术指导
6	测量工程师	负责测量放样工作
7	测量工程师	负责测量放样工作
8	工程部长	负责技术交底，工程质量检查及监控

续上表

序号	职务	主要职责
9	质量部长	负责方案编制，工程质量检查及监控
10	试验室主任	负责材料和有关检验检测工作
11	主管工程师	负责现场技术管理及资料收集
12	主管工程师	负责现场技术管理及资料收集
13	主管工程师	负责现场技术管理及资料收集
14	主管工程师	负责现场技术管理及资料收集

6.2 专职安全人员

6.2.1 专职安全生产管理人员职责

（1）组织或者参与拟订安全生产规章制度、操作规程和生产安全事故应急救援预案。

（2）组织或者参与安全生产教育和培训，如实记录安全生产教育和培训情况。

（3）督促落实重大危险源的安全管理措施。

（4）组织或者参与应急救援演练。

（5）检查安全生产状况，及时排查生产安全事故隐患，提出改进安全生产管理建议。

（6）制止和纠正违章指挥、强令冒险作业、违反操作规程的行为。

（7）督促落实本单位安全生产整改措施。

6.2.2 专职安全生产管理人员配备

本工程设 2 名专职安全生产管理人员。

6.3 特种作业人员

本工程特种作业人员主要为电工、焊工、起重司机、司索工等。

特种作业人员的岗位职责

（1）严格按照工艺要求、作业指导书和有关技术标准完成气焊和气割作业任务。

（2）主动与有关工种配合协调，确保各道工序作业质量。

（3）正确使用维修和保养气焊和气割设备、工器具，严格执行安全操作规程，杜绝一切不安全因素，确保施工安全。

（4）检查、清理、标识焊缝，如实填写施工记录，做好气焊和气割作业完毕后的工序交接准备。

（5）工作完毕清理现场，清点工具、机具、设备，清除火灾隐患，做到工完料净场地清。

（6）遵守环保法规和公司各项管理制度，做好个人防护和环境保护工作。

（7）积极参加业务培训学习，努力提高技术理论素质及实际操作能力。

6.4 其他作业人员

其他作业人员配置见表6-2。

施工班组配置　　　　　　　　　　　　　　　表6-2

序号	施工班组	施工内容
1	综合班组	地基处理、防护、文明施工等
2	支架班组	支架安装与拆除
3	模板班组	模板安装与拆除
4	钢筋班组	钢筋施工
5	混凝土班组	混凝土浇筑、养护

7 验 收 要 求

7.1 验收标准

（1）施工现场严格按照专项施工方案组织施工，不得出现擅自修改现场。

（2）验收根据专项施工方案逐项进行，不得遗留。验收结果必须符合相关规范及规定要求，验收未通过的，不得进行相应重要部位和环节的施工。

（3）在检查验收中发现不安全因素，必须做到"三定"（定整改措施、定整改责任人、定整改期限）并由各级安全管理人员列出明细，逐个销号。

（4）相关验收标准、规范。

基底高程的允许偏差和检验方法应符合表 7-1 的规定。

基底高程的允许偏差和检验方法

表 7-1

序号	地质类别	允许偏差（mm）	检验方法
1	土	±50	测量检查，每个基坑检查不少于 5 处
2	石	+50 −200	

7.1.1 基坑开挖

（1）主控项目

基坑平面位置、坑底尺寸应满足设计要求；基底地质条件及承载力必须符合设计要求。

（2）一般项目

基底高程的允许偏差和检验方法应符合表 7-1 的规定。

7.1.2 钢筋分项工程

1）原材料

（1）主控项目

钢筋进场时，应对其质量指标进行全面检查，按批检查其直径、每延米重量并抽取试件做屈服强度、抗拉强度、伸长率和冷弯试验。

钢筋保护层垫块材质应符合设计要求。当设计无要求时，混凝土垫块的抗压强度和耐久性应不低于结构本体混凝土的标准。

（2）一般项目

钢筋应平直、无损伤，表面无裂纹、油污、颗粒状或片状老锈。

2）钢筋加工

（1）主控项目

钢筋的弯制和末端的弯钩应符合设计要求。

（2）一般项目

钢筋加工允许偏差和检验方法应符合表 7-2 的规定。

钢筋加工允许偏差和检验方法 表 7-2

序号	检验项目	允许偏差（mm）	检验方法
1	受力钢筋全长	±10	尺量
2	弯起钢筋的弯折位置	±20	
3	箍筋内净尺寸	±3	

3）钢筋连接

（1）主控项目

钢筋焊接接头应按批次抽取试件做力学性能检验，钢筋搭接接头的搭接部位应预弯，搭接钢筋的轴线应位于同一直线上。钢筋单面焊缝搭接焊焊缝长度不小于 $10d$（d 为钢筋直径），双面焊缝搭接焊焊缝长度不小于 $5d$。

（2）一般项目

受力钢筋的连接方式、接头位置应符合设计要求。钢筋接头应设置在承受应力较小处，并应分散布置。同一连接区段内，有接头的受力钢筋截面面积占受力钢筋总截面面积的百分率应符合设计要求。设计无要求时，应符合下列规定：

①焊接接头在受弯构件的受拉区不应大于 50%，轴心受拉构件不应大于 25%。

②绑扎接头在构件的受拉区不应大于 25%，在受压区不应大于 50%。

③钢筋接头应避开钢筋弯曲处，距弯曲点的距离不应小于钢筋直径的 10 倍。

④在同一根钢筋上应少设接头，同一连接区段内，同一根钢筋上不应超过一个接头。

⑤当施工中分不清受拉区或受压区时，接头设置应符合受拉区规定。

⑥焊接接头或机械连接接头的同一连接区段长度为 $35d$，且不小于 500mm。凡接头中点位于该连接区段长度内的接头均属于同一连接区段。

4）钢筋安装

（1）主控项目

安装的钢筋品种、等级、规格、数量应符合设计要求。钢筋保护层的垫块规格、数量、位置应符合设计要求。设计无要求时，构件侧面和底面的垫块数量不应少于 4 个/m²，并应均匀分布，设置牢固。

（2）一般项目

钢筋安装及钢筋保护层厚度允许偏差和检验方法应符合设计要求和相关专业验收标准的规定。无要求时应符合表 7-3 的规定。

钢筋安装及保护层厚度允许偏差和检验方法　　　　表 7-3

序号	检验项目		允许偏差（mm）	检验方法
1	受力钢筋排距		±5	尺量两端、中间各一处
2	同一排中受力钢筋间距	基础、板、墙	±20	
3		柱、梁	±10	
4	分布钢筋间距		±20	尺量连续 3 处
5	箍筋间距		±10	
6	弯起点位置（加工偏差 20mm 包括在内）		30	尺量
7	钢筋保护层厚度 c	$c \geqslant 30mm$	+10 0	尺量两端、中间各 2 处
8		$c < 30mm$	+5 0	

7.1.3 模板及支（拱）架分项工程

模板及支（拱）架应具有足够的强度、刚度和稳定性，连接牢固，能承受所浇筑混凝土的重力、侧压力及施工荷载。其弹性压缩、预拱度和沉降值等应符合设计要求。

置于地基上的模板及支（拱）架的基础承载力应符合设计要求，并应有防、排水或防冻胀措施。

1）模板及支（拱）架安装

（1）主控项目

①模板及支（拱）架的材料质量及结构应符合施工设计要求。

②模板及支（拱）架安装应符合施工设计要求。安装应稳固牢靠，模板接缝严密，不应漏浆。模板与混凝土的接触面应清理干净并涂刷隔离剂。浇筑混凝土前，模板内的积水和杂物应清理干净。

（2）一般项目

①模板安装允许偏差和检验方法应符合相关专业验收标准的规定，未作规定时，应符合表 7-4 的规定。

模板安装允许偏差和检验方法　　表 7-4

序号	项目		允许偏差	检验方法
1	轴线位置	基础	15	尺量每边不少于 2 处
		梁、柱、板、墙、拱	5	
2	表面平整度		5	2m 靠尺和塞尺不少于 3 处
3	高程	基础	±20	测量
		梁、柱、板、墙、拱	±5	
4	模板的侧向弯曲	柱	$h/1000$，且小于 15	拉线尺量
		梁、板、墙	$L/1500$，且小于 15	
5	两模板内侧宽度		+10 −5	尺量不少于 3 处
6	相邻两板表面高低差		2	尺量

注：h 为柱高（mm）；L 为梁板跨度。

②预埋件和预留孔洞的留置应符合相关专业验收标准的规定，未作规定时，其允许偏差和检验方法应符合表 7-5 的规定。

预埋件和预留孔洞的允许偏差和检验方法　　表 7-5

序号	项目		允许偏差（mm）	检验方法
1	预留孔洞	中心位置	10	尺量
		尺寸	10	尺量不少于 2 处
2	预埋件	中心长度	3	尺量
		外露长度	10	

2）模板及支（拱）架拆除

（1）主控项目

拆除承重模板及支（拱）架时的混凝土强度应符合设计要求和相关专业验收标准的规定，未作规定时，混凝土强度应符合表 7-6 的规定。

拆除承重模板时混凝土强度要求　　表 7-6

序号	结构类型	结构跨度（m）	达到混凝土设计强度标准值的百分率（%）
1	板、拱	< 2	≥ 50
		2～8	≥ 75
		> 8	≥ 100

续上表

序号	结构类型	结构跨度（m）	达到混凝土设计强度标准值的百分率（%）
2	梁	≤8	≥75
		>8	≥100
3	悬臂结构	—	≥100

（2）一般项目

拆除非承重模板时，应保证混凝土表面及棱角不受损伤。

7.1.4 混凝土分项工程

（1）主控项目

混凝土原材料、配合比设计和拌和应符合设计图纸及规范要求规定。混凝土拌合物出场前应进行坍落度、含气量和温度的测定。

混凝土施工过程中，应对拌合物的入模坍落度进行测定，测定值应不超过理论配合比坍落度的控制范围。

混凝土的入模温度不宜高于30℃。冬期施工时，入模温度不应低于5℃。

新浇筑混凝土入模温度与邻接的已硬化混凝土或岩土介质表面温度的温差不应大于15℃。与新浇筑混凝土接触的已硬化混凝土、岩土介质、钢筋和模板的温度不应低于2℃。

在施工缝处新浇混凝土之前，应对已硬化混凝土的表面进行凿毛处理并充分湿润，但不应有积水。凿毛后露出的新鲜混凝土面积应不低于总面积的75%。采用人工凿毛时，混凝土强度应不低于2.5MPa；采用机械凿毛时，混凝土强度应不低于10MPa。

混凝土浇筑完毕后，应按有关专业标准的规定和施工技术方案的要求及时采取养护措施，养护期间，混凝土芯部温度不宜超过60℃，最高不应大于65℃，混凝土芯部温度与表面温度之差、表面温度与环境温度之差不宜大于20℃，养护用水和混凝土表面温度之差不应大于15℃。自然养护期间，应在混凝土浇筑完毕后1h内对混凝土进行保温保湿养护，当环境温度低于5℃时禁止洒水。

拆模时混凝土芯部与表面、表面与环境之间的温差不应大于20℃。混凝土芯部温度开始降温前不应拆模，大风及气温急剧变化时不应拆模。

混凝土结构表面的非受力裂缝宽度不应大于0.2mm。

框架涵身应先浇筑底板（包括下梗肋），当底板混凝土强度达到设计强度50%后，再施工中、边墙及顶板混凝土。分次浇筑时，边墙的施工缝不应设在同一水平面上。

（2）一般项目

混凝土结构表面应平整、颜色均匀，不应有露筋、蜂窝缺陷。

框架涵允许偏差和检验方法应符合表 7-7 的规定。

箱涵允许偏差和检验方法 表 7-7

序号	项目	允许偏差（mm）	检验方法
1	翼墙帽石距设计中心线位置	20	测量检查不少于 5 处
2	孔径	±20	尺量检查不少于 5 处
3	涵长	+100 −50	
4	厚度	+10 −5	顶板、底板、边墙中墙各尺量检查 2 处
5	涵身接头错台	10	尺量检查不少于 5 处

7.1.5 沉降缝

沉降缝所用原材料的品种、规格、质量等应符合设计要求。沉降缝位置、尺寸、构造形式和止水带的安装等应符合设计要求。沉降缝不应渗水，沉降缝填缝密实平整无空鼓。沉降缝应竖直、宽度均匀，环向贯通。

7.1.6 防水层

（1）防水层所用原材料的品种、规格、质量、性能等应符合设计要求和相关标准的规定。

（2）防水层的铺设范围与厚度、构造形式等应符合设计要求。

（3）防水层的基面应平整、清洁、干燥，不应有浮渣、浮土和油污等杂物，满足防水层铺设有关技术标准的要求。

（4）防水层的搭接跨度、铺设工艺和细部做法应符合设计要求和相关标准的规定。

（5）防水层的铺设质量应符合设计要求和相关标准的规定。

（6）防水层的表面质量应平整均匀、厚薄一致、粘贴牢固、搭接封口正确，不应有滑移、翘边、起泡、空鼓、损伤等缺陷，不应渗水。

7.2 验收程序及人员

7.2.1 验收程序

（1）项目部根据工程特点制定验收工作内容，明确需进行验收的重要部位、内容和要点。

（2）项目部根据所确定的项目内容逐项进行自检自评。自检自评合格后向监理单位提出验收申请。

（3）监理单位收到验收申请后，应对验收项目进行预审，预审符合要求的，总监理工程师组织各方成立验收组进行专题验收。

（4）验收组按照所确定的验收项目内容逐项进行验收，并形成书面验收结论。

（5）项目部需按照验收组意见进行整改。未进行验收或验收未通过的，不得进行相应重要部位和环节的施工。

7.2.2 验收人员

（1）施工单位

项目负责人、项目技术负责人、专项施工方案编制人员、项目专职安全生产管理人员及相关人员。

（2）监理单位

监理单位项目总监理工程师及专业监理工程师。

（3）其他单位

有关勘察、设计和监测单位项目技术负责人。

7.3 验收内容

不同类型和层次的安全检查监督应有其各自的内容和重点，安全检查验收内容见表7-8，质量检查验收内容见表7-9，具体按监督检查计划执行。

安全检查验收内容 表7-8

序号	检查项目	检查验收内容	验收结果
1	施工方案	方案编制、审批情况	
		施工交底、监督检查情况	
2	施工机具	是否有日常巡检及维修保养记录	
		电线、配电箱及控制箱是否符合安全用电规范	
		传动部位是否有保护罩	
3	安全用电	电工是否持证上岗	
		配电箱、开关箱及用电设备是否设置接地保护	
		电线是否存在老化破皮、私拉乱扯现象	
4	基坑开挖	基坑开挖防排水、支护及坑边荷载是否符合要求	
		是否按照方案进行开挖作业	
		基坑内作业是否满足相关安全技术规范要求	

续上表

序号	检查项目	检查验收内容	验收结果
5	吊装作业	起重机司机、信号工是否持证上岗	
		钢丝绳磨损、断丝、变形、锈蚀程度是否达到报废标准	
		地基承载力符合要求	
		吊点是否焊接饱满	
		吊物是否存在安全隐患	
		周围环境状况是否符合安全要求	
6	高空作业	作业前检查安全绳是否牢固、是否使用不合格的安全绳	
		操作平台是否安全牢固	
		是否同时使用吊篮吊运人员和材料	
7	消防	灭火器、消防桶等器材是否缺失、状态正常	
		氧气瓶与乙炔瓶安全距离是否满足要求	
		动火、动焊周围是否存放易燃、可燃材料	

质量检查验收内容　　　　表 7-9

序号	验收项目	具体内容	检查要求	验收结论
1	材料质量	钢筋	原材料经检验性能和质量符合设计及规范要求	
		混凝土	原材料经检验性能和质量符合设计及规范要求	
		台车	台车各部件齐全、拼装接缝符合方案要求	
2	施工质量	钢筋	加工、安装偏差满足设计及规范要求	
			钢筋接头设置、接头外观质量及力学性能满足规范要求	
		混凝土	混凝土的强度、试件取样和留置满足规范要求	
			混凝土养护及时，养护方法符合规范要求	
			现浇混凝土结构的外观质量、尺寸偏差符合设计及规范要求	
		模板	模板接缝满足规范要求	
			台车拼装后能够顺利行走	

8 应急处置措施

8.1 应急处置领导小组组成与职责、应急救援小组组成与职责

应急处置领导小组由项目经理部应急救援领导小组（以下简称领导小组）、各救援职能组、工区救援队伍及社会力量构成。领导小组由项目经理部相关领导、部门负责人及各工区负责人组成，工区救援队伍由各相关工区组织，社会力量包含地方消防、医疗救护等。

1）应急预案领导小组组成

项目部箱涵施工开始前，成立施工应急救援领导小组，办公地点设在项目部驻地。项目部施工应急救援领导小组下设 5 个救援专业组，即应急援救组、后勤保障组、治安保卫组、技术分析组及善后处理组。

项目部施工应急救援领导小组的组长由项目经理担任，副组长由项目总工程师担任；下设的小组由安质部、工程部、物资部、综合办公室等相关部门负责人担任。

2）指挥领导小组职责

（1）负责本单位"预案"的制定、修订和演练。

（2）组建义务应急救援队，并组织实施救援行动。

（3）检查督促做好栈桥施工的预防措施和应急救援的各项准备工作。

（4）发布和解除应急救援命令。

（5）向项目部领导、相关部门通报事故情况，配合上级有关部门人员进行事故调查，必要时向有关单位发出救援请求。项目部相关部门人员负责向有关上级单位通报事故情况。

（6）组织事故调查，总结应急救援工作经验教训。

3）救援专业组分工

（1）应急救援组：由安全部长及有关人员组成。

负责人：安全部长。负责查明危险源，提出应急和补救措施及劳力的调配。

（2）后勤保障组：由物资设备部、财务室等有关人员组成。

负责人：物资设备部部长。担负应急车辆、资金的调配以及伤员生活必需品和救援、器材、物资的供应任务。

（3）治安保卫组：由综合办公室及其保安人员组成。

负责人：综合办公室主任。担负现场治安，交通指挥，设立警戒，指导人员疏散。

（4）技术分析组：由工程部部长及有关人员组成。

负责人：工程部部长。负责收集有关设计、施工方案、作业指导书，工程日志和班前安全讲话等相关材料，对有关设备、设施、器具、等进行技术分析、检测和试验，提报事故报告。

善后处理组：由项目总工程师及有关人员组成。

8.2 应急事件（重大隐患和事故）、应急措施以及物资准备

本工程易产生的事故类型有高处坠落、坍塌、物体打击、起重伤害、触电、机械伤害、火灾以及其他伤害，各类事故产生的具体原因如下：

1）高处坠落

（1）高处作业人员患有高血压、心脏病、癫痫、恐高症的不适宜高处作业的疾病。

（2）操作平台周边无防护栏杆。

（3）高处作业人员未配备安全带、防滑鞋。

（4）六级以上大风、大雨、大雾天气时仍进行作业。

（5）孔洞未设置临边防护设施或覆盖、挂牌。

（6）人货混装，人员利用起重机进行上下。

2）坍塌

（1）基坑开挖未按照设计要求开挖。

（2）未按照设计要求安装内支撑。

（3）钢管立柱焊接、安装质量差。

（4）地震、暴雨等自然灾害。

3）物体打击

（1）高处作业人员未配备工具袋。

（2）高处作业所用物料堆放集中不平稳。

（3）施工现场未封闭有闲杂人员，在吊物下停留。

（4）吊装时，零部件随钢箱梁同时起吊。

（5）设备运转中违章操作，器具部件飞出对人体造成的伤害。

（6）人为乱扔废物、杂物伤人。

4）起重伤害

（1）设备设施缺陷（起重机械强度、刚度不够，失稳，吊钩、钢丝绳、制动器等关键

零部件失修）。

（2）安全防护装置失效（电气联锁装置、各限位装置、音响信号及其他安全防护装置损坏）。

（3）吊索具缺陷（吊具、钢丝绳、索具破损）。

（4）违章作业，起重吊装司机未持证上岗，作业过程中无专人指挥或指挥信号不明。

（5）操作失误（疲劳驾驶、注意力不集中、捆绑不牢靠等）。

（6）吊装作业生产组织混乱（指挥错误、配合不当、未进行试吊）。

（7）作业场地拥挤，夜间照明不足。

5）触电

（1）临时用电线路混乱，线路老化，未定期进行检查。

（2）用电设备未设置接地保护，绝缘保护。

（3）私自乱接电线，未遵守"一机一闸一漏保"的用电制度。

（4）配电未实行箱体化、无防雨措施、缺盖少帽、无漏电保护器。

（5）电工未持证上岗。

（6）在不安全的天气条件（六级以上大风、雷雨和雪天）下继续带电施工。

（7）用电设备在长期搁置后未做检查的情况下重新投入使用。

6）机械伤害

（1）误触开关或违章开机。操作者操作时注意力不集中或思想过于紧张而发生误操作或误动作或操作者业务技术素质低，操作不熟练，缺乏正规的专业培训以及监督检查不够。

（2）起重设备不符合安全规定，可能导致的砸、挤、绞、机械伤害及人身伤害。

（3）操作失误，疲劳驾驶，注意力不集中，酒后上班等。

（4）安全防护设施不健全或形同虚设。

（5）机械未定期进行保养，长期搁置后未做检查便重新投入使用。

（6）场地狭窄、布局不合理，夜间施工照明不足。

7）火灾

（1）操作平台或者易燃物因电焊施工造成火灾。

（2）临时用电混乱，电线破损引起失火。

（3）民工宿舍因为大功率用电设施引起火灾。

（4）随地乱扔烟头。

（5）雷电击中易燃易爆物品。

8）其他伤害

（1）作业人员安全帽、安全带、安全绳存在缺陷、破损、断裂、失去防护功能。

（2）应急救援措施、设备不到位，员工缺少应急救援知识，盲目救援。

（3）在不安全的天气条件（六级以上大风、雷雨）下继续施工。

8.2.1 高空坠落应急措施

（1）迅速将伤员脱离危险地方，移至安全地带。

（2）保持呼吸道通畅，若发现窒息者，应立即解开伤员衣领，消除伤员口鼻、咽、喉部的异物、血块、分泌物、呕吐物等。

（3）有效止血，包扎伤口。

（4）视伤情采取报警或简单处理后去医院检查。

（5）伤员有骨折、关节伤、肢体挤压伤、大块软组织伤要进行简易固定。

（6）若伤员有断肢情况发生，应尽量用干布包裹，转送医院。

（7）记录伤情，现场救护人员应边抢救边记录伤员的受伤部位、受伤程度等第一手资料。

（8）立即拨打120与当地急救中心取得联系（医院在附近的直接送往医院），应详细说明事故地点、受伤程度、联系电话，并派人到路口接应。

（9）项目部接到报告后，应立即在第一时间赶赴现场，了解和掌握事故情况，开展抢救和维护现场秩序，保护事故现场。

8.2.2 物体打击应急措施

物体打击事故发生后，事故发现第一人应立即大声呼救，报告工班长或现场管理人员。

物体打击应急救援领导小组接到事故报告并确认物体打击事故发生以后，应采取以下措施：

（1）以最快的速度赶到事故现场。

（2）组织应急处理保卫小组、医疗小组和应急处理突击队进行施救。

（3）立即向项目领导、业主（建设单位）安质部、监理工程师报告。

（4）立即向当地医疗卫生（120）电话报告。

（5）严格保护事故现场。

医疗救护：

（1）将人员撤离到安全地带。

（2）初步检查伤病员，进行现场急救和监护，采取有效的止血、防止休克、包扎伤口、预防感染、止痛等措施。

（3）呼叫救护车、现场继续施救，坚持到救护人员或其他施救人员到达现场接替为止。当事人被送入医院接受抢救以后，总指挥即指令善后处理人员到达事故现场：

（1）做好与当事人家属地接洽善后处理工作。

（2）按职能归口做好与当地有关部门的沟通、汇报工作。

8.2.3 触电事故应急救援措施

（1）现场人员要迅速拉闸断电，尽可能地立即切断总电源（关闭电路），亦可用现场的干燥木棒或绳子等非导电体使触电人员脱离带电体。

（2）将伤员立即脱离危险地方，组织人员进行抢救。

（3）若发现触电者呼吸或呼吸心跳均停止，则将伤员仰卧在平地上或平板上立即进行人员呼吸或同时进行体外心脏按压。

（4）立即拨打120与当地急救中心取得联系（医院在附近的直接送往医院），详细说明事故地点、受伤程度、联系电话，并派人到路口接应。

（5）通知有关现场负责人。

（6）维护现场秩序，严密保护事故现场。

8.2.4 基坑坍塌事故应急救援措施

（1）搬运伤员脱离危险区。

（2）进行简易包扎、止血或简易骨折固定。

（3）对呼吸、心跳停止的伤员予以心脏复苏。

（4）事故发生后应立即报告项目部应急救援领导小组。应急救援领导小组在第一时间到达后立即组织应急救援队抢救现场伤员，清理坍塌现场，并做好警戒，禁止无关人员进入事故现场，以免造成二次伤害。

（5）尽快与120急救中心取得联系，详细说明事故地点、严重程度，并派人到路口接应，同时准备好车辆随时准备运送伤员到附近的医院救治。

（6）在没有人员受伤的情况下，现场负责人应根据实际情况研究补救措施，在确保人员生命安全的前提下，组织恢复正常施工秩序。

8.2.5 防止起重伤害的安全保证措施

（1）施工吊装起重作业繁忙，必须加强起重安全管理和对人员的教育。

（2）起重作业必须严格遵守起重机械安全操作规程，起重司机、司索工、指挥工均是特殊工种，必须经培训考试合格并取得相关证书后方能上岗作业。

（3）施工前，现场负责人必须向在场所有工作人员交代技术措施和安全注意事项。

（4）起重作业必须由指挥工负责指挥，使用统一的标准信号。起重司机必须集中精力，听从指挥工的指挥。

（5）严禁使用非起重用机械吊、运重物。

（6）防起重伤害的安全技术措施如下。

①起重机械、起重索具，严禁超负荷使用。

②移动式起重机必须在平整、坚硬的路面上行走、起吊、停留。

③汽车式、轮胎式起重机，必须在支好支腿后才允许起吊重物。

④起重机工作结束后，臂杆、吊钩应置于规定方位，各控制操作杆拨回零位。轨道式起重机固定制动装置，切断电源。

⑤起重机械的制动装置、限位装置、安全防护装置、信号装置应齐全灵活，不得使用极限位置的限制器停车。

⑥不得在有载荷的情况下调整起升、变幅机构的制动器。

⑦不得将被吊物件从人的上空通过，吊臂下不得有人。

⑧不得在起重设备工作时进行检查和维修作业。

⑨不得未经试吊便起吊与设备额定荷载接近的重物。

⑩有下列情况之一时，不准起吊：

a. 起重设备、起吊索具未经检测合格或超过检测合格有效期。

b. 起重设备的结构或零部件有影响安全的缺陷或损伤，如制动器、安全装置失灵，吊钩螺母防送装置损坏，钢丝绳损伤达到报废标准，吊钩不安装防脱落装置等。

c. 遇有 6 级以上强风、暴雨、雷电等恶劣天气。

d. 指挥信号不明。

e. 吊物捆绑、吊挂不牢。

f. 吊物重量超过起重机、索具允许负载。

g. 重物棱角处与钢丝绳之间未加衬垫。

h. 臂架、吊具、辅具、钢丝绳、缆风绳、重物等与电力线路的安全距离不足。

i. 起重机械安全装置不灵。

j. 吊物上有人或其他附着物。

k. 吊物埋在地下，情况不明。

l. 光线不足，视线不清。

m. 吊物边缘锋利，无防护措施。

n. 液体盛放过满。

o. 斜拉斜拽。

p. 法律法规及标准规定的其他情况。

8.2.6 防触电安全保证措施

（1）施工必须配备专职电工，电工必须经过培训持证上岗，施工现场所有的电气设备的安装、维修和拆卸作业必须由电工完成。

（2）电缆线路采用 TN-5 系统，电气设备和电气线路必须绝缘良好，不得采用老化脱皮旧电缆。

（3）各种型号的电动设备按使用说明书的规定接地或接零。传动部位按设计要求安装防护装置。维修、组装和拆卸电动设备时，断电挂牌，防止其他人私接电动开关发生伤亡事故。

（4）现场的配电箱要坚固，有门、有锁、有防雨装置，设备实行"一机一闸一漏一箱"。不得用一个开关直接控制两台及以上的用电设备。

（5）使用自备电源或与外电线路共用同一供电系统时，电气设备根据当地要求做保护接零或作保护接地，不得一部分设备作保护接零，另一部分设备做保护接地。

（6）变压器设接地保护装置，其接地电阻不大于 4Ω，变压器设护栏，设门加锁，并由专人负责，近旁悬挂"高压危险、请勿靠近"的警示牌。

（7）施工现场临时用电定期检查接地保护、变压器及绝缘强度，固定用电场所每月检查一次，移动式电动设备、潮湿环境和水下电气设备每天检查一次。对检查不合格的线路、设备及时予以维修或更换，严禁带故障运行。

（8）焊工坐靠在工件上施焊时，身体与工件间应采取可靠的绝缘措施，以防触电。

（9）雷雨天气，停止露天高处作业。

8.2.7 防止火灾事故的应急措施

（1）对施工人员进行消防培训，使其清楚发生火灾时所应采取的程序和步骤，掌握正确的灭火方法。

（2）在施工现场入口和现场临时设施处设立固定的安全、防火警示牌、宣传牌。配备必要的消防器械和物资，确保现场配备的灭火器材在有效期内，注意日常维护，使其处于完好状态。

（3）油漆燃气瓶等易燃、易爆物资，应存放在专用库房内，随用随取，库房处设置醒目的禁火警示牌。

（4）施工现场用电，严格执行有关规定，防止发生电器火灾。

（5）在高处进行电焊作业时，作业点下方及周围火星所及范围内，必须彻底清除易燃、易爆物品。

（6）在焊接和切割作业过程中和结束后，应认真检查是否遗留火种。

（7）焊、割作业点与氧气瓶、乙炔气瓶等危险物品的距离不得少于5m，与易燃易爆物品的距离不得少于30m。

（8）加强对易燃、易爆及危险品的管理。机械设备使用的柴油、重油、汽油等易燃品，其采购、运输、储存及使用各环节均严格按照有关安全操作规程执行，储料现场配备充足的消防灭火器材。

（9）要由合格电工安装线路，不可用废旧电线私拉乱接，穿管内导线不得有接头，电线连接处应包以绝缘胶布，不可破损裸露。

8.2.8 应急救援物资准备

主要应急救援机械设备一览表见表8-1。

主要应急救援机械设备一览表　　　　　　　　　　　　表8-1

序号	名称	规格	数量	存放位置
1	装载机	ZL50	3	银川运用动车所，项目部搅拌站
2	挖掘机	CAT330B	2	银川运用动车所
3	汽车起重机	QY25	1	项目部钢筋厂
4	发电机	75kW	3	DK513＋260～DK513＋600
5	交通用车		5	项目部停车场
6	挖掘机	XE150W	1	一工区路基队机械存放处
7	装载机	ZL50C	1	一工区路基队机械存放处
8	发电机		1	一工区物资仓库
9	装载机	SYL953H	2	三工区砂石料仓机械存放处
10	交通用车		3	三工区驻地停车处
11	汽车起重机	SYM5345JQZ	1	三工区存梁区机械存放处

8.2.9 应急救援各部门联系方式

银川指挥部质量安全部办公电话：0951-××××××。

包银铁路惠银项目部项目部安全部长：×××××××××××。

水务局：0951-××××××。

防汛办：0951-××××××（××××××××××）。

工务段：××××××××××。

宁夏回族自治区人民医院：0951-×××××××。

气象：121。

急救：120。

公安：110。

消防：119。

9 计算书及相关图纸

9.1 涵洞无栏杆台车模板图（见二维码）

9.2 涵洞工点图及涵洞通用图（见二维码）

9.3 涵洞台车计算书（见二维码）